Hintermeier
Wirtschaftsmacht Fußball

Dieter Hintermeier

Wirtschaftsmacht Fußball

Hintergründe, Fakten und Visionen eines globalen Milliardengeschäfts

2., vollständig überarbeitete Auflage

HANSER

Im vorliegenden Buch wurde weitgehend auf eine gendergerechte Sprache verzichtet. Es sind selbstverständlich immer alle Geschlechter (m/w/d) gemeint.

Print-ISBN: 978-3-446-48010-0
E-Book-ISBN: 978-3-446-48042-1

Alle in diesem Werk enthaltenen Informationen, Verfahren und Darstellungen wurden zum Zeitpunkt der Veröffentlichung nach bestem Wissen zusammengestellt. Dennoch sind Fehler nicht ganz auszuschließen. Aus diesem Grund sind die im vorliegenden Werk enthaltenen Informationen für Autor:innen, Herausgeber:innen und Verlag mit keiner Verpflichtung oder Garantie irgendeiner Art verbunden. Autor:innen, Herausgeber:innen und Verlag übernehmen infolgedessen keine Verantwortung und werden keine daraus folgende oder sonstige Haftung übernehmen, die auf irgendeine Weise aus der Benutzung dieser Informationen – oder Teilen davon – entsteht. Ebenso wenig übernehmen Autor:innen, Herausgeber:innen und Verlag die Gewähr dafür, dass die beschriebenen Verfahren usw. frei von Schutzrechten Dritter sind. Die Wiedergabe von Gebrauchsnamen, Handelsnamen, Warenbezeichnungen usw. in diesem Werk berechtigt also auch ohne besondere Kennzeichnung nicht zu der Annahme, dass solche Namen im Sinne der Warenzeichen- und Markenschutz-Gesetzgebung als frei zu betrachten wären und daher von jedermann benützt werden dürften.

Die endgültige Entscheidung über die Eignung der Informationen für die vorgesehene Verwendung in einer bestimmten Anwendung liegt in der alleinigen Verantwortung des Nutzers.

Bibliografische Information der Deutschen Nationalbibliothek:
Die Deutsche Nationalbibliothek verzeichnet diese Publikation in der Deutschen Nationalbibliografie; detaillierte bibliografische Daten sind im Internet unter http://dnb.d-nb.de abrufbar.

Dieses Werk ist urheberrechtlich geschützt.
Alle Rechte, auch die der Übersetzung, des Nachdruckes und der Vervielfältigung des Werkes, oder Teilen daraus, vorbehalten. Kein Teil des Werkes darf ohne schriftliche Einwilligung des Verlages in irgendeiner Form (Fotokopie, Mikrofilm oder einem anderen Verfahren), auch nicht für Zwecke der Unterrichtsgestaltung – mit Ausnahme der in den §§ 53, 54 UrhG genannten Sonderfälle –, reproduziert oder unter Verwendung elektronischer Systeme verarbeitet, vervielfältigt oder verbreitet werden.

© 2024 Carl Hanser Verlag GmbH & Co. KG, München
www.hanser-fachbuch.de
Lektorat: Lisa Hoffmann-Bäuml
Herstellung: Carolin Benedix
Covergestaltung: Max Kostopoulos
Titelmotiv: © Max Kostopoulos und Verwendung von © shutterstock.com/Andrush, xpixel, Evannovostro, Andrey_Popov
Satz: Eberl & Koesel Studio, Kempten
Druck: CPI Books GmbH, Leck
Printed in Germany

Inhalt

Inhalt

1	**Prolog**	**1**
	Ausdruck des Klassenkampfes	4
	Ein später Weg in die Professionalität	7
	Am Ende gewinnt das Geld	10
2	**Die Krisenwelt – Fußball und Politik**	**13**
	Am Tag des Hamas-Überfalls rollte das runde Leder	15
	Fußball-Weltmeisterschaft zwischen Mord und Terror	16
	Gestenreiche Fußballer auf dem Feld	16
	Die Innenministerin zeigt klare Kante	17
	Der DFB und das liebe Geld	18
	Colin Kaepernick: Footballer als politische Symbolfigur	18
	Fußball als politisches Symbol	19
3	**Fußball-Europameisterschaft**	**23**
	Was sich die Politik vom Fußball wünscht	27
	Neuer Standard für sportliche Großevents	27
	„Menschenrechtserklärung für die Fußball-Europameisterschaft 2024"	28
	„Deutschland wird keine Standards setzen"	29
	Philipp Lahm: Verdienter Nationalspieler als EM-Turnierdirektor	30
	Die 17. Fußball-Europameisterschaft	31
	Wer die Zeche zahlt	35
4	**60 Jahre Bundesliga**	**37**
	Die erfolgreichsten Vereine in 60 Jahren Bundesliga	40
	Die wichtigsten Spieler in 60 Jahren Bundesliga	42
	Meilensteine für die Popularität der Liga	44
5	**Investoren**	**47**
	Investoren aus dem Nahen Osten entdecken ihre Liebe zum Fußball	49
	Aus Mittelmaß einen Spitzenklub entwickeln	49
	Investments verstoßen gegen das Financial Fairplay	50
	Saudi-Arabiens Engagement im Fußball	51

6 Die Frauen und der Fußball	**53**
Eine unterschätzte Macht	55
Leistungsgefälle in den Ligen	55
Erfolgreichstes Team im Deutschen Fußball	56
In Sachen Frauenfußball früher ein Entwicklungsland	56
Herrenriege des DFB als Spaßbremse	57
Die Gehälter im Frauenfußball	58
Interview mit Julia Simic: Anspruchsvoller und ausgeglichener werden	61
7 Der Markt	**65**
Groß und lukrativ	67
Medienrechte	69
Kapitalgesellschaften als Geldsammelstelle	70
Geldquelle Wettbewerbe	72
Der Rubel rollt: Das verdienen die Klubs	74
Der Fernsehmarktwert der UEFA	80
Der Marktpool der UEFA	80
Die Europäische Super League ante portas	81
Interview mit Lars Figura: Solidarität neu denken	83
8 Die Spieler	**99**
Nicht alle haben Glück	102
Das Spiel des Lebens	105
Nicht den Fuß vom Gas nehmen	107
Leistungszentren entwickeln junge Fußballer	108
Das geben Europas Spitzenklubs für ihre Spieler aus	109
Die Rolle der Spielerberater	112
Interview mit Ulf Baranowsky: Nur sehr wenige Millionengehälter	116
9 Die Top-5-Ligen in Europa	**125**
England – Premier League	129
Spanien – La Liga	131
Italien – Serie A	135
Die Bundesliga	137
Frankreich – Ligue 1	142
Die Transfers im europäischen Fußball	144

Interview mit Dietmar Hopp: „Fußball sollte der Spaßfaktor in
    meinem Leben sein." 146

10   Die großen Wettbewerbe im Fußball im Überblick 155

Wettbewerbe im internationalen Fußball 157
Klubwettbewerbe 157
Interview mit Katja Kraus: „Der Fußball bietet eine enorme emotionale
    Verbundenheit." 159

11   Die Rolle der Medien 163

Die Medien 165
Mit „Anpfiff" beginnt neue Fußballepoche 165
TV-Publikum ist angetan 166
Symbiose zwischen Fußball und Medien 166
Vereine und Verbände wollen verdienen 167
Marketing-Spektakel Superbowl 170
Die Stars der Branche 171
The show must go on 172
Interview mit Andreas Kötter: „Eine nüchterne Ergebnismeldung
    kann sich heute niemand mehr leisten." 173

12   Künstliche Intelligenz und Big Data spielen mit 177

Hilfe bei Transfers 179
Marktwert des Spielers ermitteln 180
Social-Media-Auftritte helfen beim Imageaufbau 180
Statistik gewinnt keine Spiele 181
Digitalisierung bringt Wettbewerbsvorteile 181
Andere Sportarten nutzen Technologie 182
Fehlentscheidungen verhindern 182
Wichtiger Bestandteil des Fußballs 183
Interview mit DHL-Manager Arjan Sissing: „Leuchtturm-Events wie die
    EURO 2024 in Deutschland haben eine herausragende Wirkung für
    das Land, aber auch für alle Partner sowie die Sponsoren." 185

13 Trainer und Manager 189
Die erfolgreichsten Trainer 191
Ist Fußballtrainer ein Traumjob? Jein! 197
Die Manager 198
Kriterien eines Sportmanagers 200

14 Schiedsrichter: Die Autorität im Fußballstadion 203

15 Die Fans im Blick 209
Der Sport ist Nebensache 212
Im Stadion selten zu sehen 213
Deutschland bleibt eine Fußballnation 215
In der Premier League zur Kasse gebeten 215
Spitzenfußball, ein teures Vergnügen 216
Ultras: Große Bedeutung für die Fankultur 217
Die Generation Z und der Fußball 217

16 Das Finale 219
Die EM im Spannungsfeld der politischen Krisen 221
Klubs als Wirtschaftsunternehmen 222
Attraktivitätsverlust bei Jüngeren 224
Ins Zwielicht gerückt 225

17 Anhang 227
Ethik-Kodex des Deutschen Fußball-Bundes 229

18 Literatur- und Quellenverzeichnis 233

19 Der Autor 239

Index 243

1 Prolog

„Fußball ist das Heraustreten aus dem versklavten Ernst des Alltags in den freien Ernst dessen, was nicht sein muss und deshalb so schön ist."

Benedikt XVI. (Joseph Ratzinger; faz.net 2006)

1 Prolog

Der 10. November 2001 war ein ganz normaler Samstag. In Buenos Aires erfreuten sich die Menschen am argentinischen Frühling. Doch so normal sollte der Tag in der argentinischen Hauptstadt nicht werden, denn im Stadion La Bombonera des Kultklubs Boca Juniors, dem Klub der Rang- und Namenlosen, nahm ein ganz Großer des Weltfußballs seinen Abschied vom Fußball. Sein Name: Diego Armando Maradona. Für viele ist der 1,65 Meter „große" Mann der beste Fußballer aller Zeiten. Andere, die ihm nicht Wohlgesonnenen, erinnern sich bei Maradona vielleicht nur an dessen Eskapaden während und nach seiner aktiven Spielzeit. Übergewichtig, laut feiernd, krank, drogenaffin, aufgeschwemmt durch die Einnahme vieler Medikamente und Hilfe suchend beim kubanischen Staatschef Fidel Castro.

In der Tat: In seinem Fußballerleben hat Maradona alle Höhen und Tiefen des Fußballgeschäfts miterlebt. Seine rauschenden Partys waren genauso legendär wie seine Tore. Apropos Tore: Bei seinem wichtigsten (und das ihn auch gleichzeitig in den Legendenstatus erhob) war sogar die „Hand Gottes" im Spiel. Es war ein irreguläres Tor, das er am 22. Juni 1986 bei der Weltmeisterschaft im Spiel der argentinischen Nationalmannschaft gegen England erzielte. Fast 115 000 Zuschauer sahen Diegos „Tor" unter Zuhilfenahme seiner Hand zum 1 : 0 für Argentinien im Aztekenstadion in Mexiko-Stadt. „Es war ein bisschen Maradonas Kopf und ein bisschen die Hand Gottes", kommentierte „der Goldjunge", wie Maradona genannt wurde, seinen Treffer. Doch der Fußballgott wollte Maradona an diesem 22. Juni im Aztekenstadion nicht als elenden Schwindler in die Historie des runden Leders eingehen lassen. Im selben Spiel gelang ihm nach einem 60-Meter-Solo, bei dem er gefühlt zehn englische Spieler ausdribbelte, ein regulärer Treffer, der später zum WM-Tor des Jahrhunderts gewählt wurde.

Welchen Stellenwert dieses Spiel und Maradonas „Hand"-Tor für sein Heimatland hatte, kann nur der verstehen, der weiß, dass der Falkland/Malwinen-Krieg im Jahr 1982 zwischen Argentinien und England mit einer Schmach für das südamerikanische Land endete, das die britische Insel im Atlantik angegriffen hatte. Nach nur rund zweieinhalb Monaten hatten die Briten den Aggressor besiegt. Vier Jahre später stellt dann der „Goldjunge" Maradona die „Ehre" seines Landes mit seinen beiden Toren im Spiel gegen England wieder her. Spätestens ab diesem Zeitpunkt genießt Maradona in seinem Land – in dem auch ein Fußballspieler namens Lionel Messi, der im Jahr 2022 mit Argentinien in Katar Fußball-Weltmeister wurde, das Licht der Welt erblickte – einen Heldenstatus. Und Helden verzeiht man bekanntlich (fast) alles.

Der aus ärmlichsten Verhältnissen stammende Maradona war nicht nur der König der Armen und Entrechteten Argentiniens, sondern auch ein Profiteur des aufblühenden Fußballbusiness der 1980er-Jahre. Als er 1982 von den Boca Juniors zum edlen FC Barcelona wechselte, soll die Top-Summe von umgerechnet acht Millionen Euro beim Transfer geflossen sein. Aber es sollte für Maradona noch besser kommen. Bei seinem Weggang vom katalanischen Spitzenklub zum SSC Neapel im Jahr 1984 soll die damals unglaubliche Summe von umgerechnet rund zwölf Millionen Euro für ihn gezahlt worden sein. Dass der bürgerliche FC Barcelona diese Ablösesumme für den „Goldjungen" problemlos aufbringen konnte, hatte damals niemand in der Fußballwelt verwundert. Schließlich hatten sich die Katalanen bei einigen Zeitgenossen den Ruf erworben, nicht viele echte Fans zu haben, sondern dass es vielmehr solvente „Kunden" waren, die den Fußballtempel Camp Nou aufsuchten. Und die erlesene Kundschaft verlangte nach Stars wie Maradona. Für die Barca-Vereinsfunktionäre gehörte es deshalb zum guten Ton, auf diesem Gebiet für Nachschub zu sorgen. Wie es aber dem SSC Neapel aus der Metropole des armen italienischen Mezzogiorno gelang, die damals astronomische Summe von umgerechnet zwölf Millionen Euro für den Maradona-Transfer aufzubringen, bleibt bis heute, mit Verlaub, nebulös.

Dank einer Analyse des Nachrichtenmagazins *Spiegel* wissen wir heute, dass die europäischen Transfers des „Goldjungen" aus Argentinien die kostspieligsten der letzten Jahrzehnte waren. Gemessen an heutigen Maßstäben hätten die Maradona-Transfers ohne Probleme die 100-Millionen-Euro-Marke durchbrochen. Das ist fast genau der Preis, den Real Madrid 2013 für den Wechsel des walisischen Stürmers Gareth Bale vom Premier-League-Klub Tottenham Hotspur zahlte. So war Bale im direkten Vergleich mit Maradona nur der Sieger auf dem Papier – böse Zungen würden behaupten: Bale war ein Papiertiger.

Als der grandiose Superstar des internationalen Fußballs am 25. November 2020 im Alter von nur 60 Jahren an einem Herzinfarkt in einer Wohnanlage in Buenos Aires starb, stürzte Argentinien und der Weltfußball in fassungslose Trauer. Zu seiner Aufbahrung im Präsidentenpalast in Buenos Aires strömten rund eine Million Menschen. „Weltweit nahmen sogar hunderte Millionen Fans Abschied. Die Trauerfeier von Maradona war damit nicht nur eine der bewegendsten, sondern auch eine der größten Welt", notierte die BILD-Zeitung. Und sein Weltmeister-Trainer César Luis Menotti gab Maradona mit auf den Weg: „Der Ball und er kamen zusammen auf die Welt, wie beim Tango. Diego existierte in keiner anderen Welt als auf dem Fußballplatz."

Ausdruck des Klassenkampfes

Dass im Fußball das Geld schon immer eine wichtige Rolle spielt, ist fast so alt wie dieses Spiel selbst. So überführten die Erfinder des europäischen Fußballs auf der britischen Insel diesen Mannschaftssport relativ zügig in professionelle Strukturen – mit der Folge, dass seit 1888 in England schon Profimannschaften gegeneinander antraten. Klaus Zeyringer beschreibt diesen Wandel des britischen Fußballs von einem Sport der britischen Oberschichtjugend in seinem Buch *Fußball. Eine Kulturgeschichte*: „Mit dem Beginn der Fankultur wurde der Fußball zum Geschäft. Die Profìclubs waren jetzt Unternehmen. Sie fingen an, Spieler zu kaufen und zu verkaufen und sie brauchten dazu Betriebsleiter", berichtet Zeyringer. Aus dieser, nennen wir es mal,

Firmenphilosophie, ist auf der britischen Insel die Funktion des Trainers entstanden, der konsequenterweise dann auch „Manager" genannt wurde. Eine Berufsbezeichnung, die heute noch im britischen Fußball gang und gäbe ist. Der Manager ist in Personalunion Trainer und gleichzeitig quasi Sportdirektor des Klubs und folglich mit einer entsprechenden Machtfülle ausgestattet

Im deutschen Fußball konnte sich diese Form des Fußballmanagers nach britischem Vorbild dagegen nicht durchsetzen. Wenn man zum Beispiel von Felix Magath absieht: Die Ikone des Hamburger SV aus glorreichen Zeiten, als der hanseatische Klub noch in den 1980er-Jahren den europäischen Fußballthron der Landesmeister erklomm, heuerte 2009 bei Schalke 04 an, nachdem er mit dem VfL Wolfsburg sensationell Deutscher Meister wurde. Von den S04-Bossen wurde er in Personalunion zum Trainer und Manager bestimmt. On top gab es für Magath noch einen Posten im Vorstand des Vereins. Das Experiment „Manager" nach britischem Vorbild endete für den Fußballeuropameister Magath schon 2011. Ihm wurden unter anderem „zu viele" Transfers vorgeworfen. Als „Kündigungsgrund" diente für Magath dann auch noch der (phasenweise) mangelnde sportliche Erfolg der Mannschaft.

Obwohl Magath zum Beispiel mit den damaligen Schalke-Verpflichtungen der beiden Starstürmer Raúl von Real Madrid und Klaas-Jan Huntelaar vom AC Mailand Akzente in der Liga setzen konnte, scheiterte das britische Firmenmodell „Manager" im deutschen Profifußball. Dort setzte man stattdessen weiterhin auf Arbeitsteilung innerhalb eines Profiklubs. So gibt es heute immer noch den klassischen Trainer, der sich im Regelfall rein um die sportlichen Belange des Teams kümmert, und eine stattliche Anzahl von Managern, die für die verschiedenen Aufgabenbereiche des Fußballunternehmens zuständig sind: angefangen vom Finanzsektor über das Merchandising und dem Marketing bis hin zum Sportdirektor.

> Im deutschen Profifußball gibt es nach wie vor eine Arbeitsteilung zwischen Trainer und dem Management.

Für Zeyringer ist die organisierte Form des Fußballs, wie wir ihn heute kennen, eine Folge der Entwicklung der englischen Industriegesellschaft und den Kämpfen zwischen Fabrikbesitzern einerseits und Arbeitern und Gewerkschaften andererseits. Letztlich setzte sich das Credo der Industriegesellschaft, dass Raum und Zeit der Planung bedürfen, um erfolgreich zu sein, auch im „Fußball" durch. Statt das Chaos regieren zu lassen, wurde der Spielbetrieb von nun an einem geregelten Ablauf unterworfen. Und dass sich die Fanbasis des Fußballs im Laufe der Industrialisierung immer mehr vergrößerte, ist auch den Arbeitskämpfen der englischen Gewerkschaften zu verdanken. Sie erkämpften zum Beispiel den Samstag als arbeitsfreien Tag. Dieses Mehr an freier Zeit nutzten die Arbeiter zum Beispiel dann auch zum Besuch von Fußballspielen. Während sich der Fußball in der britischen Industriegesellschaft durch diese Entwicklungen immer mehr zum Sport für die breite Masse entwickelte, suchte die junge britische Oberschicht, die eigentlichen Erfinder und Protagonisten des heutigen Fußballspiels, nach Abgrenzung von diesem „Massensport". Die Eliteschüler von Cambridge bis Eton wandten sich deshalb wieder anderen Sportarten zu. Hierbei spielte dann Rugby plötzlich eine besondere Rolle. Während sich die britische Upperclass-Jugend vom Massensport Fußball verabschiedete, traten bei den Fußballklubs Sponsoren vermehrt auf den Plan. Hier zählten Brauereien und Gaststätten zu den frühen Gönnern der Klubs.

Das Leistungsprinzip des britischen Bürgertums hielt während des aufstrebenden Kapitalismus in England nach und nach Einzug in den Sport und folglich auch in den Fußball. „Die viktorianische Gesellschaft legte großen Wert auf physisches und psychisches Wohlbefinden", schreibt Zeyringer. Den Körper betrachtete das Bürgertum im aufblühenden kapitalistischen Wirtschaftssystem als „Maschine". Und war die „Maschine" gesund, folgte dieser auch der „Geist", so die simple Schlussfolgerung.

Über die katastrophalen Zustände in englischen Fabriken während der Industrialisierung gibt es zahlreiche sozialwissenschaftliche Abhandlungen. Unter diesen Umständen in den Fabriken lag es nahe, dass Sportausübung als Mittel, um die Gesundheit der Arbeiter zu erhalten, auch von Fabrikbesitzern propagiert wurde. „Immerhin förderten nicht wenige Unternehmen in Großbritannien den Fußball. Damit konnten sie sich als gute Väter ihrer Arbeiter zeigen, denen sie eine sinnvolle Freizeitbeschäftigung ermöglichen und sie derart vom Alkoholismus und von gefährlicher Agitation fernhielten", so Zeyringer, und er nennt ein Beispiel für dieses doch tendenziell eigennützige Engagement der Fabrikbesitzer. So habe es beispielsweise in der Londoner Thames Ironworks einen Streik gegeben, woraufhin der Fabrikbesitzer Arnold F. Hills kurzerhand den Fußballverein West Ham United ins Leben rief, um seine Arbeiter von weiteren Arbeitskampfaktionen abzuhalten. Stattdessen sollten diese sich der fußballerischen Ertüchtigung hingeben. Die Maßnahme war ein kluger unternehmerischer Schachzug. Hills, der 1894 in seinem Unternehmen auch den Achtstundentag einführte, blieb vielleicht wegen seines West-Ham-Schachzugs vom großen London-Engineer-Streik im Jahr 1897 verschont.

Der Siegeszug des Fußballs war nun auch in Deutschland mit dem Beginn des 20. Jahrhunderts nicht mehr aufzuhalten. Zuerst als „Fußlümmelei" oder „englische Krankheit" verächtlich gemacht, begeisterte der Fußball im Laufe der Jahre immer mehr die breiten Massen. Nach der Überlieferung soll es der Lehrer Konrad Koch gewesen sein, der den Fußball im Jahr 1874 in Deutschland etablierte. Koch war Lehrer am Braunschweiger Gymnasium Martino-Katharineum. Gespielt wurde in der Schule zunächst nicht mit einem klassischen Fuß-, sondern mit einem Rugbyball. Pädagoge Koch hatte sich zum Ziel gesetzt, seinen Schülern die ethischen Tugenden des Sports zu vermitteln und dabei gleichzeitig dem möglichen Bewegungsmangel seiner Schützlinge vorzubeugen.

> Anders als in England musste der Fußball in Deutschland viel länger um die gesellschaftliche Anerkennung kämpfen.

Das Turnen stand als sportliche Leibesertüchtigung in deutschen Schulen und beim Militär ganz hoch im Kurs. „Turnvater" Friedrich Ludwig Jahn hatte 1811 die deutsche Turnbewegung ins Leben gerufen. Es war sein Versuch, auf die damalige „französische Fremdherrschaft" (gemeint ist der Zeitraum der Napoleonischen Kriege im Nachgang der Französischen Revolution) zu reagieren. Jahn wollte mit seinem Faible für das Turnen die deutsche Jugend körperlich auf einen möglichen Befreiungskrieg gegen Frankreich vorbereiten.

Ein später Weg in die Professionalität

Mit dem aus England importierten Fußball etablierte sich im deutschen Kaiserreich neben dem Turnen aber eine neue Form der Körperkultur. Dabei diente der Fußball nicht wichtigen politischen Zielen, wie das Turnen dies implizierte, sondern er avancierte zu einer unpolitischen, bürgerlichen Form der Freizeitgestaltung. In der Anfangszeit des neuen Sports in Deutschland spielten in aller Regel die Mitarbeiter englischer Unternehmen, Studenten, Techniker, Geschäftsleute und britische Botschaftsangehörige Fußball. Von einem „Arbeitersport" konnte zu dieser Zeit, Ende des 19. und Anfang des 20. Jahrhunderts, in Deutschland deshalb keine Rede sein. Im Gegenteil: Fußball spielten vielmehr die sogenannten besserverdienenden Gesellschaftsschichten. Für den deutschen Arbeiter war der Sport schlicht zu teuer im Hinblick auf die Anschaffungskosten für die Ausrüstung, um an einem geregelten Fußballvereinsleben teilzunehmen. Sie hielten deshalb weiterhin in der Mehrzahl den Turnvereinen die Treue.

Im Angestelltenmilieu zeigte man sich stattdessen offen für neue Freizeiterscheinungen wie den Fußball. So war eine große Zahl der Angestellten auch generell bereit, für ihre Freizeitvergnügen viel Geld auszugeben. Ausgestattet mit dieser Neugier auf neue Entwicklungen und dem nötigen „Kleingeld", um dieses neue Freizeitvergnügen auch für sich persönlich auszutesten, wandten sich nicht wenige Angestellte in Deutschland dem Fußball zu. Auch bei den Studenten hinterließ der Fußball seine Spuren, wenn auch auf Umwegen. So war es zum Beispiel deutschen Technikstudenten nicht erlaubt, sich Studentenverbindungen anzuschließen. Diese mussten sich deshalb neue Wege bahnen, um an der herrschenden Verbindungskultur im studentischen Umfeld teilzuhaben. So kreierten sie verbindungsnahe Vereinsnamen wie „Borussia" und „Alemannia", die heute noch landauf und landab in Deutschland als Klubnamen zu finden sind. Welchen Einfluss bürgerliches Selbstverständnis auf den „englischen Sport" hatte, wird auch dadurch dokumentiert, dass die frühen deutschen Fußballer großen Wert auf Orden, Medaillen und Ehrentitel wie „Meister" legten. „Titel", die dem Bürgertum entliehen wurden.

Der Weg in die Professionalität gelang dem deutschen im Vergleich zum englischen Fußball ebenfalls spät. Zu sehr war der Fußball in Deutschland dem Amateurgedanken verbunden.

> Während in England die ersten Profis schon Mitte der 1880er-Jahre dem Fußball hinterherrannten, mussten in Deutschland fast 100 Jahre vergehen, bis der Deutsche Fußball-Bund (DFB) den Realitäten ins Auge sah und dem professionellen Fußball keine Steine mehr in den Weg legte.

Dass der professionelle Fußball in Deutschland aber nicht zu verhindern war, wurde bereits in den 1920er-Jahren deutlich. In die Stadien strömten ab diesem Zeitpunkt immer mehr Zuschauer, die Kassen der Vereine waren dadurch prall gefüllt. Die Klubs, hier vor allem die Spitzenvereine, versuchten nun, mit sogenannten Handgeldern Spieler aus anderen Vereinen abzuwerben oder gute Kicker durch verdeckte Gehaltszahlungen im Verein zu halten. Einen regelrechten Skandal in dieser Hinsicht gab es im Jahr 1930, als bekannt wurde, dass der FC Schalke 04 an viele Spieler Geld gezahlt hatte. Der DFB wollte daraufhin die Kicker lebenslang sperren. Nach großer öffentlicher Empörung wurden die „lebenslangen Strafen" aber bereits nach einem Jahr vom Verband zurückgenommen.

Der DFB merkte nun, dass am Profifußball kein Weg mehr vorbeiging, und schrieb sich auf seinem Bundestag im Oktober 1932 die Einführung einer professionellen Reichsliga auf die Fahnen. Wie das Vorhaben operativ umzusetzen sei, wollte der Fußballverband auf einer Sondersitzung im Mai 1933 beschließen. Dazu kam es durch die Machtübernahme der Nationalsozialisten dann nicht mehr. Es sollte bis zum Jahr 1949 dauern, bis das Profithema im Fußball wieder Fahrt aufnahm.

Der DFB führte ab diesem Zeitpunkt den sogenannten Vertragsspieler ein. Hierunter verstand man bis zur Einführung der Bundesliga im Jahr 1963 einen Spieler, der sich vertraglich für eine oder mehrere Saisons an einen Verein band. Dafür wurde er mit einer Entschädigung entlohnt, die anfangs 320 DM im Monat betrug. Außerdem musste der Vertragsspieler einen Beruf oder eine Ausbildung nachweisen, dem er nachging bzw. die er absolvierte. Mit dem Start der Bundesliga wurde dann aus dem Vertrags- ein Lizenzspieler, dem der DFB jetzt ein monatliches Gehalt von 1200 DM erlaubte.

Ausnahmen gab es hier für Nationalspieler, diese durften ein höheres Gehalt erhalten, damit sie nicht den finanziellen Verlockungen ausländischer Vereine erlagen. Die „normalen" Bundesligaspieler waren aber weiterhin Halbprofis, die neben ihrem Fußballjob noch einer Berufstätigkeit nachgingen. In den rebellischen 1970er-Jahren machten dann die Bundesligavereine in Sachen Profifußballer immer mehr Druck auf den DFB – mit der Folge, dass der Verband die Gehaltszahlungen an Profifußballspieler ab 1972 endlich komplett freigab.

Ein später Weg in die Professionalität

> Seit 1972 gelten auch für Spielergehälter in Deutschland die freien Regeln des Marktes.

Die Gehälter der Spieler haben mittlerweile im Fußballbusiness fast irrationale Höhen erreicht. Schon ein durchschnittlicher Bundesligaspieler darf mit einer Millionengage rechnen. Top-Spieler wie der ehemalige Bayern-München-Goalgetter Robert Lewandowski sollen mit einem Salär von 15 Millionen Euro im Jahr ausgestattet worden sein. Aktuell hat in der Bayern-Gehaltsliste der Kapitän der englischen Nationalmannschaft, Harry Kane, die Top-Position inne. Der Stürmer, für den die Münchner 100 Million Euro an den Premier-League-Klub Tottenham Hotspurs überweisen mussten, steht mit 25 Millionen Euro (brutto) jährlich auf der Payroll des deutschen Rekordmeisters.

Der 30-jährige Kane, der seit der Saison 2023/2024 für die Bayern aufläuft, hat einen Vierjahresvertrag bei den Münchnern unterzeichnet. Somit beläuft sich das Kane-Investment der Bayern über dessen Vertragszeitraum auf 200 Millionen Euro. Dagegen sind die Gehälter, die Bayern für seine weiteren Spitzenkräfte zahlt, durchaus „bescheiden". Für Mittelfeldspieler Joshua Kimmich und Keeper Manuel Neuer sind jeweils „nur" 18 Millionen Euro jährlich fällig.

Dass diese Gehälter von den Klubs gezahlt werden, haben sie der immer weiter fortschreitenden Kommerzialisierung des Fußballs zu verdanken. Vor allem die Medien haben in den letzten 35 Jahren dafür gesorgt, dass den Vereinen immer mehr Geld in die Kassen gespült wurde. Für Übertragungsrechte kassieren die europäischen Ligen mittlerweile Milliardenbeträge. Auch die Klubs haben sich in den letzten Jahrzehnten zu Wirtschaftsunternehmen gewandelt, bei denen der Gewinnmaximierung kein unwichtiger Stellenwert zukommt.

Darüber hinaus haben sich die einzelnen Fußballigen in Europa durch die zunehmende Kommerzialisierung des Fußballs zu mächtigen Wirtschaftsimperien gewandelt. Mit einem Umsatz von 6,4 Milliarden Euro ist aktuell die englische Premier League der unangefochtene Spitzenreiter. Deutlich dahinter folgt mit 3,3 Milliarden Euro die spanische La Liga auf dem zweiten Platz. Dritter in der europäischen Umsatzliga ist die Bundesliga. Sie setzt aktuell 3,1 Milliarden Euro jährlich um. Das sind Zahlen, die von der Beratungsgesellschaft Deloitte für die Saison 2021/2022 ermittelt wurden. An diesen Umsatzzahlen kann man zweifellos erkennen, dass die europäischen Fußball-Profiligen die traurigen Zeiten der Corona-Pandemie weitgehend überwunden haben.

Spitzenumsätze: Saison 2021/2022
- Premier League: 6,4 Milliarden Euro
- La Liga: 3,3 Milliarden Euro
- Bundesliga: 3,1 Milliarden Euro

Doch die zunehmende Kommerzialisierung des Fußballs gefällt nicht allen. Die groß angelegte Studie „Situationsanalyse Profifußball 2017" kommt zu dem Schluss, dass die größten Probleme des deutschen Profifußballs vor allem auf dem primären Streben (der Vereine, der Funktionäre, der Spieler und ihrer Berater) nach immer mehr Geld zurückzuführen sind. Darüber hinaus sorge die ungleiche Verteilung dieser Gelder für erhebliche negative Folgen für den Profifußball. Dazu zählt die Studie Entfremdung der Klubs von den Fans, Realitätsverlust der Vereine, Wettbewerbsverzerrung und Langeweile im Ligabetrieb. Im Ergebnis bleibe der Fan bei dieser bedenklichen Entwicklung auf der Strecke, so die Studienautoren.

Zurück zum 10. November 2001 in Buenos Aires. Diego Maradona hält im Stadion La Bombonera im Konfettiregen seine Abschiedsrede vor 50 000 Fans, die ihrem Idol huldigen. Maradona bedankt sich „beim Fußball", und er wünscht sich, dass dieses Fest für ihn nie zu Ende gehen wird. Fußball, so Maradona, ist der schönste und ehrlichste Sport der Welt. Und wenn jemand im Fußball Irrwege geht, dann liegt das nicht am Fußball. Das sagte ein ganz Großer des Fußballsports, der es wissen muss – unter Tränen.

Am Ende gewinnt das Geld

In diesem Buch kommen bekannte Protagonisten der Fußballbranche zu Wort und erklären ihre Sicht der Dinge, wenn es um das Thema Profifußball geht. So zum Beispiel Dietmar Hopp. Der Name des SAP-Gründers und Stifters ist untrennbar mit der TSG 1899 Hoffenheim verbunden, dem Verein, den der Mäzen Hopp in die Bundesliga verhalf. Dietmar Hopp ist auch heute noch mit Leib und Seele dem Fußball verbunden. „Wenn wir ein Spiel verlieren, dann schlafe ich schlechter und träume von dem Mist. Fußball ist noch immer der Sport, der mir am meisten Spaß macht. Selbst wenn es nur Torwandschießen ist. Oder ich mit den Enkeln im Garten spiele. Ich habe mit Überzeugung und Weitsicht investiert", sagt er in unserem Gespräch. Doch er macht sich auch Sorgen um den Profifußball. „Die Summen, die da im Spiel sind, verleiten eben auch zur Unehrlichkeit. Dem muss begegnet werden. Ich hoffe, dass die zuständigen Verbände ihrer Wächterfunktion da etwas besser gerecht werden können, als dies bislang der Fall zu sein scheint", fordert er ein.

Einen Blick auf die Profifußballer aus Arbeitnehmersicht wirft Ulf Baranowsky, Geschäftsführer der Vereinigung der Vertragsfußballspieler (VDV). Er räumt mit Vorurteilen auf. „In Relation zur großen Masse der Fußballer kommen nur sehr wenige Spieler in den Genuss von Millionengehältern. Stellen Sie sich einen Eisberg vor: Die kleine Spitze ragt aus dem Wasser heraus und wird gesehen. Die breite Masse treibt quasi unsichtbar unter der Wasseroberfläche", stellt er fest. Über das Innenleben eines Profifußballers berichtet Simon Rolfes. Der ehemalige Profifußballer und Nationalspieler kennt die zwei Seiten einer Medaille im Fußballgeschäft, denn heute ist er Geschäftsführer Sport beim Bundesligisten Bayer 04 Leverkusen.

Den Kapitalmarkt und den Profifußball hat Lars Figura in unserem Gespräch im Fokus. Der ehemalige erfolgreiche Leichtathlet und Fußballtrainer ist heute Partner der internationalen Beratungsgesellschaft KPMG. Für ihn steht fest, dass der Fußball mittlerweile auch für institutionelle Anleger ein interessantes Investment sein kann. Figura sagt: „Geld schießt keine Tore, aber am Ende gewinnt das Geld."

In diesem Jahr wird der Fußball einmal mehr im Fokus stehen. Denn die Fußballeuropameisterschaft beginnt in Kürze. Diesmal steht dieser Wettbewerb unter ganz besonderen Vorzeichen, denn die Fußballeuropameisterschaft wird in Deutschland ausgetragen. Am 14. Juni 2024 wird das Eröffnungsspiel in der Fußballarena in München ausgetragen. Einen Monat später, am 14. Juli 2024, ist das Berliner Olympiastadion Schauplatz des Euromeisterschafts-Endspiels. Was bleibt?

> Trotz aller Skandale und schmutzigen Geschäfte, die im Profifußball dankenswerterweise immer wieder ans Tageslicht befördert werden, die Faszination dieses Spiels wird trotzdem immer wieder die Menschen in ihren Bann ziehen – daran wird sich nichts ändern.

2

Die Krisenwelt – Fußball und Politik

„Das ist wie beim Fußball: 90 Minuten nutzen, Nachspielzeit gibt es nicht. Mit wem man duschen geht, klärt man hinterher."

Franz Müntefering, SPD-Ikone, im Wahlkampf 2009. Er übte Kritik an seinen Parteigenossen, da sie schon vorab über mögliche Koalitionen diskutierten.

Dass der 11. September des Jahres 2001 ein Tag sein würde, der in die Geschichte eingehen würde, das wussten die Fans des FC Schalke 04 bereits lange zuvor. Denn an diesem Abend trug der Traditionsklub aus dem Revier sein erstes Champions-League-Spiel der Vereinsgeschichte aus. Das Team um die damalige Trainerikone Huub Stevens trat vor heimischer Kulisse in Gelsenkirchen gegen Panathinaikos Athen an. Wäre es nach den Verantwortlichen auf Schalke gegangen, dann hätte das Spiel niemals stattfinden dürfen, notierte die *Neue Zürcher Zeitung* am 14. November 2023 in einem Online-Beitrag. Für die Absage des Spiels hatten Klub-Verantwortliche einen triftigen Grund. In New York waren bei einem Anschlag auf die beiden Türme des World Trade Centers über 3000 Menschen ums Leben gekommen. Der europäische Fußballverband UEFA hatte für das Ansinnen der Schalke-Offiziellen aber kein Verständnis und ließ das Spiel trotz weltweiten Entsetzens über den Terroranschlag stattfinden.

Das war ein Beispiel dafür, wie der Fußball in die Bredouille geraten kann, wenn die Politik und die Welt wegen vieler Krisen aus den Fugen geraten. Jüngstes Beispiel für diese krisengeplagte Welt ist der 7. Oktober 2023. An diesem Tag überfielen Hamas-Terroristen ein Musikfestival in Israel und töteten im Zuge des Angriffs über 1400 Menschen und nahmen Hunderte von Geiseln. Die israelische Armee schlug nach dem Überfall erbarmungslos zurück und rückte in den Gazastreifen ein. Tausende von Zivilisten kostete dieser Krieg zwischen der palästinensischen Hamas und Israel das Leben. Auch in dieser Situation stellte sich einmal mehr die Frage: Wie soll sich der Fußball angesichts des stattfindenden Krieges verhalten?

Am Tag des Hamas-Überfalls rollte das runde Leder

Im Vergleich zu den Terroranschlägen des 11. September 2001 zeigte sich der Fußball relativ unbeeindruckt. Am Tag des Hamas-Überfalls rollte das runde Leder auf dem gesamten europäischen Kontinent weiter. Auch in den USA fanden an diesem Anschlagswochenende Sportveranstaltungen statt, als wenn nichts passiert wäre. Hier stellt sich die Frage, warum in aller Regel der Fußball in die Verantwortung genommen wird, wenn Krisen die Welt erschüttern und die Politik mit ihrem Latein am Ende ist. Liegt es vielleicht am Fair Play und dem „Verbindenden", das dem Fußball seit jeher zugeschrieben wird? Aber mit diesen Argumenten im Rücken könnten in solchen Krisenzeiten auch Theater geschlossen und Unterhaltsames aus dem TV gestrichen werden.

Fußball-Weltmeisterschaft zwischen Mord und Terror

Dass der Fußball von den internationalen Verbänden nicht gerne in Position gegen Krisen gebracht wird, beweist exemplarisch die Fußball-Weltmeisterschaft 1978 in Argentinien. Sportlich wird diese WM den Fans mit der „Schande von Cordoba" in Erinnerung bleiben. Damals verlor die deutsche Nationalmannschaft in der Zwischenrunde gegen den „Erzrivalen" Österreich mit 2 : 3. Politisch herrschten in dem südamerikanischen Land seit 1976 die Militärs, gestützt von den USA. Dem Terror sollen in diesen Jahren der Diktatur in Argentinien 30 000 Menschen zum Opfer fallen. Auch während der WM soll in der Militärakademie ESMA in Buenos Aires gefoltert und gemordet worden sein.

Das Makabre daran: Die Militärakademie befand sich ganz in der Nähe des River Plate Stadion, in dem viele WM-Spiele ausgetragen wurden. Im Klartext hieß das: Während im Stadion den Mannschaften zugejubelt wurde, fanden wenig entfernt Menschen einen gewaltsamen Tod. Mit der WM wollte die Junta ihre Macht im Land stabilisieren und von ihren Verbrechen ablenken. In Frankreich, den Niederlanden und Schweden diskutierte man in der Öffentlichkeit deshalb den Boykott dieser WM.

In Deutschland war ein solches Ansinnen kein Thema, obwohl in der Öffentlichkeit darüber ebenfalls diskutiert wurde. Der Deutsche Fußball-Bund (DFB) unter dem damaligen Präsidenten Hermann Neuberger versuchte sogar, sich mit einer Rechtfertigung des Militärputsches aus der Affäre zu ziehen. Das Land sei vor der Machtübernahme der Generäle am Ende gewesen und im Chaos versunken (Quelle: *www.taz.de*, 09. Juli 2014), so soll es Neuberger formuliert haben.

Auf deutscher Seite machte der damalige Nationalspieler Paul Breitner aus seiner Abneigung gegenüber der Junta keinen Hehl. „Verweigert den Generälen den Handschlag", gab er seinen Nationalmannschaftskollegen mit auf dem Weg. Für Chronisten bleibt noch in Erinnerung zu halten, dass Argentinien 1978 Weltmeister im eigenen Land wurde. Die Junta konnte sich in diesem Triumph der Fußballer sonnen. Vier Jahre später war der Spuk vorbei. Der von den Militärs angezettelte Falklandkrieg mit Großbritannien endete in einem Fiasko für die Argentinier. Die vernichtende Niederlage der Junta in diesem militärischen Abenteuer führte 1982 zum Sturz der Militärs und zur Wiederherstellung des demokratischen Systems.

Gestenreiche Fußballer auf dem Feld

Heute zeigen sich die deutschen Fußballer und Verbände nicht mehr ignorant gegenüber politischen Unbotmäßigkeiten. Gesten sollen hier der Öffentlichkeit demonstrieren, dass auch Fußballmillionäre „Haltung" zeigen können. So zum Beispiel bei der

Fußball-Weltmeisterschaft 2022 in Katar. Je näher die WM in dem Wüstenstaat rückte, desto mehr meldeten sich die Kritiker zu Wort. Medial wurde der Austragungsort ebenfalls unter „Beschuss" genommen. Zu den Vorwürfen, die gegen Katar ins Feld geführt wurden, gehören unter anderem die fehlende Gleichberechtigung von Mann und Frau sowie die Diskriminierung von homosexuellen Menschen. Besonders die schlechte Behandlung von ausländischen Arbeitern, die für den Stadionbau im Vorfeld der WM eingesetzt wurden, geriet in die weltweite Kritik. Viele Tausende dieser Arbeitskräfte sollen bei den Arbeiten ums Leben gekommen sein. Auch immer wieder wurde spekuliert, dass bei der WM-Vergabe an Katar im Jahr 2010 Korruption im Spiel gewesen sei.

Die Liste der Verfehlungen, die Katar zum Vorwurf gemacht wurden, war lang. Trotzdem hatte die FIFA kein Problem damit, die WM im November und Dezember 2022 stattfinden zu lassen. Doch der DFB und die deutsche Nationalmannschaft wollten ob der nicht enden wollenden Kritik am Austragungsort nicht zur Tagesordnung übergehen. Verband und Mannschaft entschieden sich dafür, dass Capitano Manuel Neuer mit einer regenbogenfarbenen Kapitänsbinde aufs Feld läuft. Auch andere Nationalteams wollten dies so handhaben. Doch der FIFA gefiel diese Symbolpolitik nicht, und sie drohte deshalb den Teams, die mit der Regenbogenbinde ein Zeichen setzen wollten, Strafen an. Derart vom Verband eingenordet, knickten die Teams ein und verzichteten auf die bunte Kapitänsbinde – auch der DFB.

Doch die deutsche Mannschaft wollte sich so von der FIFA nicht einfach abspeisen lassen und dachte sich einen neuen „Protest" gegen die WM aus. Und dieser wirkte auf viele Fans schon fast skurril, denn die Kicker hielten sich beim Mannschaftsfoto vor dem ersten Gruppenspiel gegen Japan die Hand vor den Mund. Was sollte der Protest bedeuten, fragten sich danach viele? War das deutsche Team schon vor dem ersten WM-Spiel zum Schweigen gebracht worden?

Die Innenministerin zeigt klare Kante

Eine, die es sich nicht nehmen ließ, mit der Regenbogenbinde Flagge zu zeigen, war die Bundesinnenministerin Nancy Faeser (SPD). Der bekannte Kabarettist Dieter Nuhr beschreibt in einem Interview mit dem Journalisten Ralf Schuler, was er dabei empfand, als Faeser in der Stadionloge in Katar auftauchte: „Was sie bei der Fußball-Weltmeisterschaft in Katar gemacht hat, war einfach verheerend. Das war ein Akt, den hätte man einem Kindergartenkind zugetraut. Aber dass eine deutsche Innenministerin dahinfährt, sich vor der Loge erst einmal halb auszieht und dann diese blöde Binde trägt, anstatt Diplomatie zu suchen. Ich glaube, die Politik hat die Aufgabe der Diplomatie. Was Faeser an Porzellan in diesem Moment zerschlagen hat, ist gar nicht zu überschätzen. Deutschland wird seitdem als lächerlich wahrgenommen."

Eine bittere Bilanz des fußball-politischen Auftritts Faesers durch einen der bekanntesten Protagonisten des deutschen Kabaretts.

Sportlich verabschiedete sich die deutsche Nationalmannschaft von der WM in Katar mit einem Desaster. Schon in der Vorrunde war Schluss für das Team. Nach einer Woche durfte das DFB-Team die Heimreise antreten. Das war das zweite Vorrundenaus in Folge. Auch bei der WM in Russland mussten Manuel Neuer & Co. frühzeitig abreisen.

Der DFB und das liebe Geld

Und die schwachen Leistungen des Aushängeschildes Nationalmannschaft treffen den DFB, übrigens der größte Sportverband der Welt, knüppelhart. Denn „die Mannschaft" ist die Cashcow des Verbandes. Laut einem Bericht der *Süddeutschen Zeitung* spült sie dem Verband rund 200 Millionen Euro jährlich in die Kasse. Weil hierbei Vermarktung und Sponsoring eine entscheidende Rolle spielen, haben schlechte sportliche Leistungen der Nationalmannschaft folglich keine unerheblichen Auswirkungen auf die Finanzen des DFB. Des Weiteren drücken den Verband Steuernachzahlungen. 50 Millionen Euro habe der Verband bislang an die Finanzbehörden zahlen müssen. Hintergrund sind die WM-Affäre 2006, bei der es finanztechnisch nicht mit rechten Dingen zugegangen sein soll, und strittige Verbuchungen von Bandenwerbungen in den Jahren 2014 und 2015. Schließlich schlägt zu allem Überfluss noch ein Prestigeobjekt des DFB zu Buche. Der 2022 eröffnete sogenannte Campus des DFB in der Bankenmetropole Frankfurt am Main soll letzten Endes 180 Millionen Euro gekostet haben. Das sei doppelt so viel gewesen als geplant.

Colin Kaepernick: Footballer als politische Symbolfigur

Zu einer Fußballer-Protestgeste gegen Rassismus und Unterdrückung wurde der sogenannte Kniefall. Auf dem europäischen Kontinent wurde er vor allem durch englische Fußballer bekannt. Das deutsche Team praktizierte diese Geste ebenfalls beim Nation-League-Turnier 2022 vor dem Spiel in München gegen die englische Mannschaft. Einen gemeinsamen Kniefall beider Teams gab es schon bei der EM 2021 in England, als beide Mannschaften im Achtelfinale aufeinandertrafen. Deutschland ging damals als Verlierer vom Platz.

Auslöser dieser Geste, die heute ein Symbol der Black-Lives-Matter-Bewegung ist, war Colin Kaepernick, ehemals Quarterback des American-Football-Teams San Francisco 49ers. Am 14. August 2016 stand für die 49ers ein Testspiel an. Militärkräfte spielten die Nationalhymne, und eine große US-Flagge wurde präsentiert. Wie üblich erheben sich die Stadionbesucher von ihren Plätzen. Nur Kaepernick fiel aus der Rolle. Während der Hymne bleibt er mit einem Bein auf dem Boden, er kniet. Das war sein persönlicher Protest gegen Rassismus und Polizeigewalt in den USA. Kaepernick spaltete mit dieser Geste das Land. Die einen warfen ihm fehlenden Respekt gegenüber seinem Heimatland vor, die anderen sahen in Kaepernick die heroische Symbolfigur einer Protestbewegung.

Sportlich bedeutete die Geste für Kaepernick das Ende seiner Laufbahn. Sein Vertrag bei den 49ers wurde nicht verlängert, und auch kein anderes Team in der National Football League (NFL) der USA hatte Interesse an dem Protestler. Kaepernick zeigte weiter Widerstandsgeist und verklagte die NFL wegen der Ausgrenzung aus dem Spielbetrieb. Schließlich einigten sich die Kontrahenten mit einer Millionenzahlung an Kaepernick, der im Anschluss noch einen gut dotierten Werbevertrag mit dem Sportartikelkonzern Nike abschließen konnte.

Fußball als politisches Symbol

Letztlich kann festgehalten werden, dass Fußball als politisches Symbol dienen kann, um nationale Identität und Solidarität zu fördern. Zum Beispiel wurde der Fußball in Deutschland nach dem Zweiten Weltkrieg von Politik und Gesellschaft als Symbol der nationalen Einheit und des Wiederaufbaus verwendet. Die Erfolge der Nationalmannschaft wurden als Triumph des Landes gefeiert. Fußball kann aber auch als politisches Instrument verwendet werden, um politische Botschaften zu verbreiten oder politische Ziele zu fördern. So zum Beispiel das Tragen der Regenbogenbinde bei besagter WM in Katar als Geste für die Menschenrechte. Die Politik sollte aber den Fußball nicht missbrauchen wie die Militärjunta bei der WM 1978 in Argentinien, sondern das (völker-)verbindende Element dieses Sports für Verständigung und Toleranz nutzen.

„Glaube an etwas. Auch wenn Du alles dafür opfern musst."

Colin Kaepernick, ehemaliger Football-Profi San Francisco 49ers und politischer Aktivist

2 Die Krisenwelt – Fußball und Politik

Corona bremst den Fußball aus

Während der Corona-Pandemie geht der Fußball in den Krisenmodus

Die Covid-19-Pandemie hatte einen erheblichen Einfluss auf den Fußball. So wurde die Saison 2019/20 in den meisten Ländern der Welt vorzeitig abgebrochen und die Saison 2020/21 mit erheblichen Einschränkungen gestartet. Es war die Zeit der sogenannten Geisterspiele, das heißt, die Spiele wurden ohne oder vor sehr wenigen Zuschauern ausgetragen. Während die Amateurfußballer ihren Spielbetrieb komplett einstellen mussten, wurde den Profiklubs die Möglichkeit geboten, ihren Spielbetrieb weiter fortzuführen.

Das traf nicht überall auf Zustimmung. Stark kritisiert wurde in der Öffentlichkeit zum Beispiel, dass Fußballprofis ständig Corona-Tests machen durften, während für den Normalbürger solche damals teuren Tests nicht in diesem Umfang zur Verfügung standen. Auf der anderen Seite argumentierten die Klubs, dass es sich bei den Profivereinen in der Bundesliga und der 2. Bundesliga um Wirtschaftsbetriebe mit insgesamt über 21 000 Mitarbeitenden handele, die in der Pandemiezeit wie andere Großbetriebe auch unter Umständen auf staatliche Unterstützung setzen mussten. Der damalige DFB-Chef Fritz Keller bezifferte die Zahl der Menschen, die im deutschen Fußball beschäftigt seien, mit rund 250 000 Personen.

Corona-Tests für Profis stoßen auf Kritik

Die Deutsche Fußball Liga (DFL) kalkulierte, um die letzten neun Spieltage im ersten Corona-Jahr 2020 durchzuführen, mit Kosten in Höhe von 2,5 Millionen Euro. Laut der DFL-Rechnung, mussten 25 000 Tests à 100 Euro durchgeführt werden. Die DFL verdonnerte die Klubs, die Spieler mindestens einmal die Woche auf den Covid-19-Virus zu testen. Darüber hinaus waren Tests einen Tag vor dem Spieltag verpflichtend. Damit nicht genug: Um zu prüfen, welche Spieler bereits gegen das Coronavirus immun sind, wurden Antikörpertests bei den Spielern durchgeführt. Kritik hagelte es von zahlreichen Gesundheitsexperten. Sie sahen es als fahrlässig an, dass massenhaft Corona-Tests für Fußballmillionäre verbraucht wurden. Die DFL ließ das nicht auf sich sitzen und informierte die Öffentlichkeit dahingehend, dass die Corona-Fußballer-Tests lediglich 0,4 Prozent der täglichen Tests in Deutschland beanspruchten.

Corona-Hilfen: 200 Millionen Euro für Profivereine und Verbände

Von staatlicher Seite wurden den professionellen Vereinen und Verbänden 200 Millionen Euro an Corona-Hilfen zur Verfügung gestellt. Für Schlagzeilen sorgte dabei der Berliner Traditionsklub Hertha BSC. Der damalige Bundesliga-Hauptstadtklub hatte sieben Millionen Euro aus dem Coronatopf der Bundesregierung erhalten.

Bei aller berechtigten Kritik, dass ein Millionenklub Corona-Hilfen bekommen hat, sollte nicht außer Acht gelassen werden, dass die Vereine durch die Pandemie finanziell heftig in Mitleidenschaft gezogen wurden. So soll der Schaden für die Klubs der Bundesliga in der Saison 2019/2020 bei rund 750 Millionen Euro gelegen haben (Quelle: de.statista.com). Die großen Verlierer waren nach Zahlen der DFL, in der Coronasaison 2020/2021 die Klubs Hertha BSC (Verlust rund 78 Millionen Euro nach Steuern) und Borussia Dortmund (Verlust rund 73 Millionen Euro nach Steuern).

Die wichtigsten Auswirkungen der Corona-Pandemie auf den Fußball

- In vielen Ländern wurde die Saison 2019/20 vorzeitig abgebrochen, da die Pandemie die Durchführung von Sportveranstaltungen unmöglich machte.
- Um die Verbreitung des Virus zu verhindern, wurden in den Stadien und Trainingsanlagen Hygienemaßnahmen eingeführt. Dazu gehörten unter anderem Abstandsregeln, Masken- und Testpflicht.
- In vielen Ländern wurde die Zuschauerzahl in den Stadien reduziert, um die Verbreitung des Virus zu verhindern.
- Spiele wurden in einigen Fällen verlegt, um die Reisetätigkeit einzuschränken.
- Die Pandemie hatte schwere wirtschaftliche Auswirkungen auf den Fußball. Die Einnahmen der Klubs gingen durch den Ausfall von Zuschauereinnahmen und Sponsorengeldern zurück. Dies führte in einigen Fällen zu finanziellen Schwierigkeiten bei den Vereinen.
- Die Fans waren von der Covid-19-Pandemie ebenfalls betroffen. Sie konnten ihre Mannschaften nicht mehr live im Stadion unterstützen, was zu Frustration führte.

„Der Profifußball ist kein (Corona-)Hotspot unter freiem Himmel."

Alexander Wehrle, Geschäftsführer 1. FC Köln

3 Fußball-Europameisterschaft

„Im ersten Moment war ich nicht nur glücklich, ein Tor geschossen zu haben, sondern auch, dass der Ball reinging."

Mario Basler, ehemaliger Fußballprofi

Fußball-Europameisterschaften in Zahlen und Fakten

Mit **21 Einsätzen** ist Cristiano Ronaldo (Portugal) der Rekordspieler der EM.

Deutschland und Spanien sind mit jeweils drei Titeln die Rekordsieger bei einer EM.

Berti Vogts (Deutschland) wurde als Einziger als Spieler und Trainer Europameister.

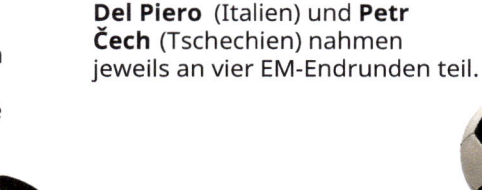

Gianluigi Buffon (Italien), **Lothar Matthäus** (Deutschland), **Alessandro Del Piero** (Italien) und **Petr Čech** (Tschechien) nahmen jeweils an vier EM-Endrunden teil.

Die erste EM fand **1960** in Frankreich statt. Erster Europameister wurde die Sowjetunion.

Mit jeweils 9 Treffern sind **Cristiano Ronaldo** (Portugal) und **Michel Platini** (Frankreich) die **Rekordtorschützen der EM**.

24 Mannschaften nehmen an einer EM teil.

Dreimal wurde der **EM-Gastgeber** auch Titelgewinner: Spanien (1964), Italien (1968) und Frankreich (1984).

Quellen: wikipedia.de, dfb.ce

Die Fußball-Europameisterschaft 2024, offiziell UEFA EURO 2024 genannt, wird die 17. UEFA-Europameisterschaft für Männerfußball-Nationalmannschaften sein. Sie findet vom 14. Juni bis 14. Juli 2024 in Deutschland statt. Es ist die zweite Fußball-Europameisterschaft nach 1988, die in Deutschland stattfindet.

Die Auslosung der Endrunde fand am 02. Dezember 2023 in Berlin statt. Die 21 direkt qualifizierten Mannschaften wurden in sechs Gruppen mit je vier Mannschaften eingeteilt. Die Gruppenphase beginnt am 14. Juni 2024 und endet am 23. Juni 2024. Die Achtelfinalspiele finden vom 26. Juni bis 02. Juli 2024 statt. Die Viertelfinalspiele finden vom 06. bis 08. Juli 2024 statt, die Halbfinalspiele finden am 10. und 12. Juli 2024 statt. Das Finale findet am 14. Juli 2024 im Berliner Olympiastadion statt (siehe auch die Grafiken zu diesem Kapitel).

Deutschland ist als Gastgeber automatisch für die Endrunde qualifiziert. 21 Teilnehmerplätze wurden in den Qualifikationswettbewerben vergeben. Die Qualifikation begann im März 2023 und endete im November 2023. Die letzten drei EM-Teilnehmerplätze wurden über die sogenannten Play-Offs im März 2024 ermittelt.

Die wichtigsten Termine der Europameisterschaft 2024 in Deutschland

Zeitpunkt: 14. Juni bis 14. Juli 2024

Eröffnungsspiel: 14. Juni 2024 – Deutschland gegen Schottland, Münchner Arena

Gruppenspiele: 14. bis 26. Juni 2024

Achtelfinale: 29. Juni bis 02. Juli 2024

Viertelfinale: 05. bis 06. Juli 2024

Halbfinale: 09. bis 10. Juli 2024

Finale: 14. Juli 2024, Berlin, Olympiastadion

Was sich die Politik vom Fußball wünscht

Der europäische Fußballverband UEFA und der Deutsche Fußball-Bund (DFB) haben sich nicht weniger auf die Fahnen geschrieben, als dass sie die internationalen Standards der Vereinten Nationen bei diesem Wettbewerb einhalten wollen. Im Mittelpunkt stehen hierbei die Arbeits- und Menschenrechte. Das heißt im Klartext, dass Schwarzarbeit, Niedriglöhne und Diskriminierung bei dem Turnier nicht erwünscht sind.

Bundesarbeitsminister Hubertus Heil stellte in einer Erklärung klar: „Wir wollen uns ungetrübt auf dieses Sportereignis freuen – es soll Fairness geben, nicht nur auf dem Fußballplatz. Es sollen faire Spiele werden. Und wir wollen auch, dass es Heimspiele für Menschenrechte werden."

Die Vereinbarung verweist weiter darauf, dass ein Sportereignis dieser Größenordnung das Risiko von Menschenrechtsverletzungen in sich berge. Hierunter falle unter Umständen die Diskriminierung von Sportlern, Fans oder freiwilliger Unterstützer. Dieser Personenkreis solle vor Diskriminierung und rassistischen und antisemitischen Aktionen, zum Beispiel in Fanzonen, geschützt werden.

Neuer Standard für sportliche Großevents

Für Bundesinnenministerin Nancy Faeser ist der Großevent Special Olympics ein Beispiel dafür, wie der Sport gesellschaftliche Werte transportieren und befördern könne. Die Special Olympics, die in Berlin im Sommer 2023 ausgetragen wurden, seien ein positives Beispiel gewesen im Gegensatz zur Fußball-WM in Katar im Jahr 2022. Bekanntlich war das Land wegen der Menschenrechtslage heftig in die Kritik geraten, vor allem des Westens. Für Faeser seien deshalb „viele Menschen gegen sportliche Großveranstaltungen", weil es dort zu einer „enormen Verschwendung von Geld und Ressourcen" komme oder die Menschenrechtslage in den Ausrichterländern wie in Katar kritikwürdig seien.

Auf dem „Respect Forum" der UEFA auf dem DFB-Campus in Frankfurt am Main in 2023 legte die SPD-Politikerin Faeser die Messlatte hoch. Sie sei sehr sicher, dass die EM 2024 in Deutschland dieses negative Image von sportlichen Großevents dauerhaft verändern und verbessern werde, sagte die Ministerin. Und: „Die EM 2024 wird einen neuen Standard für Sportgroßereignisse setzen."

Die Gruppen der Vorrunde der EM 2024

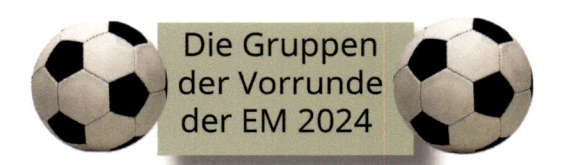

Gruppe A: Deutschland, Schweiz, Schottland und Ungarn

Gruppe B: Spanien, Kroatien, Italien und Albanien

Gruppe C: England, Slowenien, Dänemark und Serbien

Gruppe D: Frankreich, Niederlande, Rumänien und der Sieger aus der Playoff-Runde 1 (Wales, Finnland, Polen, Estland)

Gruppe E: Belgien, Slowakei, Rumänien und der Sieger aus der Playoff-Runde 2 (Bosnien und Herzegowina, Ukraine, Island, Israel)

Gruppe F: Portugal, Türkei, Tschechien und der Sieger aus der Playoff-Runde 3 (Georgien, Luxemburg, Griechenland, Kasachstan)

„Menschenrechtserklärung für die Fußball-Europameisterschaft 2024"

Am 14. November 2023 unterzeichneten die Minister Faeser und Heil nicht weniger als eine „Menschenrechtserklärung für die Fußball-Europameisterschaft 2024". Faeser sagte bei der Vorstellung der Erklärung: „Sport stärkt den gesellschaftlichen Zusammenhalt und bringt Menschen zusammen, ganz gleich, wo sie herkommen. Mit der Fußball-Europameisterschaft 2024 wollen wir ein Turnier erleben, das für Demokratie, Respekt, Toleranz und die Achtung der Menschenrechte steht. Mit der heutigen Menschenrechtserklärung setzen wir neue Maßstäbe. Die Erklärung benennt die individuellen Verantwortlichkeiten der Beteiligten und zeigt auf, welche Risiken menschenrechtlicher Missstände im Zusammenhang mit dem Turnier bestehen und wo wir handeln. Die Erklärung soll beispielgebend für künftige Sportgroßveranstaltungen in Deutschland sein."

Auch Arbeitsminister Heil will seinen Beitrag zum Gelingen der EM beitragen: „Eine faire Europameisterschaft bedeutet nicht nur, dass 22 Spieler auf dem Rasen respektvoll miteinander umgehen sollten. Fair Play muss für alle Menschen gelten, die weltweit daran mitwirken, dass dieses Turnier zu einem großen Fußballfest wird. Die Turnierausrichter der UEFA EURO 2024 haben ihre globale Verantwortung hier früh erkannt und orientieren sich freiwillig an den Grundsätzen des deutschen Lieferkettengesetzes. Die entsprechende Grundsatzerklärung wird heute mit der Menschenrechtserklärung veröffentlicht. Meinem Ministerium war es wichtig, diesen Pilotprozess zu begleiten. Im Ergebnis wurde ein Standard geschaffen, der auch für nachfolgende Sportgroßveranstaltungen, nicht nur in Deutschland, ein wertvolles Erbe ist."

„Deutschland wird keine Standards setzen"

Mit ihrer Kritik an der EM (Vorbereitung) hat Sylvia Schenk nicht hinter dem Berg gehalten. Die Antikorruptions-Expertin sagte dem Portal Watson: „Philipp Lahm betont als Turnierdirektor immer wieder, dass es die tollste EM wird. Das sollte er nicht machen", so die Leiterin der Arbeitsgruppe Sport bei Transparency International Deutschland und ergänzte: Deutschland hole international auf, werde aber „definitiv keine Standards setzen". Es gebe „Firmen mit Schwarzarbeit, Bezahlung unter Mindestlohn, exzessiven Arbeitszeiten und unzureichenden Unterkünften. Das erfahren wir immer wieder durch Razzien des Zolls", sagte Schenk weiter.

Die Spielorte und Stadien der EM 2024 in Deutschland

An der EM 2024 in Deutschland nehmen 24 Mannschaften teil, 51 Spiele werden an zehn Spielorten ausgetragen.

Berlin: Zuschauer 70.033, 6 Spiele

München: Zuschauer 60.026, 6 Spiele

Dortmund: Zuschauer 61.524, 6 Spiele

Stuttgart: Zuschauer 50.998, 5 Spiele

Hamburg: Zuschauer 50.215, 5 Spiele

Gelsenkirchen: Zuschauer 49.471, 4 Spiele

Frankfurt: Zuschauer 48.387, 5 Spiele

Köln: Zuschauer 46.635, 5 Spiele

Leipzig: Zuschauer 46.635, 4 Spiele

Düsseldorf: Zuschauer 46.264, 5 Spiele

Philipp Lahm: Verdienter Nationalspieler als EM-Turnierdirektor

Zum EM-Turnierdirektor hat der DFB den ehemaligen Kapitän der Nationalmannschaft Philipp Lahm erkoren. Für seine Tätigkeit während der EM-Vergabe soll Lahm vom DFB fürstlich entlohnt worden sein. Laut dem Fachblatt *Kicker* soll dem Verband die Arbeit Lahms 250 000 Euro wert gewesen sein. Solche Summen stießen nicht überall auf Begeisterung. Von Kritikern wurde moniert, dass im Amateur-Fußball die Menschen, die im Ehrenamt tätig sind, und Vereine gerne vom Verband mit „warmen Worten" entlohnt werden, aber in den „oberen Regionen" des Verbandes Geld offenbar keine Rolle spiele.

Lahm hat sich vorgenommen, mit der EM „wieder mehr Zusammenhalt zu schüren – in Deutschland, aber auch in Europa". Aktuell gebe es „viele riesige Herausforderungen auf der ganzen Welt", sagte er bei einem Pressegespräch. Als Beispiel nannte er Israels Krieg gegen die Hamas und Russlands Krieg gegen die Ukraine. Und weiter: Während des EM-Turniers will der Turnierdirektor gerne „westliche Werte" transportiert sehen.

Lahm selbst kann auf eine beeindruckende sportliche Karriere zurückblicken. 113 Mal lief er im Zeitraum zwischen 2004 und 2014 für die deutsche Nationalmannschaft auf. Seit 2010 war er sogar Kapitän des DFB-Teams. Und die Krönung seiner fußballerischen Laufbahn war 2014 der Gewinn der Fußball-Weltmeisterschaft mit der deutschen Mannschaft in Brasilien. Noch im gleichen Jahr reichte Lahm seinen Abschied im Nationalteam ein, 2017 beendete er dann seine Karriere beim FC Bayern München, dem Klub, für den er jahrelang spielte.

Die 17. Fußball-Europameisterschaft

Die Fußball-Europameisterschaft findet, wie schon erwähnt, zum zweiten Mal seit 1988 in Deutschland statt. Damals sicherten sich die Niederlande den Europameistertitel. Und die deutsche Mannschaft scheiterte 1988 im Halbfinale am späteren Europameister. Bei der Fußball-Weltmeisterschaft 2006 („Sommermärchen") war Deutschland übrigens das letzte Mal Gastgeber eines großen Fußball-Events.

Schnelle EM-Fakten

- Eröffnungsspiel: München Fußball Arena (14. Juni)
- Finale: Olympiastadion Berlin (14. Juli)
- Teilnehmer: 24 Länder
- Deutschland spielt in der Gruppe A
- Spielmodus: Rundenturnier (sechs Gruppen à vier Teams), nach der Gruppenphase K.-o.-System
- Spielorte: Dortmund, Stuttgart, München, Hamburg, Gelsenkirchen, Düsseldorf, Berlin, Leipzig, Köln, Frankfurt

Die Nationen mit den meisten Europameistertiteln

1. Deutschland, Titel: 3 (1972, 1980, 1996)

2. Spanien, Titel: 3 (1964, 2008, 2012)

3. Italien, Titel: 2 (1968, 2021)

4. Frankreich, Titel: 2 (1984, 2000)

Die Telekom überträgt die EM/2024 im TV

Die Übertragungsrechte für die EM 2024 hat sich die Telekom gesichert. Über den Sender Magenta TV können somit alle EM-Spiele gesehen werden.

Außerdem werden 34 der 51 Spiele im Free-TV über die öffentlich-rechtlichen Sender ARD und ZDF gezeigt. Dazu gehören alle Spiele der deutschen Nationalmannschaft. Darüber hinaus werden 17 weitere Spiele bei dem Sender RTL und im Livestream bei RTL+ (ehemals TVNow) zu sehen sein.

Diese 21 Teams haben sich direkt für die EM qualifiziert

- Albanien
- Belgien
- Dänemark
- England
- Frankreich
- Gastgeber Deutschland
- Italien
- Kroatien
- Niederlande
- Österreich
- Portugal
- Rumänien

- Schottland
- Schweiz
- Serbien
- Slowakei
- Slowenien
- Spanien
- Tschechien
- Türkei
- Ungarn

Diese Mannschaften spielten in der Play-Off-Runde der EM 2024 um die letzten drei Teilnehmerplätze. Die Play-Offs wurden vom 21. bis 26. März 2024 ausgetragen.

- Bosnien und Herzegowina
- Estland
- Finnland
- Georgien
- Griechenland
- Island
- Israel
- Kasachstan
- Luxemburg
- Polen
- Ukraine
- Wales

Die Ewige Torjägerliste bei den Europameisterschaften

1. Cristiano Ronaldo (Portugal), 14 Tore, 25 Spiele
2. Michel Platini (Frankreich), 9 Tore, 5 Spiele
3. Alan Shearer (England), 7 Tore, 9 Spiele
4. Antoine Griezmann (Frankreich), 7 Tore, 11 Spiele
5. Zlatan Ibrahimović (Schweden), 6 Tore, 13 Spiele
6. Ruud v. Nistelrooy (Niederlande), 6 Tore, 8 Spiele
7. Wayne Rooney (England), 6 Tore, 10 Spiele
8. Romelu Lukaku (Belgien), 6 Tore, 10 Spiele
⋮
13. Jürgen Klinsmann (Deutschland), 5 Tore, 13 Spiele

Soll und Haben der EM

Für Fans wird die EM kein preiswertes Vergnügen. Sie müssen sich schon auf große Preisspannen einstellen. So kosten die preiswertesten Eintrittskarten 30 Euro, die teuersten Tickets sind für 1000 Euro zu haben. Die Tickets für das Eröffnungsspiel des Wettbewerbs zwischen Deutschland und Schottland kosten zwischen 50 und 600 Euro. Generell gilt: Die Tickets werden mit jeder K.-o.-Runde teurer. So kosten diese für die Viertelfinalspiele zwischen 60 und 300 Euro. Für die Halbfinale sind 80 bis 600 Euro fällig. Richtig teuer sind die Ticketpreise für das EM-Endspiel. Hier werden zwischen 95 und 1000 Euro aufgerufen. Vor diesem Hintergrund erhofft sich die UEFA durch den Ticketverlauf Einnahmen in Höhe von rund 2,3 Milliarden Euro.

Wer die Zeche zahlt

Doch wo verdient wird, gibt es auch jemanden, der zur Kasse gebeten wird. Und das ist im Fall der EM 2024 der deutsche Steuerzahler. Wie die *Süddeutsche Zeitung* berichtete, soll sich Deutschland respektive der Steuerzahler die EM „hunderte von Millionen Euro" kosten lassen. Genaue Zahlen nannte die Zeitung nicht, denn die Verantwortlichen zeigten sich in dieser Hinsicht „intransparent". Im Gegensatz zum Stadtstaat Berlin. Für diesen soll die Ausrichtung von mehreren Spielen während der EM mit rund 80 Millionen Euro zu Buche schlagen. Das seien fast 20 Millionen Euro mehr als ursprünglich geplant, so das Online-Portal rbb24.

Ein weiteres Beispiel bringt den Bund der Steuerzahler auf die Palme. Laut einem Bericht des Online-Portals Merkur.de will das Bundesumweltministerium die großen Fußballverbände UEFA und den DFB in Sachen Nachhaltigkeit während und nach der EM auf die Sprünge helfen. Das wolle sich das Ministerium rund 6,6 Millionen Euro kosten lassen. Für den Bund der Steuerzahler sind solche Investitionen des Staates in reiche Fußballverbände schlicht nicht nachzuvollziehen.

4

60 Jahre Bundesliga

„Nach dem Spiel ist vor dem Spiel."

Sepp Herberger, Fußballlegende

4 60 Jahre Bundesliga

Am 24. August 1963 wurde die Bundesliga gegründet. Das war der Startschuss für die erste professionelle Fußballliga in Deutschland. Folglich konnte die Liga 2023 auf ein wichtiges Jubiläum zurückblicken und wird heute in über 200 Ländern übertragen. Zu den ersten 16 Mannschaften, die der Bundesliga angehörten, zählten:

- 1. FC Köln
- 1. FC Nürnberg
- Borussia Dortmund
- Eintracht Frankfurt
- FC Bayern München
- Hamburger SV
- Hertha BSC
- Karlsruher SC
- Preußen Münster
- Schalke 04
- VfB Stuttgart
- VfL Bochum
- Werder Bremen

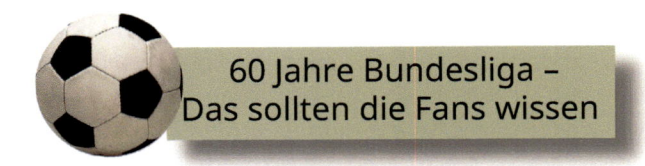

60 Jahre Bundesliga – Das sollten die Fans wissen

Erster Spieltag der Bundesliga: 24. August 1963

Wetter 24. August 1963: wolkig mit Regen, 16 bis 18 Grad in Deutschland

Erfolgreichste Torschützen: Gerd Müller (365), Robert Lewandowski (312), Klaus Fischer (268), Jupp Heynckes (220), Manfred Burgsmüller (213), Claudio Pizarro (197), Ulf Kirsten (182), Stefan Kuntz (179), Dieter Müller (177), Klaus Allofs (177)

Die meisten Spiele: Karl-Heinz Körbel (602), Manfred Kaltz (581), Oliver Kahn (557), Klaus Fichtel (552), Mirko Votava (546), Klaus Fischer (535), Eike Immel (534), Willi Neuberger (520), Michael Lameck (518), Ulrich Stein (512)

Schnellstes Tor: Nach 9 Sekunden trifft in der Saison 2015/16 Kevin Volland zum 1:0 für die TSG Hoffenheim gegen Bayern München

Jüngster Spieler/Ältester Spieler: Youssoufa Moukoko (16 Jahre, 1 Tag), Klaus Fichtel (43 Jahre, 6 Monate, 2 Tage)

Schiedsrichter mit den meisten Einsätzen: Felix Brych und Wolfgang Stark (jeweils 344)

Die erfolgreichsten Vereine in 60 Jahren Bundesliga

- FC Bayern München: Der FC Bayern München wurde erster Meister der Bundesliga und ist mit 33 Meistertiteln, 20 Pokalsiegen und sechs Champions League-Titeln der erfolgreichste Verein der Bundesliga.
- Borussia Dortmund: Borussia Dortmund ist mit acht Meistertiteln, acht Pokalsiegen und drei Champions League-Finalteilnahmen der zweiterfolgreichste Verein der Bundesliga. Im Jahr 1997 gewann der BVB als erster deutscher Verein die 1992/1993 eingeführte Champions League.

- Borussia Mönchengladbach: Die Borussia aus Mönchengladbach ist mit fünf Meistertiteln, drei Pokalsiegen und drei UEFA-Pokalsiegen die dritterfolgreichste Mannschaft Deutschlands.
- Werder Bremen: Werder Bremen ist mit vier Meistertiteln, sechs Pokalsiegen und einem Europapokal der Pokalsieger-Titel der viererfolgreichste Verein der Bundesliga.
- Hamburger SV: Der Hamburger SV ist mit drei Meistertiteln, drei Pokalsiegen und zwei Europapokal-Titel der fünfterfolgreichste Verein der Bundesliga.
- Eintracht Frankfurt: Eintracht Frankfurt ist mit fünf Pokalsiegen und jeweils einem Europapokal-Titel der Pokalsieger und einem Europapokaltitel der Landesmeister der fünfterfolgreichste Verein der Bundesliga.

Die Ergebnisse des 1. Spieltags der Bundesliga am 24. August 1963

Hertha BSC Berlin – 1. FC Nürnberg	1:1
Werder Bremen – Borussia Dortmund	3:2
Eintracht Frankfurt – 1. FC Kaiserslautern	1:1
Karlsruher SC – Meidericher SV (Duisburg)	1:4
TSV 1860 München – Eintracht Braunschweig	1:1
Preußen Münster – Hamburger SV	1:1
1. FC Saarbrücken – 1. FC Köln	0:2
FC Schalke 04 – VfB Stuttgart	2:0

Die wichtigsten Spieler in 60 Jahren Bundesliga

- Gerd Müller ist mit 365 Toren in 427 Spielen der Rekordtorschütze der Bundesliga. Müller gewann mit dem FC Bayern München sieben Meistertitel und vier Pokalsiege. Müller wurde 1970 Weltmeister mit der deutschen Nationalmannschaft.

- Lothar Matthäus ist mit 365 Bundesliga-Spielen der Rekordspieler der Bundesliga. Matthäus gewann mit dem FC Bayern München zehn Meistertitel und acht Pokalsiege. Matthäus wurde 1990 Weltmeister mit der deutschen Nationalmannschaft.

- HSV-Ikone Uwe Seeler ist mit 137 Bundesliga-Toren in 239 Spielen einer der erfolgreichsten Torschützen der Bundesliga. Seeler gewann mit dem Hamburger SV fünf Meistertitel und drei Pokalsiege. Seeler wurde 1966 Vizeweltmeister mit der deutschen Nationalmannschaft.

- Franz Beckenbauer ist mit drei Meistertiteln, einem Pokalsieg und einem Europapokal der Pokalsieger-Titel einer der erfolgreichsten Spieler des FC Bayern München. Beckenbauer wurde 1974 (als Spieler) und 1990 (als Trainer) mit der deutschen Nationalmannschaft Weltmeister.

- Michael Ballack ist mit 255 Bundesliga-Spielen einer der erfolgreichsten deutschen Spieler der Bundesliga. Ballack gewann mit dem FC Bayern München zwei Meistertitel und einen Pokalsieg. Ballack wurde auch 2002 Vizeweltmeister mit der deutschen Nationalmannschaft.

Die Abschlusstabelle der 1. Bundesligasaison 1963/1964

1. 1. FC Köln (45 Punkte)

2. Meidericher SV (39 Punkte)

3. Eintracht Frankfurt (39 Punkte)

4. Borussia Dortmund (33 Punkte)

5. VfB Stuttgart (33 Punkte)

6. Hamburger SV (32 Punkte)

7. TSV 1860 München (31 Punkte)

8. FC Schalke 04 (29 Punkte)

9. 1. FC Nürnberg (29 Punkte)

10. Werder Bremen (28 Punkte)

11. Eintr. Braunschweig (28 Punkte)

12. 1. FC Kaiserslautern (26 Punkte)

13. Karlsruher SC (24 Punkte)

14. Hertha BSC (24 Punkte)

15. Preußen Münster (23 Punkte)

16. 1. FC Saarbrücken (17 Punkte)

Meilensteine für die Popularität der Liga

Der Sieg von Borussia Dortmund im Europapokal der Landesmeister 1997 war ein historischer Moment für den deutschen Fußball. Es war der erste Sieg eines deutschen Vereins in diesem Wettbewerb seit 25 Jahren. Der Sieg von Borussia Dortmund war ein Zeichen für die wachsende Stärke des deutschen Fußballs auf internationaler Ebene.

Die WM-Titelgewinne der deutschen Nationalmannschaft 1974, 1990 und 2014 hatten einen enormen Einfluss auf die Popularität der Bundesliga. Sie zeigten, dass der deutsche Fußball zu den besten der Welt gehört. Die WM-Titelgewinne trugen weiter dazu bei, die Bundesliga zu einem internationalen Aushängeschild für Deutschland zu machen.

Die Einführung des Videobeweises in der Bundesliga 2017 war ein weiterer Meilenstein in der Geschichte der Liga. Der Videobeweis hat dazu beigetragen, Fehlentscheidungen der Schiedsrichter zu reduzieren und die Gerechtigkeit im Spiel zu erhöhen.

Der Skandal, der die Bundesliga erschütterte

Der Bundesligaskandal, auch bekannt als „Manipulationsaffäre" oder „Kickers-Offenbach-Affäre", war ein großer Wettskandal in der Fußball-Bundesliga. Er betraf die Manipulation mehrerer Spiele am Ende der Saison 1970/71. Ziel der Manipulation war es, das Ergebnis des Abstiegskampfes zu beeinflussen.

Der Skandal wurde im Mai 1971 aufgedeckt, als Horst Canellas, der Präsident von Kickers Offenbach, der Polizei gestand, dass er Geld angeboten bekommen habe, um ein Spiel gegen Arminia Bielefeld zu manipulieren. Canellas hatte das Gespräch auf Band aufgenommen, und die Beweise führten zu Ermittlungen gegen andere Spiele der Liga.

Insgesamt wurden 52 Spieler, zwei Trainer und sechs Vereinsfunktionäre wegen Wettbetrugs verurteilt. Sie wurden für einen Zeitraum zwischen wenigen Monaten und lebenslangem Spiel- oder Trainerverbote bestraft. Die beiden Vereine, die an den schwersten Vergehen beteiligt waren, Rot-Weiß Oberhausen und Arminia Bielefeld, mussten aus der Bundesliga absteigen.

Der Skandal hatte einen großen Einfluss auf den deutschen Fußball. Er führte zu einer Verschärfung der Vorschriften gegen Wettbetrug und beschädigte den Ruf der Bundesliga. Allerdings führte er auch zu einer stärkeren Betonung des fairen Spiels und des Sportsgeistes im deutschen Fußball.

Zeitleiste der Ereignisse des Bundesligaskandals

- 17. April 1971: Arminia Bielefeld besiegt Schalke 04 mit 1:0. Das Spiel wird später als manipuliert eingestuft.
- 05. Mai 1971: 1. FC Köln besiegt Rot-Weiss Essen mit 3:2. Das Spiel wird später ebenfalls als manipuliert eingestuft.
- 08. Mai 1971: Kickers Offenbach besiegt Rot-Weiß Oberhausen mit 3:2. Kickers Offenbach wird später wegen Manipulation des Spiels verurteilt.
- 22. Mai 1971: 1. FC Köln besiegt Rot-Weiß Oberhausen mit 2:4. Rot-Weiß Oberhausen wird später wegen Manipulation des Spiels verurteilt.
- 29. Mai 1971: Arminia Bielefeld besiegt VfB Stuttgart mit 1:0. Arminia Bielefeld wird später wegen Manipulation des Spiels verurteilt.
- 30. Mai 1971: Kickers Offenbach verliert gegen Eintracht Frankfurt mit 0:2. Das Spiel wird nicht als manipuliert eingestuft.
- 06. Juni 1971: Horst Canellas gesteht der Polizei, dass er Geld für die Manipulation eines Spiels angeboten bekommen hat.
- 16. Juni 1971: Die Bundesliga gibt die Ergebnisse ihrer Ermittlungen zum Wettbetrug bekannt.
- 22. Juni 1971: Rot-Weiß Oberhausen und Arminia Bielefeld steigen aus der Bundesliga ab.

5

Investoren

„Wir haben etwa so viel Festgeld wie der FC Schalke Schulden. Deswegen werden sie uns vielleicht irgendwann sportlich nahekommen, aber in den Finanzen brauchen sie noch 20 Jahre."

Uli Hoeneß, Ehrenpräsident FC Bayern München

Investoren aus dem Nahen Osten entdecken ihre Liebe zum Fußball

Galt vor wenigen Jahren noch die Weltmacht China als der große Player am internationalen Fußballmarkt, so haben hier jetzt die Golfstaaten Katar, Saudi-Arabien und die Vereinigten Arabischen Emirate das Ruder übernommen. Diese Länder investieren seit einigen Jahren massiv in den Sport und ganz speziell in den Fußball. Dies geschieht vor allem über staatliche Fonds, die mit Milliardenbeträgen ausgestattet sind. Die Ziele dieser Investitionen sind vielfältig, aber im Vordergrund stehen wohl zwei Aspekte:

- Sogenanntes Sportswashing: Die Golfstaaten versuchen, ihr negatives Image in der Weltöffentlichkeit durch den Erfolg im Fußball zu verbessern. Dies dürfte vor allem bei Saudi-Arabien der Fall sein, das in den vergangenen Jahren wegen Menschenrechtsverletzungen, des Jemen-Kriegs und der Verstrickung in die Ermordung des Journalisten Jamal Khashoggi, die weltweit Empörung auslöste, international kritisiert wurde.
- Internationale Anerkennung: Die Golfstaaten wollen vermutlich mit ihren Investitionen in den Fußball ihren Einfluss in der Welt vergrößern. Dies gelingt ihnen möglicherweise durch die Teilnahme und Ausrichtung von internationalen Sport-Wettbewerben, aber auch durch die Förderung des Tourismus.

Aus Mittelmaß einen Spitzenklub entwickeln

Katar ist in diesem Bereich Vorreiter. Das Emirat war 2022 Gastgeber der Fußball-Weltmeisterschaft und hat im Vorfeld der WM große Summen in den Bau neuer Stadien und die Förderung des lokalen Fußballs investiert. Auch im europäischen Fußball ist Katar aktiv. So gehört dem katarischen Staatsfonds Qatar Sports Investments der Top-Klub Paris Saint-Germain. Das katarische Engagement sorgte dafür, dass aus dem früher einmal mittelmäßigen Ligue-1-Verein ein europäischer Spitzenklub wurde.

Saudi-Arabien folgt dem Vorbild Katars. Im Jahr 2021 übernahm der saudische Staatsfonds Public Investment Fund (PIF) den englischen Premier-League-Klub Newcastle United. Und damit nicht genug: Im Jahr 2034 wird Saudi-Arabien vermutlich der Ausrichter der Fußball-Weltmeisterschaft sein.

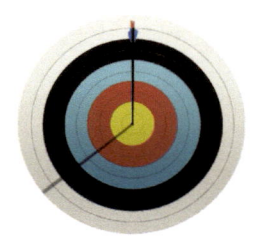

Die Top-Investoren im internationalen Fußball

- Staatsfonds QSI (Katar)
- Staatsfonds PIF (Saudi-Arabien)
- Abu Dhabi United Group (VAE)
- Familie Glazer (USA)
- Jim Ratcliffe (USA)
- Red Bull GmbH (Österreich)
- Fosun International Ltd. (China)

Investments verstoßen gegen das Financial Fairplay

Die Investitionen der Golfstaaten im Fußball haben zu einer Reihe von Kontroversen geführt. Kritiker bemängeln, dass die Golfstaaten mit ihren Investitionen den Wettbewerb verzerren und die Integrität des Sports gefährden. Der Vorwurf: Das Investment dieser Länder würde gegen das Financial Fairplay im europäischen Fußball verstoßen. Auch die Menschenrechtssituation in den Golfstaaten wird immer wieder als Argument gegen die Investitionen dieser Länder in den Fußball angeführt.

Trotz der Kritik ist davon auszugehen, dass die Golfstaaten ihre Investitionen im Fußball in den kommenden Jahren fortsetzen werden. Der Fußball ist ein beliebtes Medium, um die eigene Botschaft in die Welt zu tragen und Einfluss zu gewinnen.

Katar investiert direkt über den (Staats-)Fonds QSI oder indirekt über die Fluggesellschaft Qatar Airways in den Sport. Folgende Engagements leisten/leisteten sich die Kataris im europäischen Fußball:

- Paris Saint-Germain (PSG): Der katarische Staatsfonds Qatar Sports Investments (QSI) übernahm den französischen Top-Klub im Jahr 2011. Seitdem konnte PSG eine Reihe von hochkarätigen Spielern verpflichten, darunter Lionel Messi, Neymar und Kylian Mbappé. PSG gewann in den letzten Jahren sieben französische Meisterschaften, fünf Coupe de France und vier Coupe de la Ligue.
- FC Bayern München: Die katarische Qatar Airways war lange Zeit Großsponsor des deutschen Rekordmeisters FC Bayern München. Im Vorfeld der WM in Katar stand das Land aber immer mehr in der Kritik der Bayern-Fans. Das kam offenbar in Katar nicht so gut an, wie verschiedene Medien spekulierten. Letztlich trennten sich Qatar Airways und Bayern München im Sommer 2023 „einvernehmlich". Laut Medienspekulationen soll aber Katar das Engagement beim Rekordmeister beendet haben.
- AS Rom: Der katarische Staatsfonds war bis zum Jahre 2021 Hauptsponsor des italienischen Klubs AS Rom.
- Aktuell ist der QSI-Fonds an dem portugiesischen Erstliga-Klub Sporting Braga und dem KAS Eupen (Belgien) beteiligt. Der Finanznachrichtendienst *Bloomberg* hält es darüber hinaus für möglich, dass der Fonds in die englische Premier League einsteigen will. Besonderes Interesse habe der Fonds an den Klubs FC Liverpool und Manchester United.

Saudi-Arabiens Engagement im Fußball

- Newcastle United: Der saudische Staatsfonds Public Investment Fund (PIF) übernahm den englischen Premier-League-Klub Newcastle United im Jahr 2021. Newcastle United ist seitdem in der Lage, hochkarätige Spieler zu verpflichten, darunter Joelinton, Bruno Guimarães und Kieran Trippier. Newcastle United belegte aber in der Saison 2022/23 den 11. Platz in der Premier League.
- Die Gesamtinvestitionen des saudischen Staatsfonds PIF in den Fußball werden auf über eine Milliarde Euro geschätzt. Davon sollen etwa 800 Millionen Euro auf Newcastle United entfallen sein. Beim QSI soll laut Experten mit circa 2,5 Milliarden Euro in Sachen Fußball investiert worden sein.

Die Golfstaaten Katar, Saudi-Arabien und die Vereinigten Arabischen Emirate (VAE) investieren seit Jahren Milliarden von Euro in den Fußball. Neben den schon genannten Klubs, die in europäische Vereine investiert sind, ist die VAE-Holding Abu Dhabi United Group (ADUG) seit 2008 Mehrheitseigentümerin des englischen Top-Klubs Manchester City.

Zu den weiteren großen Investoren im Fußball gehören unter anderem:

- Die Familie Glazer aus den USA, die seit 2005 Eigentümer des englischen Top-Klubs Manchester United ist
- Der US-amerikanische Milliardär Jim Ratcliffe, der sich mit einem Angebot von 5,5 Milliarden Euro für den englischen Top-Klub Manchester United interessiert
- Die Red Bull GmbH aus Österreich, die Eigentümer der Fußballklubs RB Leipzig, RB Salzburg und Red Bull Bragantino ist
- Die chinesische Fosun International Ltd., die Eigentümer des englischen Top-Klubs Wolverhampton Wanderers ist

6 Die Frauen und der Fußball

„Im Kampf um den Ball verschwindet die weibliche Anmut, Körper und Seele erleiden unweigerlich Schaden, und das Zurschaustellen des Körpers verletzt Schicklichkeit und Anstand."

DFB, 1955

Eine unterschätzte Macht

Daran geht kein Weg mehr vorbei: Der Frauenfußball boomt in Deutschland. Aus dem deutschen Sportleben ist er mittlerweile nicht mehr wegzudenken. Ein Blick auf die Statistik macht das deutlich. Besuchten in der Fußballsaison 2003/2004 durchschnittlich noch 548 Zuschauer die Spiele der Frauen-Bundesliga, so waren es in der Saison 2022/2023 bereits durchschnittlich 2723 Zuschauer (Quelle: *de.statista.com*).

Trotz dieser beachtlichen Steigerung kann sich die Frauen-Bundesliga längst noch nicht mit der Männer-Bundesliga messen. So kamen zu den Bundesligaspielen der Herren in der Saison 2003/2004 im Durchschnitt rund 37 400 Zuschauer, in der Saison 2022/2023 waren es circa 43 000, die durchschnittlich zu den Spielen der Männer kamen (Quelle: *de.statista.com*).

Leistungsgefälle in den Ligen

Allerdings gilt es an dieser Stelle zu beachten, dass man hier nicht Äpfel mit Birnen vergleicht. Während in der Männer-Bundesliga aktuell 18 Mannschaften vertreten sind, sind es bei den Frauen zwölf Teams, die gegeneinander antreten. Weiter kommt hinzu, dass bei den Frauen, wie auch bei Männern, ein nicht unbeachtliches Leistungsgefälle (siehe auch das Interview mit Julia Simic in Kapitel 6) in der Liga besteht. Deshalb ist davon auszugehen, dass die Spiele der Top-Mannschaften der Frauen-Bundesliga deutlich mehr Zuschauer im Durchschnitt besuchen als die der „leistungsschwachen" Klubs.

Aktuell (Stand 2023) spielen laut dem Deutschen Fußball-Bund in den Vereinen des Deutschen Fußball-Bundes rund 1,1 Millionen Frauen Fußball und Mädchen Fußball. Bei den Männern und Jungen beläuft sich die Zahl auf über sechs Millionen Fußballspieler (*www.dfb.de*/Mitgliederstatistik 2023).

Einen großen Sprung nach vorne machte der internationale Frauenfußball bei der Fußballweltmeisterschaft (WM) 2023 in Australien und Neuseeland. Diese WM avancierte zur größten Frauen-WM aller Zeiten. Über 1,5 Millionen Tickets wurden verkauft, und im Durchschnitt kamen 30 000 Zuschauer zu den Spielen. Allein das Eröffnungsspiel zwischen Australien und Irland wollten sich 75 000 Menschen im Stadion in Sydney nicht entgehen lassen. Für die deutsche Mannschaft endete diese Super-WM aber mit einem Desaster. Schon in der Vorrunde kam das Aus für das hoch gehandelte Team von Trainerin Martina Voss-Tecklenburg. Für den deutschen Frauenfußball sind solche Pleiten nicht förderlich. Denn die Fans lieben erfolgreiche Mannschafen/Sportler und keine Verlierer.

Erfolgreichstes Team im Deutschen Fußball

Trotz dieses unerfreulichen WM-Ausscheidens in der Vorrunde gehört die Frauen-Nationalmannschaft zu den erfolgreichsten Teams im deutschen Fußball. Bei der Anzahl der gewonnenen Turniere haben die deutschen Fußballerinnen gegenüber den Männern deutlich die Nase vorn. So stehen bei den Frauen zwei WM-Siege (2003, 2007) auf dem Konto. Darüber hinaus wurden die deutschen Frauen nicht weniger als achtmal Europameisterinnen. Und das alles, obwohl die Frauen-Nationalmannschaft erst am 10. November 1982 zu ihrem ersten offiziellen Länderspiel antrat. Das Spiel endete mit einem 5:1-Sieg in Koblenz gegen die Schweiz – 5000 Zuschauer wollten das Spiel sehen.

Vier Jahre nach der Titelverteidigung stand 2011 zum ersten Mal eine Weltmeisterschaft in Deutschland auf dem Programm. Das Interesse an dem Turnier und den DFB-Frauen war riesig. Bis zu 19 Millionen Menschen sahen sich die Spiele im TV an, und die Stadien waren ausverkauft. Mit drei Siegen in drei Gruppenspielen zogen die Deutschen ins Viertelfinale ein. Der Schlusspunkt in diesem Turnier war für die deutschen Frauen aber bereits das Viertelfinale. Mit 0:1 nach Verlängerung schied das Team gegen den späteren Weltmeister Japan aus der WM aus. Auch auf olympischem Parkett waren die Fußballfrauen erfolgreich. 2016 wurde das deutsche Team sogar Olympiasieger.

In Sachen Frauenfußball früher ein Entwicklungsland

In Sachen Frauenfußball präsentierte sich Deutschland im Gegensatz zu anderen europäischen Ländern in früheren Zeiten als Entwicklungsland. Der „Männersport" Fußball galt aus Männerfußballsicht für Frauen als unpassend und moralisch verwerflich. Der Deutsche Turnerbund beklagte sich sogar über Studentinnen, die in kurzen Hosen Fußball spielten. Dieses Outfit sei für „künftige deutsche Akademikerinnen" nicht angemessen.

Trotz allem kam es bereits 1922 zu Fußballspielen von Studentinnen bei Hochschulmeisterschaften. Das erste offizielle Spiel zwischen Frauenmannschaften gab es 1927 zwischen einer Mannschaft aus München und einem Team aus Berlin.

Ein Blick in die Geschichte des Frauenfußballs in Deutschland offenbart, dass der erste Klub in Frankfurt am Main von Lotte Specht gegründet wurde. Aber schon nach einem Jahr war Schluss damit, da das Team mangels Frauenteams nur gegen Männermannschaften antreten konnte.

In Nazi-Deutschland war dann vorerst Schluss mit dem Fußball für Frauen. Frauen wurden in die Mutterrolle gedrängt, Frauenfußball galt deshalb bei den Nationalsozialisten unerwünscht. Nach Ende des Zweiten Weltkriegs kam es in den 1950er-Jahren in der BRD zu Gründungen von Frauenmannschaften. In der DDR wurde 1968 mit der BSG Empor Mitte-Dresden das erste Frauenteam ins Leben gerufen.

Herrenriege des DFB als Spaßbremse

Trotzdem gab es weiterhin Diskussionen um den Frauenfußball. So beschloss der DFB 1955, den Frauen das Fußballspielen zu untersagen. So durften die Klubs, die dem DFB angeschlossen waren, keine Frauenabteilungen gründen oder Fußballplätze zur Verfügung stellen. Die Begründung der Fußballherrenriege: „Im Kampf um den Ball verschwindet die weibliche Anmut, Körper und Seele erleiden unweigerlich Schaden und das Zurschaustellen des Körpers verletzt Schicklichkeit und Anstand."

In Vereinen, die nicht dem DFB unterstanden, spielten Frauen aber weiter Fußball. Sogar ein inoffizielles Länderspiel wurde 1956 in Essen gegen eine niederländische Auswahl mit 2 : 1 gewonnen. Am 31. Oktober 1970 hob der DFB dann auf einem Verbandstag im schleswig-holsteinischen Travemünde das Verbot „unter Auflagen." auf.

1990 war es schließlich so weit: Die Frauen-Bundesliga wurde ins Leben gerufen. Allerdings bezeichnenderweise als sogenannter Sonderfall, denn die Teams traten nicht wie die Herren in einer Liga an, sondern in zwei Staffeln. Die Topmannschaften aus „Nord" und „Süd" spielten nach Abschluss der Runde die Meisterschaft untereinander aus. Seit der Saison 1997/1998 ist die Frauen-Bundesliga eingleisig, und seit der Saison 2023/2024 ist der Tech-Gigant Google der Partner der Liga. Die Frauen-Bundesliga firmiert unter dem Namen „Google Pixel Frauen-Bundesliga".

> **Frauenteams der Top-20-Klubs**
>
> In der 17. deutschen Ausgabe der Deloitte Football Money League hat die Unternehmensberatung Deloitte zum ersten Mal auch die finanzielle Situation der den Top-20-Klubs zugehörigen Frauenteams untersucht. Hierbei hielten die Analysten fest, dass 17 der europäischen Top-20-Klubs ein professionelles Frauenteam, welches jeweils in der höchsten Liga des Landes spielt, in ihren Reihen haben. Der durchschnittliche Umsatz der weiblichen Money-League-Klubs betrug 2,4 Millionen Euro in der Saison 2021/22.
>
> Führend im Football-Money-League-Ranking der Frauen ist der FC Barcelona Femení, Gewinner der UEFA Women's Champions League 2021 und Finalist 2022, mit Gesamteinnahmen in Höhe von 7,7 Millionen Euro in der Saison 2021/22.
>
> Den zweithöchsten Umsatz für seine Frauenmannschaft erzielte Manchester United (sechs Millionen Euro), gefolgt von Manchester City (5,1 Millionen Euro) und Paris Saint-Germain (3,6 Millionen Euro). Auf Platz 8 und damit im Mittelfeld befindet sich die Frauenmannschaft des FC Bayern München, welche einen Gesamtumsatz in Höhe von 1,7 Millionen Euro in 2021/22 erzielte.

Die Gehälter im Frauenfußball

Viele dürfte das interessieren. Was verdienen eigentlich Profifußballerinnen? Genaue Daten oder Erhebungen gibt es darüber nicht. Aus welchen Gründen auch immer, sind die Gehälter von Profifußballerinnen anscheinend Tabu-Themen. Die Protagonisten hüllen sich bei diesem Thema gerne in Schweigen.

Eine nicht repräsentative Umfrage bringt aber etwas Licht ins Dunkel. So verdienten laut der Umfrage 34 Prozent der deutschen Profispielerinnen nicht mehr als 500 Euro brutto im Monat. 27 Prozent „verdienten etwas mehr", blieben aber noch unter der Schwelle von 2000 Euro brutto. Nur fünf Prozent der Spielerinnen verdienten mehr als 3000 Euro brutto monatlich (Quelle: *www.torgranate.de*).

Natürlich gebe es auch Ausnahmespielerinnen, die deutlich mehr verdienen als ihre Kolleginnen. Ein Beispiel sei die deutsche Nationalspielerin Klara Bühl. Das Jahresgehalt der Spielerin des FC Bayern München wird auf 40 000 Euro geschätzt. Hinzu kämen noch persönliche Sponsoring-Verträge wie zum Beispiel mit dem Unternehmen Nike. Zudem sei sie Partnerin des internationalen Tech-Unternehmens Hisense und der lokalen Volksbank Haßberge. Hinzu kämen noch Einnahmen durch ihre persönliche Website und Prämienzahlungen. So hätten die deutschen Spielerinnen für den Einzug ins Europameisterschafts-Finale 2022 in London jeweils 30 000 Euro vom DFB erhalten (Quelle: *www.wettbasis.com*).

Zum Abschluss ein Verdienstvergleich zwischen Frauen und Männern der Fußballnationalmannschaften. Laut einer Studie aus dem Jahre 2022 verdienen die Spielerinnen der Frauen-Nationalmannschaft im Durchschnitt 43 670 Euro jährlich, die Männer dagegen im Schnitt knapp über zehn Millionen Euro im Jahr (Quelle: *www.fr.de/ Gehälter von Profifußballerinnen: So viel verdienen Frauen im Vergleich zu Männern*, Autor: Jannek Ringen, 16. August 2023).

Die bestbezahlten Fußballerinnen im internationalen Frauenfußball (Stand: 2021; Quelle: de.statista.com)

1. Carli Lloyd (NJ/NY Gotham FC)	518.000 Dollar
2. Sam Kerr (FC Chelsea)	500.000 Dollar
3. Alex Morgan (San Diego Wave FC)	450.000 Dollar
4. Julie Ertz (Angel City FC)	430.000 Dollar
5. Ada Hegerberg (Olympique Lyon)	425.000 Dollar
6. Marta (Orlando Pride)	400.000 Dollar
7. Amandine Henry (Angel City FC)	394.000 Dollar
8. Wendie Renard (Olympique Lyon)	392.000 Dollar
9. Christine Sinclair (Portland Thorns FC)	380.000 Dollar

Alisha Lehmann: Eine Frau mit Strahlkraft im Frauenfußball

Ein großes Phänomen im internationalen Frauenfußball ist die Schweizerin Alisha Lehmann. Mit ihren langen, blonden Haaren, ihrem auffälligen Make-up und bisweilen freizügigen Fotos sorgt sie auf und neben dem Platz für Furore. Lehmann hat sich den Ruf erworben, die sexieste Fußballerin der Welt zu sein. So bezeichnet sie jedenfalls die Fachzeitung *Sport Bild*. Die Schweizer Nationalspielerin weiß ihr gutes Aussehen optimal mit starken Leistungen auf dem Fußballfeld zu verbinden.

Dieses Image verhilft ihr zu 16,1 Millionen Followern bei Instagram (Stand November 2023). Zum Vergleich: Die Bayern-München-Stars Thomas Müller und Manuel Neuer kommen auf 13,8 Millionen beziehungsweise 13,1 Millionen Follower beim Social-Media-Kanal Instagram (Stand November 2023). Und vom aktuellen Bayern-Superstar Harry Kane trennen Alisha Lehmann „nur" noch 300 000 Follower bei Instagram.

Kick it like Beckham: Kongeniale Verbindung Fußball und Marketing

Bleibt festzustellen: In Sachen Social Media steht Alisha ihren männlichen Kollegen um nichts nach. Mit dieser kongenialen Verbindung zwischen Fußball und Marketing wandelt Alisha Lehmann auf den Spuren des britischen Kultfußballers David Beckham, der es als erster Fußballstar geschafft hatte, neben seinem Beruf als Fußballer auch ein spektakuläres Popstar-Image aufzubauen (siehe auch Interview mit Julia Simic).

Dass Lehmann ihre Popularität auch für persönliche Marketingzwecke nutzt, wird ihr wohl niemand übelnehmen. Hierzu gehört zum Beispiel die Produktion eines eigenen Kalenders genauso dazu wie leicht schlüpfrige Interviews, in denen Alisha Lehmann berichtet, dass sie ein 100 000-Euro-Angebot eines bekannten Fußballstars erhalten habe, der mit ihr eine Nacht verbringen wollte.

Aber zur sportlichen Alisha Lehmann: Sie wechselte 2021 von West Ham United zu Aston Villa in der englischen Premier League. Ihr Jahresgehalt wird aktuell auf 200 000 Euro taxiert, ihr aktuelles Vermögen auf 3,5 Millionen Euro. Doch Lehmann stellt klar: „Ich bin keine Influencerin. Mein Beruf ist Fußballerin. Nur Fußballerin. Viele Leute vergessen das oft", betont Alisha Lehmann (Quelle: *www.sportsillustrated.de*, Autor: Dirk Adam, 27. Oktober 2023).

Interview mit Julia Simic: Anspruchsvoller und ausgeglichener werden

„Im Frauenfußball sollte alles daran gesetzt werden, dass das sportliche Level anspruchsvoller und ausgeglichener wird."

Julia Simic ist eine ehemalige deutsche Fußballspielerin und derzeitige Trainerin. Sie wurde am 14. Mai 1989 in Nürnberg geboren. Simic spielte als Mittelfeldspielerin für mehrere Vereine in Deutschland, darunter den 1. FFC Frankfurt, den SC Freiburg, den 1. FFC Turbine Potsdam, den VfL Wolfsburg sowie West Ham United und den AC Mailand. Sie kam auch zu zwei Einsätzen für die deutsche Nationalmannschaft.

Aktuell ist sie auch Co-Kommentatorin beim Sender Sky. Hier kommentiert Julia Simic Spiele der Fußball-Bundesliga mit Rekordnationalspieler Lothar Matthäus und Sky-Moderator Sebastian Hellmann.

Julia Simic beendete ihre Fußballkarriere im Jahr 2020 und begann ihre Trainerkarriere. Sie ist derzeit Co-Trainerin der U20-Frauenmannschaft von Eintracht Frankfurt. Simic ist eine talentierte und erfahrene Fußballerin, die einen bedeutenden Beitrag zum deutschen Frauenfußball geleistet hat.

Frau Simic, erzählen Sie, wie Sie den Zugang zum „Männersport" Fußball gefunden haben.

JULIA SIMIC: Ich habe einen älteren Bruder und einen fußballbegeisterten Papa. Wir sind am Wochenende zum Ballspielen immer in den Park gegangen. Dabei wurde der Ball bei uns nicht geworfen, sondern immer geschossen. Das war dann für mich der Startimpuls in Sachen Fußball. Mit sechs Jahren habe ich schließlich angefangen, im Verein Fußball zu spielen.

War denn ihr Vater von Anfang an Feuer und Flamme, dass seine Tochter Fußball spielt?

SIMIC: Am Anfang war er schon etwas skeptisch. Er befürchtete, dass der Fußball nicht der richtige Sport für Mädchen ist und ich eventuell „krumme Beine" vom Fußball bekäme. Aber als er bemerkte, wie ich für den Sport brenne und dazu noch ein wenig Talent hatte, war er mein größter Förderer und Unterstützer.

Wann wurden bei Ihnen die Weichen zu einem professionellen Weg in Sachen Fußball gestellt?

SIMIC: Der Schritt zum Profifußball kam Schritt für Schritt. Mit 15 Jahren bin ich dann zu einem Probetraining zum FC Bayern München eingeladen worden. Ein Jahr später war es dann so weit und ich spielte bei Bayern München in der Bundesliga. Durch den Wechsel in die Bundesligamannschaft von Bayern München als 16-Jährige bin ich schnell erwachsen geworden. Ich war zwei Stunden von zu Hause weg und quasi auf mich alleine gestellt. In dieser Zeit war meine Mannschaft sehr wichtig für mich. Sie war mein Familienersatz in dieser Zeit.

Was ist Ihnen aus dieser Zeit in Erinnerung geblieben?

SIMIC: Bayern München war damals im Frauenfußball noch nicht eine Top-Mannschaft wie heute. Und das Leitungsgefälle in der Bundesliga war groß. Beispielsweise haben wir in dieser Zeit 1 : 8 gegen den damaligen 1. FFC Frankfurt verloren, gegen andere Mannschaften aber auch mal 8 : 0 gewonnen. Nicht wenige meiner Mitspielerinnen haben noch 40 Stunden in der Woche in einem normalen Beruf gearbeitet. Nach der Arbeit haben sie dann noch vier Mal die Woche trainiert. Trainiert haben wir häufig erst, nachdem die „Alten Herren" der Bayern am Abend ihr Training absolviert hatten. Und am Wochenende standen die Spiele an. Alles in allem: Bei Bayern München stand der Frauenfußball zu dieser Zeit noch am Anfang der Entwicklung.

Gibt es für Sie einen Zeitpunkt, wo Sie sagen würden, ab hier nimmt der Frauenfußball in Deutschland Fahrt auf?

SIMIC: Meiner Ansicht nach war der erste richtige Startschuss beim Frauenfußball die Weltmeisterschaft 2011 in Deutschland. Vor der WM gab es viel Werbung für den Frauenfußball, auch das Fernsehen und alle Medien interessierten sich für die Nationalmannschaft, und die Stadien waren voll. Der große Boom konnte auf nationalem Level allerdings nicht aufrechterhalten werden. Seit der EM 2022 in England sowie der Einführung des neuen Champions-League-Modus inklusive Gruppenphase 2021 bewegt sich der Frauenfußball in Sachen Sichtbarkeit und Vermarktung auf dem bislang stärksten Level.

Was muss passieren, damit sich das Level weiter verbessert?

SIMIC: Beim Frauenfußball sollte alles darangesetzt werden, dass auch in den nationalen Ligen das sportliche Level immer anspruchsvoller und ausgeglichener wird. Das sorgt dann dafür, dass der deutsche Frauenfußball nicht den Anschluss an andere europäische Länder, wie zum Beispiel England, Frankreich und Spanien, verliert. Indem sich die Mannschaften sportlich weiterentwickeln, können in der Folge auch weibliche Fußballstars die Herzen der Fans erobern. Wer die Stars der Teams kennt und schätzt, kommt gerne zu den Spielen, da ein „persönlicher Bezug" vorhanden ist, ins Stadion zu gehen. Um das alles zu forcieren, ist es sinnvoll, in das Marketing für Teams und Spielerinnen zu investieren.

Apropos Marketing. Zu einem Star im Frauenfußball hat es die Schweizerin Alisha Lehmann gebracht, die bei Aston Villa in England unter Vertrag steht und außerhalb des Sports durchaus ihre optischen Facetten ins Licht zu rücken weiß …

SIMIC: … In der Tat ist sie mittlerweile ein Topstar im Frauenfußball geworden. Das dokumentieren auch ihre über 16 Millionen Follower bei Instagram (Stand November 2023). Auch wenn sie aktuell nicht bei einem der Top-Klubs in Europa unter Vertrag steht, ist es ihr gelungen, sich optimal zu vermarkten. Für mich ist sie, was die Vermarktung betrifft, der David Beckham des Frauenfußballs. Alisha lebt es wie Beckham vor, dass es neben den Fußball noch andere Dinge im Leben zu entdecken gibt.

Fußballerinnen mit dieser Außendarstellung werden in der Regel kritisch betrachtet, da im Fußball häufig die Meinung besteht, die Mannschaft müsse im Mittelpunkt stehen und nicht der oder die Einzelne. Ich finde aber, Alisha hat alles richtig gemacht und ist eine Bereicherung mit unheimlicher Strahlkraft für den Frauenfußball.

Wie sehen denn die Verbände wie die UEFA und die FIFA die Entwicklung im Frauenfußball?

SIMIC: Von diesen Verbänden werden viele Entwicklungen angeschoben. Das Produkt und der Markt sind mittlerweile so groß geworden, dass der Frauenfußball aus dem internationalen Fußball-Business nicht mehr wegzudenken ist. So war die Frauen-WM 2023 in Australien und Neuseeland die bisher größte und finanziell profitabelste Weltmeisterschaft aller Zeiten. Vor diesem Hintergrund haben die nationalen wie internationalen Verbände ein starkes Interesse, die Marke Frauenfußball zu stärken. Leider ist die deutsche Mannschaft dort in der Vorrunde schon ausgeschieden.

Kann der DFB bei den internationalen Verbänden mithalten?

SIMIC: Ich habe selbst als Trainerin für den DFB gearbeitet und festgestellt, dass gerade im Nachwuchs viele Standards angeglichen wurden und so gut wie kein Unterschied zwischen Männer- und Frauenfußball gemacht wird. Wir haben dort alle die gleichen Voraussetzungen und Möglichkeiten der Förderung. Männer und Frauen können dort mittlerweile auf die gleiche Infrastruktur zurückgreifen.

Was wünschen Sie sich für die Zukunft des Frauenfußballs?

SIMIC: Mein großer Wunsch wäre es, dass die Spielerinnen so entlohnt werden, dass sie durch den Fußball ihr Leben finanziell bestreiten können. Sportlich wünsche ich mir, dass die Leistungslevels der Klubs sich immer mehr angleichen, sodass für die Zuschauer ein interessanter und spannender Wettbewerb im Frauenfußball geboten wird.

Sie selbst waren eine sehr erfolgreiche Fußballspielerin. Derzeit sind Sie Co-Trainerin bei der Frankfurter Eintracht. Wie war die Umstellung von der Spielerin zu Trainerin und welche Ziele verfolgen Sie mit Ihrem Verein?

SIMIC: Natürlich ist es etwas anderes, nicht mehr selbst aktiv auf dem Trainingsplatz zu stehen, aber meine Erfahrungen als Spielerin helfen mir als Trainerin. Verletzungsbedingt musste ich diesen Weg leider ein wenig zu früh einschlagen, freue mich allerdings, weiterhin jeden Tag nah am Fußball sein zu dürfen. Zusammen mit der U20-Cheftrainerin Fritzy Kromp, mit der ich ja schon beim DFB zusammengearbeitet habe, und unserem gesamten Trainerteam macht es unheimlich viel Spaß, nach einigen Jahren bei U-Nationalmannschaften junge Talente im Verein auf ihrem Weg begleiten zu dürfen.

Die Top Ten der FIFA-Weltrangliste der Fußball-Nationalmannschaften der Frauen
(Stand: 12/2023; Quelle: de.statista.com)

1. Spanien	2.066 Punkte
2. USA	2.045 Punkte
3. Frankreich	2.022 Punkte
4. England	2.014 Punkte
5. Schweden	1.998 Punkte
6. Deutschland	1.987 Punkte
7. Niederlande	1.987 Punkte
8. Japan	1.978 Punkte
9. Nordkorea	1.951 Punkte
10. Kanada	1.949 Punkte

7

Der Markt

*„Ob Felix Magath die Titanic gerettet hätte, weiß ich nicht.
Aber die Überlebenden wären topfit gewesen."*

Jan-Åge Fjørtoft (u. a. Spieler bei Eintracht Frankfurt) über Trainer
Felix Magath, dessen Spitzname „Quälix" ist

Groß und lukrativ

Der europäische Fußballmarkt ist einer der größten und lukrativsten Sportmärkte der Welt. In der Saison 2021/22 lag der Gesamtumsatz der europäischen Fußballprofiligen bei 29,5 Milliarden Euro. Dies ist ein deutlicher Anstieg von sieben Prozent im Vergleich zur Vorsaison.

Die Umsatzerlöse des europäischen Fußballmarktes können in drei Kategorien unterteilt werden. Hierzu zählen:

- Spieltage: Diese Kategorie umfasst Einnahmen aus Tickets, Tageskarten, Hospitality-Paketen und anderen Spieltagserlösen.
- Medienrechte: Diese Kategorie umfasst Einnahmen aus der Übertragung von Fußballspielen im Fernsehen, im Radio und online.
- Kommerzielle Erlöse: Diese Kategorie umfasst Einnahmen aus Sponsoring, Merchandising und anderen kommerziellen Aktivitäten.

In der Saison 2021/22 machte die Kategorie Spieltage mit 61 Prozent den größten Anteil am Gesamtumsatz aus. Auf Medienrechte entfielen 27 Prozent und auf die kommerziellen Erlöse zwölf Prozent.

Zu den fünf größten europäischen Ligen zählen die englische Premier League, die deutsche Bundesliga, die spanische La Liga, die italienische Serie A und die französische Ligue 1. Diese Fußballligen erwirtschafteten in der Saison 2021/22 zusammen 17,2 Milliarden Euro. Dies entspricht einem Anteil von 58 Prozent des Gesamtumsatzes des europäischen Fußballmarktes.

Die Premier League ist dabei die umsatzstärkste Liga Europas mit einem Umsatz von 6,2 Milliarden Euro in der Saison 2021/22. Die Bundesliga folgt mit einem Umsatz von 4,2 Milliarden Euro. Die La Liga liegt mit 3,9 Milliarden Euro auf Platz drei, gefolgt von der Serie A mit 3,7 Milliarden Euro und der Ligue 1 mit 2,4 Milliarden Euro.

Es bleibt festzustellen, dass der europäische Fußballmarkt ein sehr dynamischer Markt ist, der sich ständig weiterentwickelt. So haben sich in den letzten Jahren die Medienrechte zu einer immer wichtigeren Einnahmequelle für die Fußballvereine entwickelt. Dies ist vor allem auf die wachsende Popularität des Fußballs in Asien und Nordamerika zurückzuführen.

Auch die kommerziellen Erlöse von Fußballvereinen steigen stetig. Dafür ist die zunehmende Bedeutung von Sponsoring und Merchandising verantwortlich.

> Der europäische Fußballmarkt, so die Einschätzung von Experten, wird in den nächsten Jahren weiter wachsen. Dies ist vor allem auf die wachsende globale Popularität des Fußballs zurückzuführen.

Die Top Ten der FIFA-Weltrangliste der Fußball-Nationalmannschaften der Männer
(Stand: 11/2023; Quelle: de.statista.com)

1. Argentinien	1.855 Punkte
2. Frankreich	1.845 Punkte
3. England	1.800 Punkte
4. Belgien	1.798 Punkte
5. Brasilien	1.784 Punkte
6. Niederlande	1.745 Punkte
7. Portugal	1.745 Punkte
8. Spanien	1.733 Punkte
9. Italien	1.719 Punkte
10. Kroatien	1.718 Punkte
⋮	
16. Deutschland	1.631 Punkte

Medienrechte

Medienrechte sind die Rechte zur Übertragung von Fußballspielen im Fernsehen, im Radio und online. Diese Rechte werden in der Regel an Medienunternehmen verkauft, die sie dann an ihre Zuschauer weiterverkaufen.

Die Medienrechte haben sich für die Fußballvereine zu einer immer wichtigeren Einnahmequelle entwickelt. So machten in der Saison 2021/22 die Medienrechte fast 30 Prozent des Gesamtumsatzes der europäischen Fußballligen aus. Wie bedeutsam der Verkauf der Medienrechte für die Klubs sind, macht der Mega-Deal der Premier League deutlich. So erhält die englische Top-Liga ab 2025 und die folgenden vier Jahre rund 7,8 Milliarden Euro. Für diesen Geldsegen sorgen die Pay-TV-Sender Sky Sports und TNT Sports. Für das Free-TV springt bei diesem Deal die öffentlich-rechtliche BBC in die Bresche.

Im Vergleich mit der Deutschen Fußball Liga (DFL), die die Bundesligavereine vertritt, kassiert die Premier League künftig fast die doppelten Medienerlöse. Der aktuelle Medienvertrag garantiert der DFL rund 1,1 Milliarden Euro pro Saison. Die Premier League kratzt dagegen ab 2025 schon an der Zwei-Milliarden-Euro-Marke.

Verteilung von Medienrechten

Die Verteilung von Medienrechten ist ein komplexes Thema. In den meisten europäischen Ligen werden die Medienrechte anhand einer Auktion vergeben. Die Vereine mit den meisten Fans und der besten sportlichen Leistung erhalten in der Regel die höchsten Rechtegelder.

In einigen Ligen werden die Medienrechte jedoch gleichmäßiger verteilt. Dies soll dazu beitragen, die Wettbewerbsfähigkeit der Ligen zu erhöhen.

Die Zukunft von Medienrechten im Fußball

Die Zukunft von Medienrechten im Fußball kann nicht genau prognostiziert werden. Es wird aber erwartet, dass die Einnahmen aus Medienrechten in den nächsten Jahren weiter steigen werden. Das dürfte dann zur Folge haben, dass es auch zu einer weiteren Konzentration der Medienrechte in den Händen weniger großer Unternehmen kommen wird.

Darüber hinaus könnte die zunehmende Popularität von kostenpflichtigen Streaming-Diensten wie zum Beispiel Sky, DAZN und Amazon Prime die Bedeutung von traditionellen Fernsehsendern für die Übertragung von Fußballspielen immer mehr verringern.

Kapitalgesellschaften als Geldsammelstelle

Eine weitere Möglichkeit für Fußballklubs, am Markt Gelder zu generieren, ist die Firmierung als Kapitalgesellschaften. In der deutschen Bundesliga machen von dieser Option mittlerweile rund 88 Prozent der Klubs Gebrauch. Diese haben ihre Profiabteilungen in der Regel in Kapitalgesellschaften umgewandelt und eröffnen damit potenziellen Investoren Beteiligungsmöglichkeiten.

Stichwort: Börsennotierte Fußballvereine. Diese haben Zugang zu einem breiteren Pool an Kapital als nicht börsennotierte Vereine, die nicht an der Börse gelistet sind oder „nur" als eine GmbH-Form aufgestellt haben. Fußballklubs, die an der Börse gelistet sind, können durch den leichteren Zugang zum Kapitalmarkt zum Beispiel ihren Spielerkader verbessern und damit erfolgreicher sein.

Die Börsennotierung von Fußballvereinen ist jedoch auch mit Risiken verbunden. Dazu gehören unter anderem der Druck der Aktionäre, die Gewinne maximieren wollen, und die Gefahr von Übernahmen durch andere Unternehmen.

Börsennotierte Fußballklubs in Europa

Ajax Amsterdam:
Kurs: 10,30 Euro
(20,20 Euro – 1/2020)

Borussia Dortmund:
Kurs: 3,67 Euro (8,82 Euro – 1/2020)

Bröndby IF:
Kurs: 0,07 Euro (0,06 Euro – 1/2020)

Celtic Glasgow:
Kurs: 1,40 Euro (1,49 Euro – 1/2020)

FC Kopenhagen:
Kurs: 18,60 Euro (13,78 Euro – 1/2020)

FC Porto:
Kurs: 1,18 Euro (0,59 Euro – 1/2020)

Juventus Turin:
Kurs: 0,25 Euro (1,14 Euro – 1/2020)

Manchester United:
Kurs: 18,54 Euro (17,00 Euro – 1/2020)

Lazio Rom:
Kurs: 0,79 Euro (1,46 Euro – 1/2020)

SpVgg Unterhaching:
Kurs: 3,16 Euro (8,90 Euro – 1/2020)

Sporting Lissabon:
Kurs: 3,01 Euro (0,97 Euro – 1/2020)

OL Groupe (Oly. Lyon):
Kurs: 2,06 Euro (2,99 Euro – 1/2020)

Quelle: boerse.de; Kurse vom 21.01.2024; Kurse dienen als Einordnung und sind keine Kaufempfehlung.

Geldquelle Wettbewerbe

Eine weitere Geldquelle, die die UEFA den europäischen Fußballklubs eröffnet hat, sind drei wichtige europäische Wettbewerbe. Der wichtigste ist hierbei die UEFA Champions League. Sie wird seit 1955 als Europapokal der Landesmeister ausgetragen. Seit der Saison 1992/1993 heißt der Wettbewerb Champions League. Der Wettbewerb wird im Gruppen- und K.-o.-System ausgetragen und von den besten Vereinen Europas bestritten.

- UEFA Europa League: Die Europa League ist der zweitwichtigste europäische Vereinswettbewerb für Männer und wird seit 1971 ausgetragen. Der Wettbewerb wird ebenfalls in einem Gruppen- und K.-o.-System ausgetragen und von den Klubs bestritten, die sich nicht für die Champions League qualifiziert haben.

- UEFA Europa Conference League: Die Europa Conference League ist der drittwichtigste europäische Vereinswettbewerb für Männer und wurde 2021 eingeführt. Der Wettbewerb wird im K.-o.-System ausgetragen und von den Vereinen bestritten, die sich nicht für die Champions League oder die Europa League qualifiziert haben.

Der Marktwert der Bundesligaklubs in der Saison 2023/2024
(Quelle: de.statista.com)

1. FC Bayern München	932 Millionen Euro
2. Bayer 04 Leverkusen	563 Millionen Euro
3. RB Leipzig	500 Millionen Euro
4. Borussia Dortmund	443 Millionen Euro
5. VfL Wolfsburg	245 Millionen Euro
6. VfB Stuttgart	223 Millionen Euro
7. Eintracht Frankfurt	212 Millionen Euro
8. Bor. Mönchengladbach	204 Millionen Euro
9. SC Freiburg	177 Millionen Euro
10. Union Berlin	167 Millionen Euro
11. TSG 1899 Hoffenheim	142 Millionen Euro
12. FC Augsburg	119 Millionen Euro
13. 1. FSV Mainz 05	104 Millionen Euro
14. 1. FC Köln	96 Millionen Euro
15. Werder Bremen	88 Millionen Euro
16. VfL Bochum	58 Millionen Euro
17. 1. FC Heidenheim 1846	49 Millionen Euro
18. SV Darmstadt 98	41 Millionen Euro

Der Rubel rollt: Das verdienen die Klubs

Die Klubs, die an der **Champions League** teilnehmen, bekommen ihr Geld aus verschiedenen Töpfen. Dazu zählen:

- Startprämien: Jeder Verein, der an der Gruppenphase der Champions League teilnimmt, erhält eine Startprämie. Die Startprämie für die Saison 2023/24 beträgt 15,65 Millionen Euro pro Verein.
- Siegprämien: Für jeden Sieg in der Gruppenphase erhalten die Vereine 2,8 Millionen Euro. Für ein Remis erhalten sie 930 000 Euro.
- Leistungsprämien: Für das Erreichen der K.-o.-Runde erhalten die Vereine zusätzliche Prämien. Die Prämien für die Achtelfinalteilnahme betragen 9,6 Millionen Euro, für das Viertelfinale 10,6 Millionen Euro, für das Halbfinale 12,5 Millionen Euro und für den Einzug in das Finale 20 Millionen Euro.
- Marktpool: Der Marktpool ist eine Verteilungsquote, die auf der Grundlage des Fernsehmarktwertes der teilnehmenden Vereine berechnet wird. Der Marktpool für die Saison 2023/24 beträgt 3,5 Milliarden Euro.

Insgesamt können die Klubs in der Champions League in einer Saison bis zu zwei Milliarden Euro verdienen. Die Verteilung der Einnahmen aus der Champions League ist wie folgt:

- Startprämien: 27,2 Prozent
- Siegprämien: 12,8 Prozent
- Leistungsprämien: 25 Prozent
- Marktpool: 34 Prozent

Die Startprämien und die Siegprämien sind unabhängig vom Fernsehmarktwert der teilnehmenden Vereine. Die Leistungsprämien und der Marktpool werden hingegen anhand des Fernsehmarktwertes der Vereine verteilt.

Die erfolgreichsten Mannschaften im Europapokal der Landesmeister und der UEFA Champions League

Real Madrid ist mit 14 Titeln der erfolgreichste Verein in der Champions-League-Geschichte. Sie haben den Wettbewerb in den Jahren 1956, 1957, 1958, 1959, 1960, 1966, 1998, 2000, 2002, 2014, 2016, 2017, 2018 und 2022 gewonnen.

Der FC Bayern München ist mit sechs Titeln der zweiterfolgreichste Verein. Sie haben den Wettbewerb in den Jahren 1974, 1975, 1976, 2001, 2013 und 2020 gewonnen.

Der FC Barcelona ist mit fünf Titeln der dritterfolgreichste Verein. Sie haben den Wettbewerb in den Jahren 1992, 2006, 2009, 2011 und 2015 gewonnen.

Die Klubs in der **UEFA Europa League** verdienen Geld aus den folgenden Geldtöpfen. Jeder Verein, der an der Gruppenphase der UEFA Europa League teilnimmt, erhält eine Startprämie. Die Startprämie für die Saison 2023/24 beträgt 3,63 Millionen Euro pro Verein.

- Siegprämien: Für jeden Sieg in der Gruppenphase erhalten die Vereine 630 000 Euro. Für ein Remis erhalten sie 210 000 Euro.

- Leistungsprämien: Für das Erreichen der K.-o.-Runde erhalten die Vereine zusätzliche Prämien. Die Prämien für die Runde der letzten 32 betragen 500 000 Euro, für das Achtelfinale 750 000 Euro, für das Viertelfinale eine Million Euro und für das Halbfinale 1,6 Millionen Euro. Der Sieger im Finale erhält 6,5 Millionen Euro, der Verlierer 3,5 Millionen Euro.

- Marktpool: Der Marktpool ist eine Verteilungsquote, die auf der Grundlage des Fernsehmarktwertes der teilnehmenden Vereine berechnet wird. Der Marktpool für die Saison 2023/24 beträgt 69,75 Millionen Euro.

Insgesamt können die Klubs in der UEFA Europa League in einer Saison bis zu 500 Millionen Euro verdienen.

Die prozentuale Verteilung der Einnahmen aus der UEFA Europa League stellt sich wie folgt dar:

- Startprämien: 22 Prozent
- Siegprämien: 12 Prozent
- Leistungsprämien: 25 Prozent
- Marktpool: 41 Prozent

Die Startprämien und die Siegprämien sind unabhängig vom Fernsehmarktwert der teilnehmenden Vereine. Die Leistungsprämien und der Marktpool werden hingegen anhand des Fernsehmarktwertes der Vereine verteilt.

Die Verbindlichkeiten der Bundesligaklubs: Saison 2021/2022 bzw. Kalenderjahr 2022
(pro Konzern gerundet; Quelle: de.statista.com)

RB Leipzig	286 Millionen Euro
VfL Wolfsburg	197 Millionen Euro
Schalke 04	180 Millionen Euro
Borussia Dortmund	155 Millionen Euro
Bayer 04 Leverkusen	148 Millionen Euro
Eintracht Frankfurt	112 Millionen Euro
VfB Stuttgart	104 Millionen Euro
Bayern München	97 Millionen Euro
Bor. Mönchengladbach	96 Millionen Euro
Hertha BSC	81 Millionen Euro
1. FC Köln	66 Millionen Euro
1. FC Union Berlin	62 Millionen Euro
Werder Bremen	61 Millionen Euro
FC Augsburg	41 Millionen Euro
SC Freiburg	29 Millionen Euro
VfL Bochum	23 Millionen Euro
1. FSV Mainz 05	14 Millionen Euro
TSG Hoffenheim	13 Millionen Euro

Auch die Teilnahme an der **UEFA Conference League** lohnt sich für die Klubs. Zwar sind die Verdienstmöglichkeiten logischerweise deutlich geringer als in der Champions League und der Europa League, aber die UEFA hat hiermit auch einen Wettbewerb ins Leben gerufen, der es auch „mittelklassigen" Vereinen ermöglicht, von einem internationalen Wettbewerb zu profitieren.

Aktuell gibt es folgende Prämien für die teilnehmenden Klubs an der Conference League:

- Startgeld: Alle 32 Teilnehmer an der Gruppenphase erhalten ein Startgeld von 2,94 Millionen Euro.
- Siegprämie: Für einen Sieg in der Gruppenphase gibt es 500 000 Euro.
- Remisprämie: Für ein Unentschieden in der Gruppenphase gibt es 166 000 Euro.
- Gruppensiegerprämie: Der Gruppensieger erhält 650 000 Euro.
- Gruppenzweiterprämie: Der Gruppenzweite erhält 325 000 Euro.
- Zwischenrundenprämie: Für das Erreichen der Zwischenrunde gibt es 300 000 Euro.
- Achtelfinalprämie: Für das Erreichen des Achtelfinales gibt es 600 000 Euro.
- Viertelfinalprämie: Für das Erreichen des Viertelfinales gibt es eine Million Euro.
- Halbfinalprämie: Für das Erreichen des Halbfinales gibt es zwei Millionen Euro.
- Finalprämie: Für das Erreichen des Finales gibt es vier Millionen Euro.
- Siegerprämie: Der Sieger der UEFA Conference League erhält acht Millionen Euro.

Die Gesamtprämiensumme für die UEFA Conference League beträgt 235 Millionen Euro. Das entspricht etwa einem Drittel der Prämiensumme der UEFA Europa League.

Leistungsbewertung mit dem Koeffizientensystem

Die Prämien werden nach einem Koeffizientensystem verteilt, das die Leistungen der Klubs in den vergangenen fünf Jahren berücksichtigt. Die Klubs mit den höchsten Koeffizienten erhalten die höchsten Prämien. Die UEFA Conference League wurde 2021/22 eingeführt und ist der dritte Europapokalwettbewerb nach der UEFA Champions League und der UEFA Europa League.

So funktioniert das UEFA-Koeffizientensystem

Das UEFA-Koeffizientensystem ist ein Bewertungssystem für europäische Fußballvereine, die an Europacup-Wettbewerben teilnehmen. Es dient dazu, die Anzahl der Startplätze der einzelnen Landesverbände in den UEFA-Vereinswettbewerben zu ermitteln.

Das System basiert auf den Ergebnissen der letzten fünf Spielzeiten der UEFA Champions League, UEFA Europa League und UEFA Europa Conference League. Für einen Sieg in der Gruppenphase der Champions League erhält ein Verein beispielsweise vier Punkte, für einen Sieg in der Gruppenphase der Europa League zwei Punkte und für einen Sieg in der Gruppenphase der Europa Conference League einen Punkt.

Die Punkte werden dann addiert und durch die Anzahl der teilnehmenden Vereine des Landes geteilt. Der so errechnete Koeffizient bestimmt die Anzahl der Startplätze, die der Verband in der nächsten Saison erhält.

Die UEFA verwendet das Koeffizientensystem, um die Wettbewerbe fairer zu gestalten und die Teilnahme von Vereinen aus kleineren Ländern zu fördern.

Im Einzelnen funktioniert das UEFA-Koeffizientensystem wie folgt:

- Punktevergabe: Für einen Sieg in der Gruppenphase der Champions League erhält ein Verein vier Punkte, für einen Sieg in der Gruppenphase der Europa League zwei Punkte und für einen Sieg in der Gruppenphase der Europa Conference League einen Punkt. Für ein Unentschieden gibt es die Hälfte der Punkte für einen Sieg.
- Abzug von Punkten: Für eine Niederlage in der Gruppenphase der Champions League werden dem Verein zwei Punkte abgezogen, für eine Niederlage in der Gruppenphase der Europa League ein Punkt und für eine Niederlage in der Gruppenphase der Europa Conference League 0,5 Punkte.
- Berücksichtigung der Runden: Für das Erreichen der K.-o.-Runden der Champions League werden dem Verein zusätzliche Punkte gutgeschrieben. Die genauen Punktzahlen sind wie folgt:
  - Achtelfinale: 1,5 Punkte
  - Viertelfinale: 2,5 Punkte
  - Halbfinale: 4 Punkte
  - Finale: 6 Punkte
  - Sieger: 8 Punkte
- Berücksichtigung der Auswärtstore: Für ein erzieltes Auswärtstor in der Gruppenphase der Champions League erhält ein Verein einen Bonuspunkt.
- Berücksichtigung der Fairplay-Wertung: Die Fairplay-Wertung wird mit einem Faktor von 0,25 in die Berechnung der Koeffizienten einbezogen.

Die Koeffizienten werden nach jeder Saison aktualisiert. Die Rangliste der Länderkoeffizienten entscheidet darüber, wie viele Startplätze jeder Verband in den kommenden UEFA-Vereinswettbewerben erhält. Die Rangliste der Klubkoeffizienten wird für die Auslosung der UEFA Champions League und der UEFA Europa League verwendet.

Der Fernsehmarktwert der UEFA

Der Fernsehmarktwert der UEFA ist ein Indikator für die wirtschaftliche Bedeutung der UEFA-Wettbewerbe. Er wird anhand der Fernsehrechte an den Wettbewerben ermittelt.

Die UEFA vergibt die Fernsehrechte an ihre Wettbewerbe an verschiedene Medienunternehmen. Die Rechtevergabe erfolgt nach einem Auktionsverfahren. Die Medienunternehmen bieten für die Rechte an den Wettbewerben, und die Höhe der Gebote hängt von verschiedenen Faktoren ab wie zum Beispiel der Popularität der Wettbewerbe, der Größe des Fernsehmarktes und der Konkurrenzsituation.

Die UEFA verwendet den Fernsehmarktwert, um die Einnahmen aus den Fernsehrechten zu ermitteln.

> Die Einnahmen aus den Fernsehrechten sind eine wichtige Einnahmequelle für die UEFA. Sie werden verwendet, um die Wettbewerbe zu finanzieren und die Entwicklung des europäischen Fußballs zu fördern.

Der Fernsehmarktwert der UEFA-Wettbewerbe ist in den letzten Jahren stetig gestiegen. Das liegt vor allem an der steigenden Popularität des europäischen Fußballs. Die UEFA-Wettbewerbe sind die beliebtesten Fußballwettbewerbe der Welt. Sie werden von Milliarden von Menschen in aller Welt verfolgt.

Die UEFA hat folgende Kategorien für den Fernsehmarktwert ihrer Wettbewerbe eingeführt:

- UEFA Champions League: Der Fernsehmarktwert der UEFA Champions League ist der höchste aller UEFA-Wettbewerbe. Er liegt bei über 2 Milliarden Euro pro Saison.
- UEFA Europa League: Der Fernsehmarktwert der UEFA Europa League liegt bei etwa einer Milliarde Euro pro Saison.
- UEFA Europa Conference League: Der Fernsehmarktwert der UEFA Europa Conference League liegt bei etwa 300 Millionen Euro pro Saison.

Der Marktpool der UEFA

Unter dem sogenannten Marktpool der UEFA versteht man den Teil der Einnahmen aus der UEFA Champions League, der an die teilnehmenden Vereine auf der Grundlage des jeweiligen Werts des Fernsehmarktes des Landes verteilt wird, in dem der Klub seinen Sitz hat. Der Marktpool ist nach den Einnahmen aus den Fernsehrechten der zweitgrößte Einnahmeposten der UEFA Champions League.

In der Saison 2023/2024 betrug der Marktpool der UEFA Champions League 500 Millionen Euro. Dieser Betrag wurde in zwei Teile aufgeteilt:

- Marktpool Teil 1: 250 Millionen Euro wurden proportional nach dem jeweiligen Wert des Fernsehmarktes der einzelnen Verbände aufgeteilt und dann an die betroffenen Klubs innerhalb des Verbands verteilt.
- Marktpool Teil 2: 250 Millionen Euro wurden an die Vereine vergeben, die sich für die Gruppenphase der UEFA Champions League qualifiziert hatten. Dabei erhielten die Vereine pro absolviertes Spiel einen bestimmten Betrag.

Die Verteilung des Marktpools der UEFA Champions League wird jedes Jahr von der UEFA neu festgelegt. Dabei werden die aktuellen Fernsehrechteeinnahmen der einzelnen Länder berücksichtigt.

> Der Marktpool der UEFA Champions League ist eine wichtige Einnahmequelle für die teilnehmenden Vereine. Er ermöglicht es ihnen, ihre Spielergehälter und Transferausgaben zu finanzieren und so ihre Wettbewerbsfähigkeit zu erhalten.

Die Europäische Super League ante portas

Die Europäische Super League (ESL) war eine geplante, professionelle Klubfußball-Liga in Europa, die als Konkurrenz zur UEFA Champions League konzipiert war. Die ESL wurde am 18. April 2021 angekündigt, wobei angeblich zwölf der führenden Top-Klubs aus England, Spanien und Italien als Gründungsmitglieder unterschrieben hatten.

Der Plan war, eine geschlossene Liga von 20 Teams zu schaffen, bestehend aus den 15 Gründungsmitgliedern und fünf Teams, die jedes Jahr durch ihre Leistungen in den nationalen Ligen qualifiziert wurden. Der ESL-Meister der Saison wäre dann zum europäischen Meister gekrönt worden.

Das ESL-Angebot stieß sofort auf breite Kritik von Fans, Spielern, Trainern, nationalen Fußballverbänden, Ligen und der UEFA. Die Kritik richtete sich gegen den möglichen Mangel an Wettbewerb und Fairness in der ESL, die Bedrohung der Integrität der nationalen Ligen und die mögliche Schädigung der globalen Attraktivität des Sports.

Als Reaktion auf den Rückschlag zogen sich neun der zwölf Gründungsklubs innerhalb von 48 Stunden nach Bekanntgabe des Projekts aus der ESL zurück. Die drei verbliebenen Vereine Real Madrid, FC Barcelona und Juventus Turin versuchten weiterhin, die ESL durchzusetzen, scheiterten aber letztendlich an der notwendigen Unterstützung von anderen Vereinen und der UEFA. Vor allem die UEFA sah durch die mögliche ESL ihr Wettbewerbsmonopol, quasi das Kerngeschäft des Verbandes, bedroht und drohte ihrerseits Klubs und Spielern Sanktionen an, sollte diese sich an der ESL beteiligen. Das ESL-Projekt wurde am 20. April 2021 von den Initiatoren erst einmal offiziell aufgegeben.

Der Europäische Gerichtshof (EuGH) machte im Dezember 2023 der UEFA vorerst einen Strich durch die Rechnung. Die großen Verbände FIFA und UEFA dürften andere Wettbewerbe nicht von ihrer Genehmigung abhängig machen und Klubs sowie Spielern folglich nicht verbieten, beispielsweise an einem Wettbewerb wie der ESL teilzunehmen, urteilte der EuGH. Das Gericht sah im Verhalten der UEFA einen Missbrauch einer marktbeherrschenden Stellung.

Interview mit Lars Figura: Solidarität neu denken

„Insgesamt gilt es, Solidarität in den Ligen neu zu denken – der sportliche Wettbewerb ist identitätsstiftender Teil des Produkts, der sportliche Wettbewerber ist aber zugleich auch Geschäftspartner."

Seine spitzensportliche Leichtathletikkarriere betrieb Lars Figura parallel zum Jurastudium, das er 2006 abschloss. Im Jahr 2009 legte er das zweite Staatsexamen ab, wurde mit einem sportrecht- und wirtschaftlichen Thema zum Doktor der Rechte ernannt und als Anwalt zugelassen. Seither berät Lars Figura im Schwerpunkt zahlreiche Unternehmer aus der Metropolregion Bremen und europaweit Profisportler, Klubs, Vereine und Sportverbände, sonstige Körperschaften des organisierten Sports sowie Investoren, wobei ihm seine Erfahrungen als Sportler ebenso wie seine 20-jährige Trainertätigkeit im Leistungszentrum eines Fußball-Bundesligisten zugutekommen.

Nach zuletzt zehn Jahren als Partner in leitender Funktion und mit Managementaufgaben bei zwei Big-Four-Gesellschaften fokussiert er sich ab dem Jahr 2024 als Managing Partner der Kanzlei Büsing Müffelmann & Theye national und weltweit auf die vorgenannten Schwerpunkte.

Lars Figura ist Lehrbeauftragter an der Universität Bremen, der Universität Oldenburg und der Hanse Law School. Er ist Vorstand der Sportstiftung Bremen und Co-Vorsitzender des Fachausschusses Sportrecht im Bremer Anwaltsverein. Darüber hinaus ist er in der Arbeitsgemeinschaft Sportrecht des Deutschen Anwaltsvereins und in der Deutschen Vereinigung für Sportrecht aktiv. Er war viele Jahre Beisitzer im Kuratorium der Deutschen Schulsportstiftung und Pate von Jugend trainiert für Olympia.

Herr Figura, die Erstauflage von „Wirtschaftsmacht Fußball" erschien 2020 unmittelbar vor der Corona-Pandemie. Die Pandemie blieb für den Fußball nicht spurenlos. Welche Folgen und Veränderungen sehen Sie?

LARS FIGURA: Die Pandemie hatte unmittelbar erhebliche Folgen. Der Spielbetrieb kam zum Erliegen, dann fanden Spiele statt, jedoch unter Ausschluss von Zuschauern oder mit Zuschauerbegrenzungen. Die Folgen waren Umsatzrückgänge, die einige Klubs vor Probleme stellten. Der jüngste DFL-Wirtschaftsreport 2023 konstatiert für die Spielzeit 2021/22 wieder einen – den ersten – Aufwärtstrend seit dem Pandemiebeginn. Die Erlöse waren in der Spielzeit 2021/2022 jedoch noch deutlich vom Vor-Corona-Niveau entfernt. Der Gesamtumsatz aller 36 Klubs der Bundesligen in der Saison 2021/22 lag bei ca. 4,5 Milliarden Euro, das sind fast 430 Millionen Euro mehr als in der Spielzeit 2020/21, die von Beginn an von der Pandemie gezeichnet war.

Die Bedeutung der Pandemie ist aber auch zu relativieren. Trotz der Pandemie konnte der deutsche Profifußball in der Spielzeit 2021/22 zum sechsten Mal in Folge einen Gesamtumsatz von mehr als vier Milliarden Euro erwirtschaften. Wir sehen also einen kurzfristigen Dämpfer, aber ein mittelfristig dennoch deutliches Wachstum.

Blicken wir trotzdem auf die kurzfristigen Wirkungen, die von den Klubs nicht abgesehen wurden und zu Problemen führten. Der Gesamtumsatz in der Pandemie lag deutlich unter dem Erlös aller 36 Klubs vor der Pandemie. In der Saison 2018/19 wurden Erlöse von 4,8 Milliarden Euro erzielt. Die drei durch die Pandemie beeinflussten Spielzeiten führten im Vergleich zur Vor-Corona-Saison 2018/19 in der Summe zu einem Umsatzminus von 1,35 Milliarden Euro – 2019/20 (minus 274 Millionen Euro), 2020/21 (minus 752 Millionen Euro) und 2021/22 (minus 326 Millionen Euro).

Stürzte die Pandemie die Klubs in existenzielle Krisen?

FIGURA: Dieser Schluss liegt nahe – jedenfalls sind bei einigen Klubs in der Zeit der Pandemie erhebliche Verluste entstanden, und einige weisen seitdem auch ein negatives Eigenkapital aus. Richtig ist aber, dass bei vielen dieser Klubs – darunter sogenannte Traditionsvereine – in der Mittelfristbetrachtung der Vorjahre die Eigenkapitalquote angespannt oder deren Entwicklung rückläufig war. Es ist auch nicht so, dass in den Pandemiejahren alle Klubs operative Verluste verzeichneten.

Das Aushängeschild des deutschen Fußballs – und hier spreche ich bewusst nicht nur vom sportlichen Erfolg, sondern von der wirtschaftlichen Unternehmensführung – ist der FC Bayern München. In der Saison 2022/23 verzeichneten die Münchner einen Gewinn von 35,7 Millionen Euro, was einem beeindruckenden Wachstum von 23 Millionen Euro gegenüber der Vorsaison entspricht. Bemerkenswert ist, dass der FC Bayern München 31 Jahre in Folge ein positives Ergebnis erzielt hat – also auch in den Corona-Spielzeiten einen Gewinn erwirtschaftete: 2019/20 (ca. 9,8 Millionen Euro), 2020/21 (ca. 1,9 Millionen Euro) und 2021/22 (12,7 Millionen Euro). Damit ist bewiesen, dass die Pandemie nicht zwingend zu Verlusten führen musste.

Was waren dann die Gründe?

FIGURA: Das ist von Fall zu Fall unterschiedlich. Eine pauschale Kritik würde hier sicherlich der Komplexität der jeweiligen Rahmenbedingungen der einzelnen Klubs nicht gerecht. Es gibt jedoch Aspekte unternehmerischen Handelns und erfolgsorientierter Unternehmensführung, die bei Klubs – insbesondere sogenannter „Traditionsvereine" – eine nur unzureichende oder keine Rolle spielen.

Die Traditionsvereine müssen verstehen, dass mit der Öffnung der Liga für Kapitalgesellschaften und der Zulassung von Investoren ein Wertewandel einherging: Während der ursprüngliche Fußballverein gemäß § 21 BGB gerade keinen auf einen wirtschaftlichen Geschäftsbetrieb gerichteten Zweck verfolgte und nach seiner Satzung auf gemeinnützige Förderung des Sports gemäß § 52 Abs. 2 Nr. 21 AO gerichtet ist, verfolgen Kapitalgesellschaften ganz überwiegend und dem gesetzlichen Leitbild folgend wirtschaftliche Zwecke. Anders gesagt: Fußball ist nicht mehr ein bloß sportlicher Wettbewerb, es ist wirtschaftlicher Wettbewerb. Es genügt nicht mehr – wie im Verein üblich –, eine „schwarze Null" auf der Mitgliederversammlung zu präsentieren; es geht darum, nachhaltig erfolgreich zu wirtschaften.

Was müssen Klubs beachten, wenn sie als Wirtschaftsbetrieb am Markt agieren?

FIGURA: Es gilt, Budgets zu erstellen und einzuhalten. Viel zu häufig werden die Budgets auf erwarteten – oder treffender: erhofften – Einnahmen kalkuliert und entsprechend hohe Verpflichtungen eingegangen. Wenn die Erwartungen – Hoffnungen – nicht eintreten, bleibt ein Minus.

Ein ganz banales Beispiel: Wenn alle Erstligisten Einnahmen aus dem DFB-Pokal kalkulieren und dazu unterstellen, dass „wenigstens" das Achtelfinale – also die Runde der letzten 16 erreicht wird –, dann fehlen selbst dann bei zwei Klubs Einnahmen, wenn alle Nichterstligisten bis dahin ausgeschieden sind. Ähnlich verhält es sich mit der Qualifikation zu internationalen Wettbewerben.

Es gilt, die Definition von sportlichen Ansprüchen auch in den Zielvereinbarungen mit den Verantwortlichen widerzuspiegeln. Ziele sind top-down zu definieren. Zu häufig wird das Erreichen von Zielen – ausgehend von dem sportlichen Prämiendenken – noch als besondere Leistung verstanden. Unternehmerisch richtig wäre es hingegen, die Zielerreichung als das Minimum zu verstehen und unternehmerisch sinnvolle Zielkonflikte zu definieren.

Was ist noch zu beachten?

FIGURA: Ein weiteres Problem ist das Erwartungsmanagement. Auch hier Beispiele: Es obliegt sicherlich nicht dem Sportdirektor (und erst recht nicht dem Cheftrainer), das sportliche Saisonziel zu formulieren oder nach unten zu korrigieren. Wer die (sportliche) Verantwortung hat, neigt dazu, Erwartungsmanagement zu betreiben. Zuständigkeiten und Verantwortlichkeiten (!) sind von der Geschäftsführung (ggf. in Abstimmung mit dem Aufsichtsrat) zu definieren und zu adressieren. So sollte die Zielvereinbarung für den Sportdirektor auf sportliche Ergebnisse lauten, die ihm vorgegeben werden, und dabei auch wirtschaftliche Parameter berücksichtigen.

Konkret heißt das?

FIGURA: Welche Ergebnisse sind in Liga (Tabellenplatz) und Pokal (Rundenziel) zu erreichen und welche Kaderwertentwicklung ist dabei nachzuweisen? Transferüberschüsse sind ein weiteres Beispiel – da sollte es klare Erwartungen an die sportlichen Verantwortlichen geben. Demgegenüber mag dem Marketingvorstand aufgetragen sein, bestimmte Erlöse aus dem Ticketing, Merchandising etc. zu erzielen.

Hier mögen dann Zielkonflikt entstehen – für den Trikotverkauf sind namhafte Spieler förderlich, der Verkauf eines Fanlieblings mag daher für das Transferergebnis nützlich, für das Merchandise aber nachteilig sein. Es gilt also, abgewogene Entscheidungen zu treffen – mit Blick auf sportliche und wirtschaftliche Folgen, an denen sich die Verantwortlichen messen lassen müssen.

Das Fußballgeschäft wächst aber trotz allgegenwärtiger Verluste?

FIGURA: Das ist mit Blick auf die Branche und den Gesamtmarkt richtig, und es überrascht auch nicht. Umsatz und Profitabilität sind verschiedene Messgrößen. Bezogen auf die einzelnen Teilnehmer bedeutet Wachstum daher nicht zwingend gesundes Wachstum. Im Gegenteil, oft wächst auch das Defizit.

Zunächst wieder ein paar Zahlen zur Einordnung: Das Transferdefizit von zehn der Top-Klubs des europäischen Fußballs (Manchester United, Manchester City, Chelsea FC, Paris Saint-Germain, Arsenal FC, FC Barcelona, AC Milan, West Ham United, Tottenham Hotspur, Newcastle United) beläuft sich in den letzten zehn Jahren auf rund 7,29 Milliarden Euro.

Das Verhältnis von Käufen zu Verkäufen ist dabei fast ausgewogen: Diese Klubs haben in den zehn Jahren 2137 Spieler „gekauft" und 2126 Spieler „verkauft". Die insgesamt 4263 Zu- und Abgänge hielten sich dabei auch im Einzelfall der Klubs die Waage – größte Unterschiede wiesen zugunsten der Zugänge Paris (190 Zugänge zu 174 Abgänge) und zugunsten der Abgänge Tottenham (153 Zugänge zu 159 Abgänge) auf.

Die im selben Zeitraum – gemessen am Transferüberschuss – erfolgreichsten Klubs (SL Benfica, Ajax Amsterdam, Red Bull Salzburg, FC Porto, LOSC Lille, Sporting CP, Olympique Lyon, PSV Eindhoven, SC Braga, Santos FC) erzielten einen Überschuss aus dem Spielerhandel in Höhe von 3,56 Milliarden Euro – bei 2451 Zugängen und 2421 Abgängen.

Das größte Transferdefizit von circa 1,18 Milliarden Euro (Manchester United) steht damit dem größten Transferüberschuss von 666 Millionen (SL Benfica) gegenüber, wobei dieses Verhältnis einen nahezu allgemeingültigen Näherungswert für die Sinnhaftigkeit des Transfergeschäfts darstellt. Das Transfergeschäft im Allgemeinen ist für Klubs nicht lohnend. Auffällig ist mit Blick auf die Bundesligisten, die sich ganz überwiegend als „Ausbildungsklubs" bezeichnen, dass von ihnen keiner in der Zehnjahresstatistik der erfolgreichsten Transferteilnehmer auftaucht.

Stimmt der Mythos „Teure Transfers führen zum sportlichen und letztlich zu wirtschaftlichem Erfolg"?

FIGURA: Es gilt zunächst, mit einem anderen Mythos aufzuräumen – wirtschaftlicher Erfolg und sportlicher Erfolg schließen einander nicht aus; es braucht auch keines außergewöhnlichen wirtschaftlichen Wagnisses, um sportlichen Erfolg zu haben. Über das nachhaltige Wachstum des FC Bayern München sprachen wir bereits. Von den genannten Champions der Transfererlöse errangen ebenfalls sieben der zehn Klubs innerhalb der zurückliegenden zehn Jahre mindestens einmal die nationale Meisterschaft. Die Formel „Wirtschaftliches Risiko (durch Spielerverpflichtungen) führt zu sportlichem Erfolg und letztlich zu wirtschaftlichem Erfolg" ist damit widerlegt.

Die Zahlen erwecken jedoch den zutreffenden Eindruck, dass der europäische Klubfußball in seiner heutigen Ausprägung – dem irrigen Mythos folgend – defizitär geprägt ist. Weil aber das Volumen der Transfers und der Spielergehälter und nicht zuletzt der Erlöse aus der Medien-Recht-Vermarktung (sogenannte TV-Gelder) mittelfristig kontinuierlich gestiegen sind, wachsen die Umsätze.

Maßgeblicher Treiber sind dabei die TV-Gelder. Die Top-Fünf-Ligen in Europa (Premier League, Serie A, La Liga, Ligue 1, DFL) verzeichneten in den zurückliegenden 15 Jahren ein Erlöswachstum von unter vier Milliarden Euro auf 9,1 Milliarden Euro.

Spitzenreiter bei den Erlösen ist auch in der Spielzeit 2023/24 die Premier League mit circa 4,1 Milliarden Euro. Hieraus erklärt sich das Umsatzwachstum. Hinzukommen Kaskadeneffekte, die sich bei entsprechendem Wachstum der zur Verfügung stehenden Geldmenge potenzierend auswirken: Das bei einem Transfer zwischen zwei Klubs geflossene Geld wird vom Zahlungsempfänger oft (zumindest anteilig) in weitere Transfers investiert. Wer verkauft, kauft oft auch, um den Kader wieder aufzufüllen, und umgekehrt.

Wo liegt dann das Interesse von Investoren?

FIGURA: Hier gilt es zu unterscheiden. Häufig kursiert im Deutschen Fußball die Unterscheidung von strategischen Investoren und Finanzinvestoren. Diese Unterscheidung ist nicht falsch, aber ungenau: Die Finanzinvestoren investieren mit einem klaren Renditeziel – entweder mit Eigenkapital oder mit Fremdkapital, wobei Fremdkapital der Regelfall ist. Das Renditeziel liegt dabei in überwiegend zum Investment zeitnahen Zahlungen – Dividenden oder Zinsen.

Der strategische Investor verfolgt beim Unternehmenskauf regelmäßig kein oder nur mittelbar ein Finanzinteresse. Bei den strategischen Investoren sollte daher nach den Investmentmotiven unterschieden werden. Strategische Investoren sind entweder in derselben oder angrenzenden Branchen tätig – ein branchenstrategisches Interesse – oder sie verfolgen geopolitische Interessen.

Wo genau liegt der Fokus der beiden Investorengruppen?

FIGURA: Für den Finanzinvestor mag die globale Marke mit großer Fanbase und Reichweite in sozialen Medien im Fokus stehen – für den strategischen Investor mögen die politischen Rahmenbedingungen bedeutsamer sein: ein Klub in einer einflussreichen Metropole, einem weltpolitisch einflussreichen und militärisch bedeutsamen Land.

Diese Faktoren könnten einzigartige geschäftliche Synergien und zusätzliche subjektive Vorteile für potenzielle Eigentümer bieten, einschließlich Prestige, politischer Positionierung und persönlicher Befriedigung. Mit dem Investment in einen europäischen Top-Klub kauft der Investor sich Sichtbarkeit und damit gegebenenfalls gesellschaftliche und politische Bedeutung. Investments vermögender Einzelpersonen aus den Staaten der ehemaligen UdSSR oder dem Nahen Osten mögen daher als strategisch bezeichnet werden.

Demgegenüber sind Finanzinvestoren dort zu verorten, wo auf das Wachstum der Branche gesetzt wird. Neuerlich treten insbesondere die Finanzinvestoren in Erscheinung und gewinnen an Bedeutung. Während beim geopolitisch motivierten (strategischen) Investor der Wert des Kaufgegenstands deutlich im Hintergrund steht, liegt der Fokus des Finanzinvestors auf Unternehmenskennzahlen.

Für den Finanzinvestor können zwei Bewertungsverfahren unterschieden werden – ausgehend vom Unternehmensergebnis oder ausgehend vom Wachstumsfaktor. Weil die Unternehmensergebnisse im Fußball überschaubar sind, ist der Wachstumsfaktor für Finanzinvestoren das bestimmende Kriterium.

Vereinfacht könnte man zwischen dem Preis, den ein strategischer Investor für ein branchenfremdes Ziel bereit ist zu zahlen, und dem Wert, den ein Finanzinvestor für den Markteintritt bereit ist zu zahlen unterscheiden; unterschiedliche Konzepte, unterschiedliche Ergebnisse – keinesfalls entscheidet aber allein der begrenzte Rahmen der finanziellen Leistungsfähigkeit des Klubs.

Wie erklärt sich die wachsende Attraktivität der Klubs für Finanzinvestoren?

FIGURA: Dazu genügt ein Blick auf die jüngsten Transaktionen. Zeitlich nach der Corona-Pandemie – wie gezeigt: nicht deshalb – standen viele Klubs vor der Insolvenz. Es brauchte und braucht Geld. Die Fußballbranche – und insbesondere die Traditionsvereine – haben ihre Scheu vor Investoren abgelegt. Das Transaktionsvolumen in der Fußballbranche stieg daher sprunghaft an, begünstigt durch einen parallelen Anstieg der Anlegerstimmung.

Der Hotspot ist weiterhin England. Um das Wachstum der Branche zu verdeutlichen, können wir somit einen Blick auf die Premier League werfen. In der Vor-Corona-Ära wurden dort nur drei Transaktionen mit Mehrheitsbeteiligungen mit Faktor von über 2,0 gegenüber dem Unternehmenswert abgeschlossen. In den knapp drei Jahren seit der Corona-Pandemie haben wir jedoch einen deutlichen Anstieg der Transaktionen oberhalb des Faktors von 2,0 über dem Unternehmenswert erlebt.

Auf was lässt dieser Trend schließen?

FIGURA: Dieser Trend deutet auf einen Wandel der Anlegerstrategie hin zur Sichtweise von Finanzinvestoren bei den Bewertungen von Fußballklubs. Investoren sind bereit, eine Prämie zu zahlen, um in den Markt einzusteigen und von seinem Wachstumspotenzial zu profitieren – die Fantasie bestimmt somit den Wert. Eindrucksvoll war hier der Verkauf vom FC Chelsea im Jahr 2022, der mit dem Faktor 5,0 einen neuen Maßstab setze. Diese Bewertung scheint jedoch europaweit zu gelten: Bei den Transaktionen des AC Mailand und von Olympique Lyon lag der Faktor bei circa 4,6.

Diese Transaktionen haben frühere Bewertungsmaßstäbe somit nachweislich erschüttert, und sie markieren den Beginn einer neuen, der Nach-Corona-Ära bei den Bewertungen von Fußballvereinen. Die positive Entwicklung ist dabei insbesondere auf die Umsatzprognosen zurückzuführen, die wiederum durch die Aussicht auf neue internationale Wettbewerbe mit höheren Einnahmeversprechen beflügelt werden.

Was heißt das für Klubs auf Investorensuche?

FIGURA: Es gilt klar zu definieren, für welche Art von Investor man interessant sein möchte und kann – dementsprechend gilt es, sich auszurichten. Klubs sind dabei regelmäßig eher für Finanzinvestoren interessant als für strategische Investoren. Es bedeutet aber auch, dass die Klubs, die sich einen Investor erhoffen, der Geld gibt, die Geschäftsführung und Prozesse des Unternehmens verbessert und dabei selbstlos keinerlei wesentliche Mitbestimmung einfordert und insbesondere die Geschäftsführungspositionen personell unverändert lässt – einer Illusion erliegen.

Der aktuelle Trend der Investoreninteressen geht hingegen dahin, dass auf Branchenwachstum gesetzt wird. Mit dem Umsatzwachstum der Branche steigt auch der Wert des Klubs – und zwar unabhängig davon, ob operative Gewinne erwirtschaftet werden oder nicht. Solange die Wachstumsraten der Branche über der Inflationsrate liegen, ist es ein gutes Investment, das beim Verkauf zu Preisen, die nach den definierten Bewertungskriterien erfolgen, Gewinne realisiert. Entscheidend ist dabei nicht, ob der Klub profitabel ist, es entscheidet vielmehr der Kaderwert als Ausgangspunkt für die Bestimmung des Unternehmenswerts und die Fantasie hinsichtlich des zukünftigen Wachstums der Branche, der dann als Faktor eingebracht wird.

Klingt nach Spekulation und einer Blase?

FIGURA: Das ist schwierig zu beantworten, ohne sich in Theorien der Finanzökonomie zu verfangen. Richtig ist aber, dass diese Bewertung erheblich von den Transferwerten der Spieler und deren Summe, den Kaderwerten abhängig ist. Die Bewertung ist somit systemimmanent. Sollte sich das System ändern, hätte dies erhebliche Folgen für Finanzinvestoren. Die Bewertung der Unternehmenswerte müsste grundlegend neu gedacht werden.

Wenn wir dem Transfersystem im europäischen Fußball beispielsweise das Prinzip des professionellen US-Sports gegenüberstellen, zeigt sich ein wesentlicher Unterschied. Spieler werden in den USA getradet – sie werden getauscht, gegen andere Spieler und das Recht, andere Spieler zu verpflichten.

Die Verpflichtung von Nachwuchsspielern erfolgt dabei über ein Auswahlverfahren, dem sich die Nachwuchsspieler stellen – der sogenannte Draft. Das Modell ist sicherlich bekannt. In diesem System macht es wenig Sinn, den Wert einer Mannschaft an den Spielern zu messen, denn die Spieler sind austauschbar, aber wirklich nicht zu veräußern. Der Wert von Teams des US-Profisports bemisst sich daher deutlich mehr an der Ligazugehörigkeit, der Profitabilität der Liga, den Vermarktungserlösen aus Lizenzen und gegebenenfalls auch den infrastrukturellen Assets der Organisation.

Wie stehen Sie zum Transfersystem?

FIGURA: Es ist ein gewachsenes System und derzeit immanent für den Klubfußball, wie wir ihn kennen. Gleichwohl mag man darüber nachdenken, ob es dem Fußball hilft oder ihm schadet. Für die unmittelbar Beteiligten – Klubs, Spieler und die Eigentümer hinter den Klubs – bringt das Transfersystem mehr Nachteile, als es Vorteile bietet. Zwar mag es hier und dort Klubs geben, die durch gute Jugendarbeit und hohe Transferüberschüsse wirtschaftlich erfolgreich sind – ohne das Transfersystem wären sie vermutlich aber auch sportlich erfolgreich und somit sogar nachhaltig erfolgreicher.

Das Transfersystem verzerrt den Wettbewerb, so wie auch die ungleiche Verteilung der Erlöse aus den Medienlizenzen den Wettbewerb verzerren. Das sportliche Ungleichgewicht wird durch das Transfersystem und den Verteilungsschlüssel für Medienlizenzen sogar noch manifestiert; die privilegierten Klubs kaufen die besten Spieler und manifestieren so ihre Vorrangstellung auch bei den Lizenzerlösen.

Welche Probleme verursacht das heutige Transfersystem im Fußball noch?

FIGURA: Bei jedem Transfer eines Spielers gehen der Branche durch die Gehälter von Spielervermittlern Geldmittel in erheblicher Höhe verloren. Zudem werden Umsätze geschaffen, die die Bilanzen der beteiligten Klubs zwar erhöhen, denen aber keine wahrhafte wirtschaftliche Substanz für die Branche innewohnt, denn die Gelder werden innerhalb derselben Branche gedreht. In diesen beiden Erkenntnissen liegen die Ursachen für die wirtschaftlichen Probleme vieler Klubs.

Wenn der „eingekaufte" Spieler keinen der Transfersumme entsprechenden Gegenwert erlöst – sei es in Form von mit dem Spieler erworbenen Lizenzen, etwa für Trikotverkäufe, oder durch spätere Verkaufserlöse oder schlicht größere sportliche Erfolge des Klubs –, so bedeutet das einen wirtschaftlichen Flop.

Kaskaden- und Skalierungseffekte verschärfen die Situation und wirtschaftliche Dimensionen: Nicht selten zieht ein Transfer weitere Transfers nach sich. Der abgebende Klub muss den freien Kaderplatz wieder auffüllen, meist durch einen weiteren Transfer. Diese Rochade ist beliebig fortführbar, sie wirkt unmittelbar auf die Umsätze der beteiligten Klubs; die Umsätze steigen, die den Transferrechten beigemessenen Werte ebenfalls; Liquidität fließt aber mit jedem Transfer an die Spielervermittler ab und verringert sich somit. Für die gesamte Branche wirkt dieser Vorgang wie ein provisionsgetriebenes Schneeballsystem zugunsten der Spielervermittler und zum Nachteil der Klubs.

Der FIFA-Präsident Gianni Infantino sagte 2017, dass steigende Beraterhonorare „uns alle sehr besorgen" müssen, erwähnte aber nicht, dass auch die Zahl der Transfers uns besorgen muss. Geht es auch anders?

FIGURA: Wie es geht, zeigt ein Blick über den Atlantik: In den nordamerikanischen Profiligen des US- Sports (NFL, MLB, NBA, NHL) gilt neben dem sogenannten Salary Cap, der den Klubs ein gedeckeltes Gehaltsvolumen pro Jahr vorgibt, ein im Wesentlichen entgeltfreies Transfersystem. Vorherrschend sind Trades, also Tauschgeschäfte.

Eine Abkehr vom System der Transferentschädigungen, von den aufgeblähten Bilanzen und trügerischen Umsätzen würde dem Fußball, den nationalen Ligen und damit der ganzen Branche helfen. Der größte Vorteil des Salary Cap liegt eben darin, die Ausgaben zu begrenzen – und damit das größte Risiko für die Profitabilität einzugrenzen. Dass damit die Chancengleichheit gesteigert wird, ist ein weiterer positiver Effekt für die Attraktivität von Liga- und Pokalwettbewerben – aus unternehmerischer Sicht ist es wohlgemerkt ein Nebeneffekt!

Sehen Sie weitere Risiken im Transfersystem?

FIGURA: Risiken für den Fußballsport insgesamt sehe ich im Transfersystem nicht und auch nicht darüber hinaus. Fußball als Sportart ist begeisternd und einfach zu verstehen – die Sportart stellt wenige Anforderungen und kann daher als resilient gelten. Ich würde das Transfersystem eher als Fehlentwicklungen bezeichnen – die aktuellen Geschäftsmodelle des Fußballs sind gefährdet. Wenn wir unter Fußball also die Bundesliga, Ligen anderer nationaler Verbände und die Ligen der UEFA verstehen, dann kann man von einem Risiko sprechen.

Können Sie ein Beispiel nennen?

FIGURA: Eine Entwicklung verdeutlicht die Anfälligkeit des verbandssportlichen Modells: Unter der „European Super League" (ESL) wurde im Jahr 2021 ein geschlossenes Ligasystem diskutiert, das in Konkurrenz zu den bisherigen europäischen Ligen treten sollte und in dem sich zwölf Top-Klubs aus Europa hätten zusammenfinden sollen – losgelöst von den nationalen Verbänden, losgelöst von der UEFA und der FIFA.

Ein ähnliches Modell wie die US-Ligen; eine Liga geführt und im Eigentum der teilnehmenden Klubs. Auch wenn ich den Vorstoß im damaligen Moment nicht ernsthaft eingestuft habe, gehe ich davon aus, dass der Gedanke dahinter ernsthafter nicht sein könnte: Es war ein Vorstoß, die Öffentlichkeit und die Fans sollen sich mit dem Gedanken anfreunden. Der Vorstoß hatte Kalkül – wie die wirtschaftlichen Überlegungen dahinter kalkuliert sind. Es war auch eine Machtdemonstration der Klubs gegenüber den nationalen Verbänden und der UEFA.

Blicken wir einmal genauer hin ...

FIGURA: Wenigstens zehn der zwölf Klubs, die damals als Gründungsmitglieder der ESL genannt wurden, wiesen eine Nettoverschuldung aus – „Spitzenreiter" war Tottenham Hotspur mit einer Nettoverschuldung von 685,5 Millionen Euro zum Geschäftsjahresende der Spielzeit 2019/20. Motivation dieser Klubs sind größere Umsätze und

Renditen in einem neuen, geschlossenen Ligasystem. Das ökonomische Kalkül der hochpopulären Klubs dürfte rational sein: Die zwölf Klubs verfügten seinerzeit auf den weltweit bedeutendsten Social-Media-Kanälen über eine Reichweite von rund 1,34 Milliarden Followern. Die übrigen 86 Klubs der fünf wichtigsten nationalen Ligen in Europa erreichen zusammen knapp unter einer Milliarde Follower. Damit wäre die ESL in der Reichweite seinerzeit bereits ein Drittel größer, als die übrigen 86 Klubs es zusammen waren. Bedenkt man, dass in dieser Betrachtung noch die „intakte" Bundesliga einfließt, weil sich etwa der FC Bayern München und Borussia Dortmund von der ESL distanziert haben, so liegt in der ESL noch bedeutend mehr Fantasie.

Unternehmerisch betrachtet ist der Fußball ein Unterhaltungsprodukt. Das sportliche Kräftemessen, die Unvorhersehbarkeit der Ergebnisse sind Teil des Spektakels; sie sind aber nicht unmittelbar wertbestimmend für die Vertriebsaktivitäten der Klubs.

Im Bereich der Lizenzierung von klubgeborenen Rechten, beim Merchandising, dem Wert als Werbepartner für sogenannte Sponsoren zählen Reichweite und Beliebtheit (die Hand in Hand gehen). Der Werbewert der zwölf Gründungsklubs der ESL wäre damit bereits damals höher als der Wert aller (!) übrigen 86 Klubs ihrer Ligen gewesen. Es ist naheliegend, dass wirtschaftliche Optionen neben den bestehenden Verbandsstrukturen auch weiterhin geprüft werden.

Pushen also die Social-Media-Aktivitäten die Klubs?

FIGURA: Professioneller Sport ist Teil der Unterhaltungsindustrie, man bewegt sich im Wettbewerb mit anderen Freizeitangeboten. In diesem Zusammenhang noch ein paar aktuelle Daten (Stand Dezember 2023): Auf den beliebten Social-Media-Kanälen (Facebook, Instagram, X, YouTube, TikTok und Weibo) verzeichnen Real Madrid mit aktuell mehr als 400 Millionen Followern, der FC Barcelona mit knapp unter 400 Millionen Followern und Manchester United mit deutlich mehr als 200 Millionen Followern weiterhin steigende und gewaltige Beliebtheit. Die Reichweite der Top-Klubs und damit ihre Bedeutung für die Lizenzrechteverwertung der Ligen ist damit nochmals gestiegen – und wir sprechen hier über Klubs, die maßgebliches Interesse an der ESL anmeldeten.

Auch in dieser überragenden Präsenz dieser wenigen Klubs liegt ein weiteres Problem für den Wettbewerb – diese Klubs sind von der Reichweite und der Anhängerschaft derart bedeutend, dass sie „too big to fail" sind. Sie sind systemimmanent. Wenigstens die (nationalen) Ligen sind auf die Reichweitenschwergewichte angewiesen. Die spanische Liga wäre ohne Real Madrid und den FC Barcelona sozusagen wertlos. Die Bundesliga ohne den FC Bayern, Borussia Dortmund wäre ebenfalls wertlos. Dies gilt absehbar auch für Rasenball Leipzig oder Bayer Leverkusen. Zwar ist die ESL nicht umgesetzt worden, doch für viele Klubs bleiben Finanzlage und Finanzierung ein Schwachpunkt, und die Fliehkräfte in den nationalen Ligen bestehen fort.

Die Deutsche Fußball Liga (DFL) hat sich im Dezember 2023 den Weg für Verhandlungen mit Investoren freigemacht. Ein Investor soll bei der DFL mit einer Milliarde Euro einsteigen, um die Vermarktung der Bundesliga zu verbessern – ist dies ein richtiger Schritt für den Zusammenhalt?

FIGURA: Dieser Schritt ist angesichts der wirtschaftlichen Situation vieler Klubs der Liga jedenfalls nachvollziehbar. In diesem Zusammenhang muss man auch sehen, dass die Premier League ebenfalls im Dezember 2023 das Tor in neue Dimensionen bei der Vermarktung ihrer TV-Rechte aufgestoßen hat. Sie wird fast acht Milliarden Euro für vier Spielzeiten erhalten; das sind Erlöse, von denen die DFL weit entfernt ist. Wir können also festhalten, dass die DFL hier abgehängt wurde und aufholen muss. Ob die erhoffte Milliarde da helfen kann, muss indes bezweifelt werden.

Warum haben Sie Zweifel?

FIGURA: Das Motiv, sich einen „starken Partner" an die Seite zu holen, zeugt im Ergebnis von Schwächen im Management der DFL respektive der DFL-Klubs. Auch die Argumente, die von den Befürwortern der Investorensuche genannt wurden, bestätigen dies: Die einen sehen das frische Geld als notwendig, um aktuelle Löcher in den Kassen der Klubs zu stopfen oder in das Stadionerlebnis investieren zu können – was im Umkehrschluss besagt, dass schlecht gewirtschaftet wurde. Die anderen erhoffen sich mit dem Investor zugleich einen Kompetenzgewinn, er soll helfen, das Geschäftsmodell zu internationalisieren – was im Umkehrschluss besagt, dass diese Fähigkeit derzeit nicht vorhanden ist.

Sie stehen dem Verkauf an einen Investor also kritisch gegenüber?

FIGURA: Meine Sicht darauf ist differenziert. Eine kategorische Haltung – zumal aus ideologischen Gründen – habe ich nicht. Der Einstieg eines Investors ist ein geschäftlicher Vorgang, diesen Vorgang kann man – und sollte man wirtschaftlich – bewerten, und zwar aus wenigstens drei Perspektiven: der Perspektive der DFL, des Investors und auch weiterer Marktbegleiter (also anderer Ligen). Angesichts der kolportierten Zahlen würde ich sagen, es ist ein gutes Geschäft – für den Investor!

Warum sehen Sie das so?

FIGURA: Blicken wir auf den globalen Sportrechtehandel. Wir sehen gewaltiges Wachstum – den sogenannten „TV-Deal" der Premier League hatten wir bereits angesprochen, hier sprechen wir über zwei Milliarden Euro pro Jahr. Wenn die DFL von einem Investor für die Beteiligung an der Auslandsvermarktung in einer Größenordnung zwischen sechs und neun Prozent in den nächsten 20 Jahren zwischen 600 Millionen und einer Milliarde Euro erhält, dann sprechen wir linear auf die Laufzeit von 20 Jahren im besten Fall von 50 Millionen Euro pro Jahr.

Das klingt zunächst viel. Im Gegenzug erhält der Investor im besten Fall auch „nur" sechs Prozent der Vermarktungserlöse – sollte die Auslandsvermarktung der DFL die Dimensionen der Premier League annehmen, dann würden sechs Prozent von zwei Milliarden pro Jahr 120 Millionen bedeuten.

Aber das Wachstum der Erlöse aus der Auslandsvermarktung ist nicht absehbar.

FIGURA: Das ist richtig, aber es darf ruhig davon ausgegangen werden, dass Sport als Teil der Unterhaltungsindustrie weiter boomt, dass dies auch und gerade für den Weltsport Fußball gilt, und im System Fußball hat die DFL aktuell eine Bedeutung. Diese Bedeutung ist im Vergleich zur Premier League niedrig bewertet – damit sind die Wachstumsfantasien unter anderem durch Aufholeffekte nur größer. Hinsichtlich des Wachstums des Fußballs und des Wachstums der Erlöse aus der Rechtevermarktung habe ich insoweit keine Bedenken. Bedenklich sind für die DFL der (lange) Zeitraum und der geringe Preis, den ein Investor zahlen soll.

Können Sie das näher erläutern?

FIGURA: Das lässt sich durch Vergleiche greifbar machen. Die Wachstumsraten bei Erlösen aus Sportrechten sind weltweit gewaltig: TV-Rechte, Spielerrechte, alle Rechte verteuern sich aktuell erheblich. Den TV-Deal der Premier League hatten wir bereits angesprochen – eine andere Dimension.

In der Major League Baseball (MLB) hat ebenfalls im Dezember 2023 – also ebenfalls zeitgleich zur Entscheidung der DFL über die wirtschaftlichen Rahmenbedingungen für den Einstieg eines Investors – der Baseballspieler Shohei Ohtani einen Vertrag über zehn Jahre bei den LA Dodgers abgeschlossen, der MLB zufolge mit einem Wert von 700 Millionen US-Dollar – wohlgemerkt sprechen wir über das Gehalt eines einzelnen Spielers. Die LA Dodgers haben kurz darauf bekanntgegeben, einen Liga-Neuling – den Spieler Yoshinobu Yamamoto – für zwölf Jahre und gut 300 Millionen US-Dollar verpflichtet zu haben. Insgesamt sprechen wir also über gut eine Milliarde US-Dollar, die ein Baseball-Klub für zwei Spieler aufwendet.

Nun kann man sagen, Spielergehälter eines Klubs und TV-Rechte einer Liga zu vergleichen sei wie „Äpfel mit Birnen" – und tatsächlich dürften die TV-Rechte einer Liga ein Vielfaches von dem wert sein, was ein einzelner Klub für ein oder zwei Spieler ausgeben kann. Umso obskurer erscheint es, wenn hier wie dort eine Milliarde Euro oder US-Dollar im Raum stehen.

Festzuhalten bleibt aber, dass die US-Ligen und Klubs deutlich konsequenter auf wirtschaftlichen Erfolg gemanagt werden; wir dürfen daher unterstellen, dass diese Spielerverträge wohl überlegt und von den zukünftigen Einnahmen gedeckt sind. Die Botschaft ist also klar, die Einnahmen aus der Vermarktung von linearen und nichtlinearen Übertragungen, aus Merchandising und Ticketing etc. steigen nach den Prognosen im nächsten Jahrzehnt gewaltig.

Kann die DFL da mithalten?

FIGURA: Ob die DFL in den nächsten 20 Jahren dieses für professionelle US-Ligen prognostizierte Wachstum mitgeht, ist eine andere Frage. Hier können sich die Risiken für organisierten Fußball, wie wir ihn in Europa kennen, realisieren.

Denn ebenfalls im Dezember 2023 hatte die Klage der Agentur A22, hinter der insbesondere Real Madrid und der FC Barcelona stehen sollen, gegen das Monopol der

UEFA Erfolg. Das Szenario von konkurrierenden und unabhängigen Ligen, die das Liga-System und die bestehenden Wettbewerbe infrage stellen, wird damit realistisch. Ein Verdrängungswettbewerb kann die Folge sein. Langfristig wird sich durchsetzen, wer das wirtschaftlich tragfähigere Konzept mit sich bringt. Das stellt die Klubs und die Verbände, auch die DFL, und die UEFA vor Herausforderungen und Fragestellungen.

Welche Fragestellungen meinen Sie?

FIGURA: Die Klubs, die über eine große Reichweite, über Fans, über Zuschauerinteresse verfügen, werden sich fragen, ob sie Teil der bestehenden Ligen bleiben möchten oder eine eigenständige Liga gründen, die klare Vorgaben für eine größere Profitabilität bietet. Eine Liga, die beispielsweise das Transfersystem infrage stellt.

Die bestehenden Ligen und Verbände könnten sich in ihrem Selbstverständnis hinterfragen. Klar ist nach der EuGH-Entscheidung, dass sie kein Recht auf ein Monopol haben. Sie können nun sehenden Auges eine Konkurrenz entstehen lassen, die wirtschaftlich überlegene Rahmenbedingungen bietet.

Die Alternative für die Ligen wäre, ihre aktuellen Vorteile – nämlich die bereits vorhandenen Strukturen, die etablierte Marke und die Zuschauersympathien – zu nutzen, um sich neu auszurichten und es damit schwierig zu machen, ein wirtschaftlich überlegenes Geschäftsmodell zu schaffen. Die Entscheidung des EuGH kann daher auch ein Weckruf sein und bietet Anlass und Chance für Veränderungen.

Was halten Sie von der aktuellen Struktur des europäischen und deutschen Profifußballs?

FIGURA: Der europäische Fußball setzt sich – nach der angesprochenen Entscheidung des EuGH noch – aus nationalen Monopolen zusammen. Die DFL beispielsweise besteht aus 36 Klubs in 1. und 2. Bundesliga – die Zusammensetzung ihrer Mitglieder ist durch Kontinuität geprägt. Kurzfristig – also im Jahresverlauf – werden allenfalls drei Mitglieder ersetzt. Mittelfristig zeigt sich dabei eine Kohorte von 40 Mannschaften, die mit Regelmäßigkeit der DFL angehören.

Selbst der langfristige Blick zeigt, dass in den 60 Jahren der Bundesliga – also bis in die Saison 2022/23 – nur 56 verschiedene Mannschaften dem sogenannten Oberhaus angehörten. In den anderen fünf Top-Ligen Europas ist es vergleichbar. Es bestehen also kartellähnliche Strukturen. In diesen Strukturen ist es möglich, dass alle Klubs profitabel partizipieren.

Gelingt dies nicht, ist das nicht die Folge von oder der Beleg für Wettbewerb – im Gegenteil, es offenbart Defizite bei interner Regulierung und Strategie der Liga. Daran muss angesetzt werden – es ist letztlich auch ein Versagen von Solidarität und Regulierung, wenn die Klubs der DFL nicht profitabel geführt werden.

In der 1. Auflage von „Wirtschaftsmacht Fußball" prognostizierten Sie, es werde für den Fußball maßgeschneiderte Produkte geben, die – anders als der sportliche Erfolg – ein kalkulierbares Risiko und definierte Renditeerwartungen beinhalten. Was ist daraus geworden?

FIGURA: Tatsächlich hat sich durch die Corona-Pandemie der Fokus kurzfristig verschoben. Aber die Angebote sind vorhanden. Ein Beispiel ist das Modell der Multi-Klub-Owner. Das sind Akteure, die sich nicht auf ein Investment in einem Klub konzentrieren. Sie investieren in diverse Klubs – idealerweise in Klubs, die vor einem Umsatzsprung stehen. Umsatzsprünge sind insoweit oft absehbar, weil Aufstiege sofort erhebliche Umsatzsteigerungen zur Folge haben. Weil jedoch sicher nicht vorhergesagt werden kann, wer aufsteigt, werden die Investments gestreut. Investiert wird zumeist mit Fremdkapital, das am Kapitalmarkt eingesammelt wird.

Das Kalkül des Investors ist, dass mit dem Aufstieg einer seiner Beteiligungen und der Veräußerung dieser Beteiligung das Gesamtinvestment in alle Beteiligungen bereits lohnend wird. Vorrangige Transaktionsziele des Multi-Klub-Owner sind daher Klubs in Ligen unterhalb der Top-5-Ligen oder Erstligisten anderer Ligen. Durch die Streuung der Investments wird das individuelle sportliche Moment und damit das Risiko verringert.

Ist die 50+1-Regelung in Deutschland ein Hindernis bei der Investorensuche?

FIGURA: Das ist schwierig zu sagen. Im Einzelfall mag dem so sein, wenn der Investor die Mehrheit der Anteile oder gar den gesamten Klub übernehmen möchte. Beim strategischen Investor, der sich über eine Beteiligung an einem Hauptstadtklub gesellschaftliche Relevanz und damit internationale Sicherheit kaufen möchte, mag demgegenüber eher von Interesse sein, wie gewichtig der außenpolitische und militärische Einfluss ist. Da sind Klubs aus Paris und London – die Hauptstädte militärischer Großmächte – gegenüber Klubs aus dem Rheinland oder Niedersachsen im Vorteil.

Welche Gestaltungsmöglichkeiten bietet die 50+1-Regelung den Klubs?

FIGURA: Für die 50+1-Regelung gibt es Gestaltungsmöglichkeiten, deren Bedeutung zu reduzieren oder sie auszuhebeln. Eine Möglichkeit ist die Nutzung einer sogenannten Special Purpose Acquisition Company (SPAC). Eine SPAC ist Zweckgesellschaft, die Kapital über einen eigenen Börsengang einsammelt, um dieses in einem zweiten Schritt in die Übernahme eines Unternehmens zu investieren. Das Modell ist somit nicht neu; es wird aber mittlerweile häufiger in den Zusammenhang mit Investorenmodellen bei Bundesliga-Klubs gebracht. Die Verwendung einer SPAC ist für Bundesligisten eine Alternative zu einem herkömmlichen Börsengang und bietet auch Gestaltungsoptionen im Hinblick auf die 50+1-Regelung.

Wenn Sie dem Fußball abschließend drei Maßnahmen empfehlen würden, welche wären das?

FIGURA: Ich sehe das Transfersystem kritisch – es schadet mehr, als es nützt. Hier sind andere Lösungen denkbar. Ein Salary Cap wäre ein weiterer wichtiger Schritt zur Sicherstellung der Profitabilität der Klubs. Insgesamt gilt es, Solidarität in den Ligen neu zu denken – der sportliche Wettbewerb ist identitätsstiftender Teil des Produkts, der sportliche Wettbewerber ist aber zugleich auch Geschäftspartner. Es ist immanent für das Produkt; geht es ihm gut, geht es auch der eigenen Organisation gut. Hier können die US-Ligen und der Zusammenhalt der einzelnen Franchises darin gute Orientierung bieten. Das System ist nicht eins zu eins auf Europa und den Fußball zu übertragen, es kann jedoch adaptiert werden.

8

Die Spieler

„Die Schweden sind wie Mittdreißiger in der Disco: Hinten reinstellen und warten, ob sich was ergibt."

Thomas Hitzlsperger 2018 vor dem WM-Spiel der deutschen Nationalmannschaft gegen Schweden

In diesem Buch ist viel von Klubs die Rede, denen es durch geschicktes Wirtschaften und clevere Vermarktungsstrategien gelang, auf der Erfolgsspur abzufahren. Denen, den sie ihren Erfolg zu verdanken haben, sind dabei in erster Linie die Spieler. Mit Talent und Ehrgeiz ausgestattet sind sie die Garanten für ein erfolgreiches Fußballteam.

Die Kicker werden für ihre Dienste auch fürstlich entlohnt. Über Millionenverträge für durchschnittliche Spieler ist in den Medien immer wieder die Rede. Wer mit Ulf Baranowsky, Geschäftsführer der Vereinigung der Vertragsfußballspieler spricht, wird jedoch in dieser Hinsicht eines Besseren belehrt. Da bewegten sich in der Branche nicht wenige Fußballergehälter auf dem Niveau eines Facharbeiters, sagt er. Trotzdem: Eine durchschnittliche Karriere als Profifußballer reicht, um genügend zu erwirtschaften, dass sich sogar die „Kinder und Enkel" des Spielers keine Sorgen mehr um ihr Auskommen machen müssen – so Baranowsky im Interview in diesem Buch.

Die durchschnittlichen Spielergehälter der europäischen Top-Ligen

Premier League
3,4 Millionen Euro
Gehaltsquote 71 Prozent

Bundesliga
2,8 Millionen Euro
Gehaltsquote 54 Prozent

La Liga
2,4 Millionen Euro
Gehaltsquote 62 Prozent

Serie A
1,9 Millionen Euro
Gehaltsquote 63 Prozent

Ligue 1
1,2 Millionen Euro
Gehaltsquote 68 Prozent

Quelle: www.fussballfinance.de,
Saison 2020/2021
Jahresgehälter, brutto

Nicht alle haben Glück

Doch nur wenige Spieler erleben die finanziellen Höhenflüge eines Cristiano Ronaldos oder Lionel Messis. Einige landen auch da, wo niemand einen Fußballprofi erwarten würden – ganz unten, weil sie einfach (fast) alles vermasselt haben.

Einer davon heißt Harald, nennen wir ihn einfach mal so. Harald hatte es im Fußball weit gebracht – er war auf den Gipfel gelandet. Er spielte schon in jungen Profijahren bei Top-Klubs im In- und später im Ausland. Dass er für sein Land auflief, war dann nur folgerichtig. Später fiel für ihn auch noch ein Trainerjob bei einem Profiverein ab.

An sein Profidasein kann sich Harald auch heute noch gut und gerne erinnern. Dass waren noch Zeiten, da hatte er immer die großen Scheinchen in der Hosentasche. Es konnte ja immer mal einer vorbeikommen, dem er mal ein großzügiges Trinkgeld geben musste oder der mal rein zufällig knapp bei Kasse war. Das konnte dann der Pferdecoach genauso sein wie die Putzfrau. Für diese „Freunde" und „Freundinnen" hatte Harald immer ein offenes Ohr oder besser eine offene Brieftasche. Irgendwann reichten dann diese Trinkgelder nicht mehr. Unser erfolgreicher Profi sollte und wollte auch mal so richtig investieren und mal richtig Geld außerhalb des Fußballs verdienen. Harald wollte das Feeling genießen, am großen Investorenrad zu sein. Da kamen Bauherrenmodelle für ihn gerade richtig. Nur Pech, wenn man in Bauherrenmodelle investiert, die nicht in „Metropolen" der Kategorie 1a angesiedelt sind, sondern sich im „3b"-Umfeld befinden. Haralds „Partner" hatten sich nämlich für die „3b"-Lage entschieden, aber es dafür trotzdem ordentlich krachen lassen. „Die Ausstattungen der Wohnungen, die ich gekauft hatte, waren vom Feinsten", erinnert sich unser Fußballprofi. So richtig komisch wurde es Harald, als er die Nachricht bekam, dass seine Wohnungen „leider" innerhalb kurzer Zeit drastisch an Wert verloren hatten. Statt satter Gewinne hatte Harald jetzt rote Zahlen auf dem Konto – siebenstellige. Für den Schuldendienst, so Harald Jahrzehnte später, habe sein üppiges, fünfstelliges monatliches Nettogehalt nicht gereicht. Aber seiner Fußballerkarriere hatte diese finanzielle Malaise erst einmal nicht wirklich geschadet. Er bekam noch Engagements im In- und Ausland.

Gerne zeigt er Gesprächspartnern noch heute YouTube-Videos, wo diese Haralds fußballerisches Schaffen aus früheren Zeiten bewundern können. Obwohl Harald eine relativ lange Profikarriere vorweisen konnte, bekam er die Kurve in ein bürgerliches Leben nicht mehr hin. Er war irgendwie ständig pleite. Hier und da halfen ihm Freunde aus frühen oder ganz frühen Zeiten. Mal gab es Kleingeld, mal gab es das Schnitzel aufs Haus. Seine Familie, die konnte er nicht mehr anpumpen: Die Ehe war längst geschieden, und auch seine Kinder hielten Abstand zu dem „Loser".

Vielleicht hat sich Harald ab einem gewissen Zeitpunkt an dieses einsame „Leben" gewöhnt. Und er entwickelt Strategien, wie er sich Geld „leihen" konnte. Vielleicht erinnert er sich da an die Verkaufssprüche seiner Bauherrenmodellphase. Die Herren, die ihn damals über den Tisch zogen, konnten ja ihren Kunden auch eine ganze Menge toller Geschichten erzählen.

Harald wählte auch diese Strategie und entschied sich für eine Geschichte aus Tausend und einer Nacht. Und die ging so: Es tritt nicht der reiche Onkel aus Amerika, sondern der reiche Potentat aus dem Morgenland auf. Der hatte sich plötzlich nach langen, langen Jahren an seinen „Freund" Harald erinnert, von dem er gehört hatte, dass es ihm schlecht geht. Jetzt hielt den reichen Herrscher aus dem Morgenland nichts mehr. Mit Harald hatte er viel vor. Zuerst, so Harald, wollte er ihm einen mittleren, zweistelligen Millionenbetrag auf das Konto überweisen. So mit Euros ausgestattet, konnte unser Profi dann natürlich nicht mehr in seiner bescheidenen Mietwohnung bleiben. Der Umzug in eine Suite eines noblen Hotels in einer Großstadt war schon fest geplant. Von dort sollte

Harald dann als Investor agieren und dem Mann aus Tausend und einer Nacht Vorschläge unterbreiten, welche klammen, deutsche Traditionsklubs dieser denn seinem Portfolio einverleiben könne. Zwischendurch, so Haralds Weise, wollten Lichtgestalten und deren Helfershelfer ihm die Tour vermasseln und ihn um sein wohl verdientes Geldgeschenk bringen. Doch Harald kannte hier kein Pardon und wehrte deren Angriff mit einem geschickten Manöver ab.

Mit solch einer „Fantasie" versuchte Harald nun, an etwas Geld zu kommen. Wer leiht denn einem künftigen Multimillionär nicht schon gerne mal ein paar läppische Euros, so vermutlich Haralds Denke.

Irgendwie erinnerte diese Strategie an den verblichenen „Neuen Markt": Fantasie gegen Geld hieß damals auch die Börsendevise. Doch den Eindruck, den Harald bei seinen Erzählungen aus Tausend und einer Nacht hinterließ, war nicht der eines baldigen Millionärs. Eher den eines Pechvogels. Vor allem dann, wenn die – nennen wir sie mal so – „Anpumpstationen" nach dem Mittagessen mit Harald mehr oder weniger elegant aufgefordert wurden, die Zeche zu begleichen. Und wenn er gerade beim Bezahlen war, das bisschen Kleingeld für den ÖPNV forderte unser Freund selbstverständlich noch on-top ein. Ging leider nicht anders. Schließlich lag Haralds Führerschein auf Eis. „Zu schnell unterwegs, du weißt schon." „Ja, ich weiß schon", so die Antwort seines Spenders.

Eigentlich ist Harald ein netter Zeitgenosse. Doch das ist er nicht immer: Merkt er, dass seine „Ich bin bald Millionär"-Strategie bei seinen „Opfern" nicht fruchtet, lässt er diese ganz schnell fallen wie die sprichwörtliche heiße Kartoffel. Dann ist unser Ex-Profi nicht mehr der nette Ex-Profi von nebenan, sondern er zeigt das hässliche Gesicht eines äußerst berechnenden Zeitgenossen.

Aber wir wollen unserem Profi nicht Unrecht tun. Vielleicht glaubt er selbst alles, was er seinen Gesprächspartnern auftischt. Wer wäre nicht gerne in der Traumwelt Millionär? Wenn das aber der Fall ist, dann wäre Harald ein Fall für die Couch des Psychiaters. Wenn nicht, dann hätte er zumindest das Zeug zu einem mittelmäßigen Hochstapler.

Lassen wir die Geschichte hier enden und stellen uns vor, Harald wäre ein vorbildlicher Profi geworden, der so viel in seinem Berufsleben verdient hätte, dass nicht nur er sich keine Sorgen um sein Auskommen nach dem Fußball hätte machen müssen, sondern auch seine Kinder und Enkel. Aber wie sagte schon die Manchester-United-Ikone George Best? „Das meiste Geld habe ich für Frauen und Alkohol ausgegeben. Den Rest habe ich verprasst." Best, der in den 1960er-Jahre einer der ersten Popstars im Fußball war und als begnadeter Trinker und Feierbiest sein Leben in vollen Zügen genoss, war trotz all seiner auch mitunter hässlichen Eskapaden immer die Verehrung der Fußballfans sicher. Als George Best mit 59 Jahren starb und in seiner Heimatstadt Belfast am 03. Dezember 2005 beerdigt wurde, gaben ihm, dem immer volksnahen Fußballer, 100 000 Menschen die letzte Ehre. Was die Nordiren von Bests fußballerischen Qualitäten noch heute halten, wird in diesem Satz deutlich: „Maradona good, Pelé better, George Best."

Schwingt man nun die Moralkeule über George und Harald, käme man vielleicht zu dem Schluss, dass jeder auf seine Weise ein Lebensversager gewesen ist. Nur mit dem Unterschied, dass George als genialer Fußballheld und Harald, der vielleicht nicht minder talentiert war, als bemitleidenswerter Ex-Kicker ohne Fortune in Erinnerung bleiben wird (Anmerkung: Die Geschichte von Harald ist in dieser Form frei erfunden. Ähnlichkeiten mit lebenden oder toten Persönlichkeiten sind rein zufällig und nicht beabsichtigt.)

Das Spiel des Lebens

Aber es gibt nicht nur die Haralds im Profifußball. Es gibt auch solche Spieler, für die der Fußball das Spiel ihres Lebens wurde. So wie Miroslav Klose. Der kam 1985 mit seinen Eltern und seiner Schwester aus dem oberschlesischen Oppeln nach Westdeutschland. Als Spätaussiedler wurden die Kloses erst einmal im Grenzdurchgangslager in Friedland untergebracht, bevor die Familie später in die Pfalz umsiedelte. Miro Klose startete seine Fußballerkarriere bei der SG Blaubach-Diedelkopf. Dass er ein sehr guter Stürmer war, darüber gab es in seiner pfälzischen Heimat keine zwei Meinungen. Nur sein damaliger Kreisauswahltrainer hatte Kloses Talent anscheinend nicht erkannt. Wie sich Klose in einem TV-Porträt des SWR erinnert, gab ihm der Coach nach dem ersten Auswahltraining den „Tipp", den Fußball erst einmal hintanzustellen und einen anständigen Beruf zu erlernen. Ersteres befolgte Klose nicht, dem zweiten „Tipp" ließ er Taten folgen und erlernte Beruf des Zimmermanns. Der Rest ist Geschichte. Der spätberufene Fußballprofi Klose startete eine fulminante Karriere. Er feierte seine ersten Erfolge in der Bundesliga beim 1. FC Kaiserslautern. Es folgten der SV Werder Bremen, der FC Bayern München und zum glorreichen Abschluss Lazio Rom. Klose wurde Fußball-Weltmeister und ist bis heute mit 71 Treffern Deutschlands WM-Torschütze Nummer 1. Es ist davon auszugehen, dass er das auch ganz, ganz lange bleiben wird. Kloses Erfolgsrezept: Ehrgeiz, Ehrgeiz, Ehrgeiz, nicht aufgeben und immer daran glauben, dass der Durchbruch gelingt. Natürlich braucht man zum richtigen Zeitpunkt auch den richtigen Trainer. So einen wie Otto Rehhagel. Die deutsche Trainerikone war damals Coach beim 1. FC Kaiserslautern und holte Klose von der 2. in die 1. Mannschaft des Vereins.

Solche Straßenfußballer-Fußballergeschichten, die den Weg bis ganz nach oben schaffen, haben heute absoluten Seltenheitswert. Heute werden die jungen Fußballtalente bei den vielen DFB-Stützpunkten im Lande ob ihrer fußballerischen Qualitäten auf Herz und Nieren überprüft. Ein solcher Stützpunkttrainer und ehemaliger Fußballprofi sagte dem Verfasser dieses Buches: „Du glaubst doch nicht, dass mir als Stützpunkttrainer ein Talent in der Region entgeht." Schwerlich, denn durch das Nadelöhr „Stützpunkt" müssen heute fast alle talentierten jungen Spieler, die den Weg in den Profifußball suchen. Wer Glück hat, kann sich dort präsentieren und macht vielleicht höherklassige Vereine auf sich aufmerksam. Diese Klubs sind dann vielleicht auch noch Kooperationspartner eines Profivereins. Dann sollte der junge Kicker alles daransetzen, dass der Profiverein ein Auge auf ihn wirft.

Die Spieler mit den höchsten Marktwerten im internationalen Fußball
(Stand: 2023; Quelle: de.statista.com)

Kylian Mbappé (Paris Saint-Germain)	180 Millionen Euro
Erling Haaland (Manchester City)	180 Millionen Euro
Jude Bellingham (Real Madrid)	150 Millionen Euro
Vinícius Júnior (Real Madrid)	150 Millionen Euro
Bukayo Saka (FC Arsenal London)	120 Millionen Euro
Victor Osimhen (SSC Neapel)	110 Millionen Euro
Jamal Musiala (FC Bayern München)	110 Millionen Euro
Phil Foden (Manchester City)	110 Millionen Euro
Harry Kane (FC Bayern München)	110 Millionen Euro
Lautaro Martínez (Inter Mailand)	110 Millionen Euro
Declan Rice (FC Arsenal London)	110 Millionen Euro

Franz Beckenbauer: Der „Kaiser" und die „Lichtgestalt"

Die Deutschen mussten gleich zu Beginn des Jahres 2024 von einer Legende im Fußball Abschied nehmen. Der Ausnahmefußballer Franz Beckenbauer, genannt „Der Kaiser" und die „Lichtgestalt", starb am 07. Januar 2024 in Salzburg im Kreise seiner Familie. Er gilt als einer der größten Fußballspieler aller Zeiten und zählt zu den einflussreichsten Persönlichkeiten der Fußballgeschichte.

Beckenbauer wurde am 11. September 1945 im Münchner Arbeiterstadtteil Giesing geboren. Bereits als Jugendspieler stieß er im Jahr 1959 zum FC Bayern München. Beckenbauer war als sogenannter Libero eingesetzt, quasi eine defensive Spielmacherposition, die er maßgeblich neu definierte. Er war bekannt für seine Eleganz, Übersicht, Ballbeherrschung und Passfähigkeit und spielte eine Schlüsselrolle in der Revolutionierung der Rolle des Abwehrspielers im modernen Spiel.

Auf Vereinsebene gewann Beckenbauer mit dem FC Bayern München zahlreiche nationale und internationale Titel – als Spieler und als Trainer. Zu seinen größten Erfolgen mit der deutschen Nationalmannschaft zählte der Gewinn der Fußball-Europameisterschaft im Jahr 1972 und der Gewinn der Fußball-Weltmeisterschaft 1974 in Deutschland als Kapitän. Er war auch der erste Spieler, der die Weltmeisterschaft als Spieler und Trainer gewann, als Deutschland 1990 unter seiner Regie den Fußball-Weltmeistertitel in Rom holte.

Beckenbauer ist es auch zu verdanken, dass die Fußball-Weltmeisterschaft 2006 in Deutschland stattfinden konnte. Das sogenannte deutsche „Sommermärchen" ging in die Sportgeschichte ein. Mit Franz Beckenbauer verstarb einer der letzten wahren Legenden des Fußballs.

Nicht den Fuß vom Gas nehmen

Und wer es in die Jugendabteilung eines professionellen Klubs geschafft hat, sollte, im fußballerischen Sinne betrachtet, nicht den Fuß vom Gas nehmen, denn nach jeder Saison wird „gesiebt" – nur „die Besten" sind nämlich in der neuen Saison wieder dabei. Wer es nicht schafft, „top" zu bleiben, findet sich schnell in seinem Heimatklub wieder.

Auch den Eltern der Talente wird Opferbereitschaft abverlangt. Die Fahrdienste zum Training und zu den Spielen des Nachwuchses können mit der Dauer enervierend sein. Fußball ist halt ein echter „Zeitfresser", wie ein Fußballpapa aus Erfahrung berichtete. Und eine Fußballmama erzählte: „Ich hätte damals bei ‚Wetten, dass...?' auftreten können. Ich kannte alle Produktnamen im Ikea-Katalog auswendig." Unsere Fußballmama musste, als ihr Sohn noch ambitioniert Fußball spielte, drei- bis viermal in der Woche den Filius zum Training fahren. Einfache Strecke: rund 50 Kilometer. Da war sie froh, dass ein Ikea-Kaufhauses in der Nähe des Trainingsgeländes war – mit irgendetwas musste sie sich ja die Zeit vertreiben.

Bleibt noch festzuhalten, dass aus der hoffnungsvollen, fußballerischen Nachwuchskraft doch kein Profi wurde. Letztlich musste der junge Mann in der Gruppenliga und als Jugendtrainer seine Fußballkarriere beenden.

Davon geht die Welt nicht unter, ganz klar. Auf dem Weg nach oben wird die Luft immer dünner. Und „da oben" reicht das Talent alleine nicht mehr. Aber wer den Weg nicht ganz bis nach oben schafft, sollte daran denken: Fußball ist ein toller und schöner Sport – der macht auch als Amateur richtig viel Spaß. Und wer weiß, vielleicht wäre Miro Klose heute auch nicht während eines Stützpunkttrainings entdeckt worden, sondern nach Hause geschickt worden …

Doch wann hat der DFB mit dieser systematischen Suche und Ausbildung junger Fußballtalente begonnen? Da müssen wir bis in das Jahr 2000 und zur Europameisterschaft in den Niederlanden und Belgien zurückgehen. Während dieser EM erreichte die deutsche Mannschaft den Tiefpunkt ihres fußballerischen Schaffens. Das Team von Erich Ribbeck schied in Rotterdam gegen eine B-Elf aus Portugal mit 3 : 0 in der Vorrunde aus. Und unser Rekordnationalspieler Lothar Matthäus bestritt an diesem schmachvollem 20. Juni das letzte seiner 150 Länderspiele. Europameister wurde übrigens Frankreich, das mit einem Golden Goal 1 : 0 gegen Italien gewann.

Aus diesem Desaster der Nationalelf zog der DFB seine Lehren. Die Nachwuchsförderung stand von nun an bei den obersten Fußballfunktionären Deutschlands ganz oben auf der Agenda. Fast 370 DFB-Stützpunkte (früher hätte man solch ein „Modell" Kreisauswahlsichtung genannt) wurden aus dem Boden gestampft. Dort fanden 1000 Honorartrainer ein neues Einsatzgebiet. Deren Aufgabe: Kein Talent, und komme es aus dem kleinsten Dorf, sollte unerkannt bleiben. Die jungen Kicker mussten beim Stützpunkttraining gefördert werden. Aus gutem Grund: Denn bei den „Stützpunkten" schauen dann schon einmal die Scouts der großen Vereine vorbei, denn kein Klub will sich ein vielversprechendes Fußballjuwel entgehen lassen. Unter diesen Voraussetzungen fand die Ära der talentierten Straßenkicker à la Miroslav Klose nach und nach ihr stilles Ende.

Leistungszentren entwickeln junge Fußballer

Auch die Profiklubs ließen sich in Sachen Talentförderung nicht lumpen. Viel Geld wurde in Leistungszentren für den Fußballernachwuchs investiert. Hier hat sich zum Beispiel der Bundesligist Eintracht Frankfurt auf die Fahnen geschrieben, dass es nicht genüge, ein überdurchschnittlicher Fußballer zu sein, ein weiterer wichtiger Faktor für die Ausbildung zum Fußballprofi sei die Entwicklung einer Persönlichkeit. Beide Bestandteile seien bei der Eintracht in der Lehre eng verwoben.

Und wie sieht es mit der sportlichen Ausbildung bei der SGE aus? Im „Bereich der Kleinsten" stehe der spielerische Umgang mit dem Ball bei gleichzeitigen und vielseitigen Erfahrungen auf allen Positionen im Vordergrund, so ist es auf der Website des Leistungszentrums des Klubs nachzulesen. „Im Aufbaubereich" halte dagegen die Individual- und Gruppentaktik Einzug in den Trainingsplan. Darüber hinaus steige die Trainingsfrequenz und -intensität sowie die Ausbildung im athletischen Bereich. „Darauf folgt mit dem Leistungsbereich das Kapitel der Ausbildung, in dem die erlernten Techniken unter höchsten Drucksituationen in komplexen Spiel- und Trainingsformen angewandt und die Spieler somit auf das Qualitätsprofil eines Profifußballers bei Eintracht Frankfurt vorbereitet werden."

Während der Ausbildung, so verspricht das Eintracht-Leistungszentrum, werden die Spieler individuell betreut und gefördert. Stärken und Schwächen eines jeden Einzelnen würden dabei regelmäßig dokumentiert und nach dem Motto „Stärken stärken und Schwächen schwächen" durch gezieltes Training verbessert bzw. abgestellt. Im Leistungszentrum besitzen selbstverständlich alle Übungsleiter die erforderlichen Lizenzen. Ab dem Aufbaubereich sei jeder Trainer Inhaber einer A-Lizenz.

Um allen Talenten ausreichend Spielzeit für ihre Entwicklung gewährleisten zu können, sei bis einschließlich zur U13 verpflichtend vereinbart worden, dass ein Spieler mindestens 50 Prozent aller Spiele (Punkt- und Testspiele) einer Saison bestreiten soll. Im Eintracht-Leistungszentrum gilt auch ein Verhaltenskodex: Der reicht dann von „Respekt" vor seinem sportlichen Umfeld bis hin zur „Leidenschaft" für den Fußball.

Das geben Europas Spitzenklubs für ihre Spieler aus

Aber was verdient denn nun ein Fußballer, der es bis ganz nach oben in eine der europäischen Top-Ligen geschafft hat?

Premier League

Wenn es um Spielergehälter geht, dann liegt die englische Premier League ganz vorne. Ein Blick in das Portal „Salary Sport" gibt hier Aufschluss. Die „Gehaltsbilanzen" der Top-Klubs Manchester City, Chelsea London und FC Liverpool lassen in dieser Hinsicht tief blicken. So lässt sich ManCity sein Spielerpotenzial aktuell (2023) nicht weniger als rund 222 Millionen Euro jährlich kosten. Die Spitzenkräfte des Klubs, Kevin de Bruyne und Erling Haaland, bringen es jeweils auf ein Jahresgehalt von über 20 Millionen Euro.

Chelsea London investiert aktuell in seine Spielergehälter rund 203 Millionen Euro jährlich. Die Künste seiner Spitzenkraft Raheem Sterling lässt sich Chelsea über 21 Millionen Euro im Jahr kosten. Beim FC Liverpool und dessen Coach Jürgen Klopp hat Mohamed Salah ebenfalls mit einem Jahresgehalt von rund 21 Millionen Euro die Nase vorn. Insgesamt schlagen beim Klopp-Klub die Spielergehälter mit rund 181 Millionen Euro im Jahr zu Buche.

La Liga

„Nicht kleckern, sondern klotzen" lautet das Motto der Königlichen aus Madrid. Rund 270 Millionen Euro lässt sich Real jährlich seinen Kader kosten. Und hat dabei keine Hemmungen, seine 30+-Kräfte königlich zu entlohnen: Mittelfeldmann Toni Kroos (33) führt dabei die Hitliste im Gehaltsranking bei Real mit 24 Millionen Euro jährlich an. Es folgen auf den Plätzen David Alaba (31) und Luka Modrić (37) mit jeweils rund 22 und 21 Millionen Euro Jahressalär.

Eine Perle des europäischen Fußballs, der FC Barcelona, gibt sich in Sachen Spielergehälter durchaus bescheidener. Knapp 167 Millionen Euro lässt sich Barca seinen Kader kosten. Und mit einem jährlichen Gehalt von 18 Millionen Euro jährlich ist der Pole Robert Lewandowski der Top-Verdiener bei den Katalanen.

Bundesliga

In der Bundesliga braucht der Rekordmeister Bayern München sich nicht hinter den Spitzenklubs aus der Premier League und der spanischen La Liga zu verstecken. Nicht weniger als 221 Millionen Euro jährlich lassen sich die Münchner ihren Kader kosten. Neuer Spitzenverdiener beim FCB ist der Engländer Harry Kane, der jährlich mit rund 21 Millionen Euro zur Kasse bittet.

Im Vergleich zu den Münchnern sind die Dortmunder Waisenknaben – was die Kaderkosten betrifft. „Nur" 135 Millionen Euro jährlich lässt sich Borussia Dortmund seine Spieler kosten. Und ganz oben auf der Gehaltsliste steht ein gewisser Niklas Süle … zehn Millionen Euro im Jahr erhält der Defensivspieler vom BVB.

Serie A

In der italienischen Serie A geben Juventus Turin und Inter Mailand bei den Spielergehältern den Ton an. Mit knapp 113 Millionen Euro jährlich ist die „alte Dame" Spitze in diesem Segment. Der teuerste Juve-Spieler ist der Serbe Dušan Vlahović mit einem Jahresgehalt von knapp 13 Millionen Euro.

Knapp 113 Millionen Euro investiert auch Inter jährlich in seine Kicker. Spitzenverdiener ist dabei der Argentinier Lautaro Martínez mit elf Millionen Euro.

Ligue 1

In der französischen Ligue 1 ist Paris Saint-Germain (PSG) das Maß aller Dinge. 211 Millionen Euro im Jahr lässt sich PSG seine Spieler kosten. Und seiner Spitzenkraft Kylian Mbappé setzt der Klub, finanziell betrachtet, die Krone auf. Nicht weniger als 53 Millionen Euro jährlich sind PSG die Kickerkünste von Mbappé jährlich wert. Olympique Marseille, die Nummer zwei in Frankreich, zahlt seinen Spielern rund 65 Millionen Euro im Jahr. Knapp neun Millionen Euro davon erhält der Gabuner Pierre-Emerick Aubameyang.

Top-Investoren pushen die Spitzenklubs

Bei all diesen Spielergehältern gilt es zu beachten, dass die Teams, die mehr als 200 Millionen Euro jährlich für ihr Personal ausgeben, zum Beispiel von Staatsfonds aus Nahost und US-amerikanischen Milliardären und Beteiligungsgesellschaften „gesponsert" werden. Eine Ausnahme ist hier lediglich der FC Bayern München, der sein Budget unabhängig von potenten Investoren aus dem Ausland erwirtschaftet (Quelle: *www.salarysport.com*).

Die zehn wertvollsten Fußballmannschaften weltweit
(Stand: 2023; Quelle: transfermarkt.de)

1. Manchester City (Premier League)	1,29 Milliarden Euro
2. FC Arsenal London (Premier League)	1,11 Milliarden Euro
3. Real Madrid (La Liga)	1,04 Milliarden Euro
4. FC Paris Saint-Germain (Ligue 1)	1,03 Milliarden Euro
5. FC Chelsea London (Premier League)	984 Millionen Euro
6. FC Bayern München (Bundesliga)	932 Millionen Euro
7. FC Liverpool (Premier League)	867 Millionen Euro
8. FC Barcelona (La Liga)	862 Millionen Euro
9. Manchester United (Premier League)	795 Millionen Euro
10. Tottenham Hotspur (Premier League)	755 Millionen Euro

Die Rolle der Spielerberater

Die Spielerberater haben im modernen Fußball eine immer wichtigere Rolle inne. Sie sind auf der einen Seite die Vermittler zwischen Spielern und Vereinen und auf der anderen Seite für die Karriereplanung ihrer Klienten verantwortlich.

Zu den Hauptaufgaben von Spielerberatern gehören:

- Transfervermittlung: Spielerberater sind dafür verantwortlich, Transfers zwischen Spielern und Vereinen zu vermitteln. Sie suchen den passenden Verein für ihren Spieler und verhandeln die Vertragsbedingungen.
- Karriereplanung: Spielerberater sind für die Karriereplanung ihrer Klienten verantwortlich. Sie beraten sie bei Vertragsverhandlungen, helfen ihnen bei der Wahl des richtigen Vereins und unterstützen sie bei der persönlichen Entwicklung.
- Vermarktung: Spielerberater kümmern sich um die Vermarktung ihrer Klienten. Sie verhandeln Sponsorenverträge und sorgen dafür, dass ihre Spieler in der Öffentlichkeit wahrgenommen werden.

Kritik an Spielerberatern

Spielerberater sind nicht unumstritten. Sie werden oft kritisiert, weil sie zu hohe Honorare verlangen und die Spieler nur als Ware betrachten.

Die Kritik an Spielerberatern ist vielfältig und konzentriert sich hauptsächlich auf folgende Punkte:

- Zu hohe Honorare: Spielerberater verlangen in der Regel einen Prozentsatz des Transferbetrages als Honorar. Diese Honorare können sehr hoch sein, insbesondere bei großen Transfers. So habe der Spielerberater Mino Raiola zum Beispiel bei dem Transfer von Paul Pogba von Juventus Turin zu Manchester United im Jahr 2016 eine Provision von 49 Millionen Euro erhalten.
- Spieler als Ware: Spielerberater werden oft kritisiert, weil sie die Spieler als Ware betrachteten. Sie würden die Spieler nur nach ihrem Marktwert bewerten und sie zu Wechseln drängen, die nicht in ihrem besten Interesse sind.
- Verkürzte Karrieren: Spielerberater werden auch dafür kritisiert, dass sie die Karrieren der Spieler verkürzen. Sie würden die Spieler zu häufigen Wechseln drängen, was zu einer Belastung für den Körper und die Psyche der Spieler führen könne.
- Kriminalität: In einigen Fällen wurden Spielerberater auch mit Verbrechen wie Geldwäsche oder Steuerhinterziehung in Verbindung gebracht.

Die Kritik an Spielerberatern ist in vielen Aspekten durchaus berechtigt. Es ist wichtig, dass Spielerberater in erster Linie im Interesse ihrer Spieler handeln und nicht nur auf ihren eigenen Profit bedacht sind.

Die Rolle der Spielerberater

Um den Einfluss der Spielerberater zu begrenzen, wurden in den letzten Jahren einige Regeln eingeführt. So dürfen Spielerberater in der Europäischen Union nur dann tätig sein, wenn sie eine Lizenz der FIFA oder der UEFA besitzen. Außerdem wurden die Höhe der Honorare für Spielerberater begrenzt. Allerdings ist es noch zu früh, um zu sagen, ob diese Regeln ausreichen, um die Kritik an Spielerberatern zu entkräften.

Die Rolle der Spielerberater wird in Zukunft aber trotzdem weiter zunehmen. Der Fußball wird immer globaler, und die Spieler haben immer mehr Möglichkeiten, sich zu bewegen. Spielerberater können in diesem komplexen Umfeld unverzichtbare Partner für Spieler und Vereine sein.

Was Spielerberater bei Transfers im Fußball verdienen (Stand: 2021; Quelle: FIFA)

- Provisionen für Spielertransfers: 443 Millionen Euro
- In 117 Fällen überstiegen einzelne Transfers 900.000 Euro
- Rund 18.000 Transfers in der Saison, an 20 Prozent waren Berater beteiligt
- Das zahlten die europäischen Ligen an Berater: Premier League: 117 Millionen Euro, Bundesliga: 74 Millionen Euro und Serie A: 65 Millionen Euro
- Beraterumsätze 2001–2010: 3,1 Milliarden Euro
- Beraterprovisionen: Laut Insidern bewegen sich die Provisionen zwischen acht und zwölf Prozent des künftigen Bruttogehalts des vermittelten Spielers

Legende: David Beckham verbindet Fußball und die Popkultur

David Beckham ist ein ehemaliger englischer Fußballspieler, der als einer der besten Mittelfeldspieler aller Zeiten gilt. Er war auch ein globaler Popstar, der die Welt des Sports und der Unterhaltung revolutionierte, weil es ihm gelang, diese beiden kulturellen Bereiche genial miteinander zu verbinden.

Karriere

Beckham begann seine Karriere beim englischen Premier-League-Klub Manchester United, wo er sechs Premier-League-Titel, zwei FA-Cups und ein UEFA-Champions-League-Titel gewann. Er spielte ebenfalls für Real Madrid, AC Milan, Paris Saint-Germain und LA Galaxy. Er ist der einzige englische Spieler, der in vier verschiedenen Ländern Meistertitel gewonnen hat.

Beckham war auch für die englische Nationalmannschaft eine feste Größe. Für das Team bestritt er 115 Länderspiele und erzielte 17 Tore. Er spielte bei drei FIFA-Weltmeisterschaften und zwei UEFA-Europameisterschaften für England. Von 2000 bis 2006 war Beckham Kapitän der englischen Mannschaft.

Aktuell ist Beckham Miteigentümer des US-amerikanischen Major-League-Soccer-Klubs Inter Miami aus Fort Lauderdale. Neben Beckham zählt noch eine Investorengruppe zu den Eigentümern des Klubs.

Popstar

Beckham war nicht nur ein großartiger Fußballspieler, sondern auch ein stilvoller und charismatischer Mann. Er wurde zu einem globalen Popstar, der auf dem Laufsteg, in der Werbung und in Hollywood zu sehen war.

Beckhams Popularität wurde durch seine Beziehung zu Victoria Beckham, eines ehemaligen Mitglieds der Popband „Spice Girls", weiter gesteigert. Das Paar firmierte in den Medien als „Posh and Becks" und war Gegenstand einer ständigen Berichterstattung.

Beckhams Erfolg im Sport und in der Unterhaltung machte ihn zu einer globalen Ikone. Er wurde zu einem Vorbild für Millionen von Menschen auf der ganzen Welt. Und das waren beileibe nicht alles Fußballer.

Beckhams Einfluss auf die Popkultur

Beckhams Einfluss auf die Popkultur ist enorm. Er hat dazu beigetragen, die Grenzen zwischen Sport und Unterhaltung zu verwischen. Er war der erste Fußballspieler, der zu einem globalen Popstar wurde, und er hat den Weg für andere Sportler geebnet, die in den Unterhaltungsindustrien erfolgreich sein wollen.

Beckhams Stil und Image haben auch einen großen Einfluss auf die Modewelt gehabt. Er gilt als einer der stilvollsten Männer der Welt, und seine Modelinie ist sehr erfolgreich. In dieser Hinsicht gibt es wohl keine zwei Meinungen: Beckham ist eine wahre Legende des Sports und der Unterhaltung. Er hat die Welt des Fußballs und der Popkultur für immer verändert.

Ein Mann mit Vermögen

Laut Medienberichten soll es David Beckham während seiner Karriere auf und neben dem Fußballplatz auf 800 Millionen Dollar gebracht haben. Die britische Zeitung *Sunday Times* schätzt Beckhams aktuelles Vermögen auf 488 Millionen Euro. Damit verweist er seine Konkurrenten auf diesem Feld, Lionel Messi und Cristiano Ronaldo, deutlich auf die Plätze.

Und sein Geld „verprasste" der Popstar nicht wie der legendäre, nordirische Stürmer von Manchester United, George Best, in den 1960er- und 1970er-Jahren, der es wie Beckham ebenfalls zu einem Medienstar brachte. Bests Leidenschaft galt (leider) dem Alkohol. Beckham dagegen investierte sein Geld in viele Geschäftsfelder. So soll ihm beispielsweise seine Beteiligung an Inter Miami rund 25 Millionen Dollar wert gewesen sein. Bis heute ist Beckham einer der erfolgreichsten Werbefiguren weltweit. Viele große Marken wollten und wollen auf David Beckham nicht verzichten, darunter Armani, Adidas, Pepsi, Calvin Klein und Gillette. Und eine eigene Brillenmarke „Eyewear by David Beckham" wollte er sich auch nicht nehmen lassen. Als Star von Weltruhm hat er auch eine eigene Mode- und Pflegemarke. Bei Beckham heißt sie „House 99".

Interview mit Ulf Baranowsky: Nur sehr wenige Millionengehälter

Ulf Baranowsky (Jahrgang 1974) ist Geschäftsführer der Vereinigung der Vertragsfußballspieler (VDV). Der Magister der Publizistik- und Kommunikationswissenschaft sowie Soziologie und Sportwissenschaft ist zudem ausgebildeter DFB-Trainer und DFB-Vereinsmanager sowie Vorstandsmitglied des DFB-VDV-Versorgungswerks.

Herr Baranowsky, lassen Sie uns zu Beginn unseres Gesprächs auf die aktuellen gesellschaftlichen Krisen eingehen, die auch den Fußball tangieren. Beginnen wir mit der Pandemie. Hat sich durch Corona etwas für die Spieler geändert?

ULF BARANOWSKY: Die Pandemie war eine große Herausforderung für die Gesellschaft und den Fußball. Als Spielergewerkschaft waren wir an unterschiedlichen Stellen stark gefordert. In der Bundesliga und 2. Bundesliga ging es darum, die Spieler bezüglich Stundungs- und Teilverzichtsregelungen zu beraten, während wir in der 3. Liga und in den Regionalligen insbesondere Fragen zu Kurzarbeitsregelungen zu beantworten hatten.

Wie haben Sie die Probleme gelöst?

BARANOWSKY: Mit großen Anstrengungen und durch ein erhebliches Entgegenkommen der Spieler ist es gelungen, die großen wirtschaftlichen Herausforderungen der Pandemie mit einem blauen Auge zu überstehen. Lobenswert ist in diesem Zusammenhang auch das medizinische Konzept der Verbände, auf dessen Grundlage eine frühzeitige Fortführung des Spielbetriebs überhaupt erst möglich wurde. Bei der Erarbeitung und Umsetzung war die VDV involviert. Insbesondere haben dazu Gespräche mit öffentlichen Stellen sowie Videokonferenzen mit aktiven VDV-Lizenzspielern, Verbandsmanagern und Medizinern stattgefunden.

Wo war Ihr Verband noch involviert?

BARANOWSKY: Ebenso war die VDV mit aktiven Profis in die Arbeit der DFL-Taskforce zur Zukunft des Profifußballs und an der DFB-Taskforce zur wirtschaftlichen Stabilität der 3. Liga beteiligt. Dabei sind die Weichen für eine nachhaltige Weiterentwicklung des Fußballs gestellt worden. Nun gilt es, gemeinsam daran zu arbeiten, die selbstgesteckten Ziele zu erreichen.

Bemerkenswert ist in diesem Zusammenhang auch, dass während der Pandemie selbst die FIFA den hohen Wert von Tarifverträgen im Profifußball erkannt und dazu aufgerufen hat, durch tarifvertragliche Lösungen Rechtssicherheit in wesentlichen Fragen herzustellen – beispielsweise zur Sicherung der Vertragsstabilität im Falle einer pandemiebedingten Verlängerung der Spielzeiten.

Wie wirken sich politische Krisen beziehungsweise kriegerische Konflikte wie der Ukrainekrieg und der Krieg Israels gegen die Hamas auf den Profifußball, den Transfermarkt und die Spieler aus?

BARANOWSKY: Hier gilt es, genau zu differenzieren, da jeder Konflikt einzigartig ist. Zu Beginn des Krieges in der Ukraine haben wir beispielsweise unseren VDV-Spielerrat um eine fußballpolitische Einschätzung gebeten. Dabei kam heraus, dass die russische Nationalmannschaft sanktioniert werden sollte, nicht aber einzelne russische Spieler, die keine persönliche Schuld an dem Konflikt tragen. Zudem unterstützten wir die Idee, die Transferfenster für vom Krieg betroffene Spieler aus der Ukraine in angemessener Weise zu öffnen, um ihnen zu ermöglichen, ihrem Beruf so schnell wie möglich auch außerhalb des Konfliktgebiets weiter nachgehen zu können.

Wie sah es beim Nahostkonflikt aus?

BARANOWSKY: Im Nahostkonflikt wurden wir beispielsweise mit der Frage konfrontiert, wie bestimmte öffentliche Bewertungen des Konflikts durch aktive Berufsfußballer rechtlich und moralisch einzuschätzen sind. Wir haben uns dazu dahingehend geäußert, dass die grundgesetzlich geschützte Meinungsfreiheit insbesondere dann begrenzt ist, wenn Straftaten wie Beleidigung oder Volksverhetzung begangen werden. Inwieweit strafrechtliche Verstöße vorliegen und arbeitsrechtliche Sanktionen rechtskonform sind, sei im Einzelfall zu beurteilen.

Gab es einen Verhaltenskodex für die Spieler, dem diese nachkommen sollten?

BARANOWSKY: Personen des öffentlichen Lebens sollten insbesondere bei kriegerischen Auseinandersetzungen ihrer Vorbildfunktion gerecht werden und deeskalieren. Wichtig sei diesbezüglich auch die Prävention durch Klubs und Verbände. Denn gerade im Sport gelte es, junge Menschen frühzeitig zu sensibilisieren und bei Problemen das Gespräch zu suchen.

Zudem gibt es im Zusammenhang mit internationalen Krisen regelmäßig Anfragen von Betroffenen – beispielsweise zum Transferrecht oder zur Geltendmachung finanzieller Ansprüche. In solchen Fällen kann insbesondere unsere Rechtsabteilung helfen.

Die Politisierung des Fußballs nimmt zu. So war zum Beispiel bei der Fußball-WM in Katar die „Regenbogenbinde" ein Thema. Raten Sie den Spielern ab, sich vor einen „politischen Karren" spannen zu lassen? Oder kann das negative Auswirkungen auf die Karriere haben, wenn diesbezüglich die Meinung des jeweiligen Spielers nicht in den sogenannten Mainstream passt?

BARANOWSKY: Im Hinblick auf die WM in Katar war es uns wichtig, dass Druck von den Spielern genommen wird. Die Spieler sind nämlich weder für Vergabeentscheidung der FIFA noch für die Menschenrechtslage in einzelnen Ländern verantwortlich. Zudem unterliegen die Spieler in ihrer Arbeitnehmerfunktion bestimmten Loyalitätspflichten, die einer – aus Arbeitgebersicht zu kritischen – öffentlichen Positionierung entgegenstehen.

Satzungsgemäßes Ziel der VDV ist es, die Demokratisierung des Fußballs zu fördern. Dies wird durch die Übernahme sozialpartnerschaftlicher Verantwortung ebenso umgesetzt wie durch kritisch-konstruktive Einlassungen. Es ist erfreulich, wenn aktive Berufsfußballer sich dabei einbringen. Es sollte aber auch respektiert werden, dass sich nicht jeder Spieler zu bestimmten politischen Fragen öffentlich äußern möchte.

Herr Baranowsky, vom aktuellen Zeitgeschehen zur Geschichte. Wie kam es zur Gründung einer Gewerkschaft für Profifußballer?

BARANOWSKY: Die VDV, die Vereinigung der Vertragsspieler, wurde 1987 von Profis wie unserem Gründungs- und Ehrenpräsidenten Benno Möhlmann, dem heutigen Präsidenten Florian Gothe sowie unter anderem von Karl-Heinz Körbel, Bruno Labbadia, Guido Buchwald, Ewald Lienen und auch Stefan Lottermann gegründet. Ziel war es, zukünftig gemeinschaftlich die Interessen der Profis zu vertreten und Spielern bei Problemen helfend zur Seite zu stehen. In anderen Ländern waren Spielergewerkschaften zu diesem Zeitpunkt längst Jahre etabliert.

Brauchen sogenannte Fußballmillionäre überhaupt eine Interessenvertretung?

BARANOWSKY: Im Jahr 1987 war der Profifußball in Deutschland noch längst nicht so medialisiert und kommerzialisiert wie heute. Es ging damals beispielsweise um die Durchsetzung von Rechtsansprüchen wie die Zahlung von Urlaubsentgelt oder die Berücksichtigung von Prämien bei der Berechnung der Gehaltsfortzahlung im Krankheitsfall. Zudem setzten sich die europäischen Spielergewerkschaften seinerzeit intensiv für die Ablösefreiheit nach Vertragsende ein, die schließlich im Jahr 1995 mit dem Bosman-Urteil durchgesetzt werden konnte.

Und wie sieht es heute mit der Bedeutung der VDV aus?

BARANOWSKY: Unabhängig von der Gehaltshöhe ist die Arbeit der Spielergewerkschaften auch heute für den Fußball und die Spieler von großer Bedeutung. So fordert die VDV insbesondere einen faireren Interessensausgleich zwischen Profis, Klubs und Verbänden als Grundlage für eine erfolgreiche Vermarktung des Profifußballs; den Abschluss von Tarifverträgen im Profifußball für mehr Rechtssicherheit bei strittigen Fragen; einen besseren Schutz vor Gehaltsausfällen und Klubinsolvenzen insbesondere im Bereich der 3. und 4. Liga; noch weitere Ausweitungen der Transferfenster für vereinslose Profis sowie für Opfer von ausstehenden Gehältern und Klubinsolvenzen.

Was fordern Sie noch für die Profis?

BARANOWSKY: Die Ausweitungen beim Gesundheitsschutz (Sportpsychologenpflicht im Profibereich, Begrenzung von Spieleinsätzen, Mindestzahl von Urlaubstagen am Stück etc.); Verbesserungen bei Absicherung und Vorsorge (Ausweitung der grundsätzlichen Gehaltfortzahlung im Krankheitsfall über sechs Wochen hinaus, verbesserte Absicherung für die Spieler bei Krankheit, Stärkung der betrieblichen Altersversorgung für die Spieler, Aufbau eines Karrierefonds mit Übergangsgeld für die nachfußballerische Berufslaufbahn etc.); eine bessere Achtung der Persönlichkeitsrechte und Privatsphäre der Spieler (Anpassung der „Whereabouts-Regeln" für Spitzenspieler, Festschreibung der „freien Arztwahl", Verbesserungen beim Schutz der Spielerdaten und Schaffung von größeren Freiräumen für die Eigenvermarktung der Profis etc.). Der Abschluss von Tarifverträgen ist satzungsgemäßes Ziel der VDV. Durch Tarifverträge können ausgewogene, faire und rechtssichere Lösungen auf Augenhöhe zwischen Arbeitgebern und Arbeitnehmern geschaffen werden. Dies sind bekanntlich wesentliche Voraussetzungen für Stabilität und eine erfolgreiche ökonomische Weiterentwicklung. Insofern profitieren Arbeitgeber und Arbeitnehmer gleichermaßen.

Sind denn überhaupt alle Profis „Millionäre", wie das viele in der Öffentlichkeit gerne glauben?

BARANOWSKY: In Relation zur großen Masse der Fußballer kommen nur sehr wenige Spieler in den Genuss von Millionengehältern. Stellen Sie sich einen Eisberg vor: Die kleine Spitze ragt aus dem Wasser heraus und wird gesehen. Die breite Masse treibt quasi unsichtbar unter der Wasseroberfläche.

Wie viel verdient heute ein durchschnittlicher Berufsfußballer in den deutschen Profiligen und wie lange kann er durchschnittlich im Profifußball aktiv sein?

BARANOWSKY: Durch die fortschreitende Medialisierung und Kommerzialisierung konnten in den letzten Jahren die Klubeinnahmen und Spielergehälter im Spitzenbereich deutlich gesteigert werden. Das Gehaltsgefüge im Fußball ist dennoch sehr heterogen. Wer heute viele Jahre lang Leistungsträger bei einem Spitzenteam der Bundesliga ist und vernünftig mit seinem Geld umgeht, braucht sich im Regelfall um die finanziellen Belange seiner Kinder und Enkel keine Sorgen mehr zu machen. Ein junger Lizenzspieler hingegen, der primär zur Erfüllung der Mindestquoten bei deutschen sowie vom Klub ausgebildeten Spielern angestellt ist, hat in der Bundesliga lediglich Anspruch auf das verbandsrechtliche Mindestgehalt von derzeit 3775 Euro pro Monat (50 Prozent der Beitragsbemessungsgrenze der gesetzlichen Rentenversicherung). In der 2. Bundesliga verdienen Stammspieler in der Regel zwar auch noch mehr als gestandene Oberärzte, sind aber von den Spitzengehältern der Bundesliga sehr weit entfernt. In der 3. Liga ist das Gefälle ebenfalls groß. Spitzenspieler erreichen hier durchaus Zweitliganiveau, während wir „im Keller" auch schon Fragen im Zusammenhang mit dem Mindestlohngesetz beantworten mussten. Die Regionalligen gleichen Gemischtwarenläden. In der Spitze gibt es Klubs mit professionellen Strukturen und auskömmlichen Gehältern, die unteren Tabellenbereiche sind hingegen eher von Teilzeitbeschäftigungen und Minijobs geprägt. Gelegentlich spielen dort sogar reine Amateure. Das verbandsrechtliche Mindestgehalt für einen Vertragsspieler in der 3. Liga und der Regionalliga beträgt aktuell lediglich 250 Euro pro Monat. Es soll aber auf Drängen des VDV angehoben werden. Zudem sollte bedacht werden, dass eine Profikarriere in der Regel nur wenige Jahre dauert und nur ganz wenige der hoffnungsvollen Talente den Durchbruch schaffen.

Was waren die Erfolge der VDV?

BARANOWSKY: Die VDV hat beispielsweise vielfältige Beteiligungsrechte im Fußball errungen (Kooperationsvereinbarungen mit dem DFB und der DFL), die Ablösefreiheit nach Vertragsende mitdurchgesetzt (Bosman-Urteil), die verpflichtenden Herzuntersuchungen im Lizenzbereich miteingeführt, verbesserte Transfermöglichkeiten für vertragslose Profis mitgeschaffen, vielfältige Zahlungsansprüche für die Profis gesichert (Urlaubsentgelt etc.), das DFB-VDV-Versorgungswerk für die Profis mitgegründet, die sportpsychologische Betreuung der Spieler mitverbessert (Initiative MENTAL GESTÄRKT), die Bundesliga-Auswahl „VDV 11" etabliert, die Präventionsarbeit des Profifußballs in Bereich der Wettbewerbsintegrität (Wettmanipulation, Doping) deutlich mitverbessert und auch die Anti-Match-Fixing-Schulungspflicht für Lizenzmannschaften durchgesetzt.

Wer darf bei Ihnen Mitglied werden?

BARANOWSKY: Im Grundsatz dürfen bei uns die in Deutschland tätigen professionellen Fußballspieler und Fußballspielerinnen Mitglied werden; ebenso diejenigen, die nachweislich eine solche Tätigkeit anstreben. Talente können ab dem vollendeten 14. Lebensjahr aufgenommen werden und sind dann als Jugendliche grundsätzlich von der Beitragspflicht befreit.

Mit welchen Problemen kommen Profifußballer zu Ihnen?

BARANOWSKY: Die Palette ist sehr umfangreich; hier eine exemplarische Auswahl: Arbeitslosigkeit (Teilnahme am VDV-Proficamp), willkürliche Suspendierungen, unberechtigte Vertragsstrafen und ausstehende Gehälter sowie Klubinsolvenzen. Hinzu kommen psychische Erkrankungen, körperliche Beeinträchtigungen, Probleme mit privaten Versicherungen (Sportinvalidität, Krankentagegeld etc.), Probleme mit der gesetzlichen Unfallversicherung VBG (Verletztenrente, Leistungen zur Teilhabe am Arbeitsleben etc.) und Probleme mit Spielervermittlern (Honorarstreit etc.). Rassismus, Diskriminierungen, Mobbing, Bossing (Drängen zur Vertragsauflösung) gehören zu den Anliegen, mit denen Mitglieder zu uns kommen. Darüber hinaus sind es Fragen und Probleme im Zusammenhang mit dem sogenannten Match-Fixing und den Anti-Doping-Bestimmungen. Weitere Fragen berühren rechtliche Probleme wie Transfers und Vertragsgestaltungen sowie steuerrechtliche Angelegenheiten. Mitglieder haben ebenfalls Unterstützungsbedarf bei der Vorbereitung auf die nachfußballerische Berufslaufbahn – sei es, dass ein Fernstudium oder eine Trainerlizenz angestrebt wird.

Was waren Ihre schlimmsten Erfahrungen, die Ihre Organisation bei der Vertretung von Mitgliedern gemacht hat?

BARANOWSKY: Ich bitte um Verständnis, dass ich hier mit Blick auf den Schutz der Betroffenen nicht ins Detail gehen möchte. Besonders betroffen haben mich Schicksale gemacht, die in Suiziden endeten.

Vor welchen Fehlern warnen Sie die Spieler, die bei Ihnen um Rat fragen?

BARANOWSKY: Es gibt zunächst ein paar einfache Grundregeln: Unterschreibe keine Arbeitsverträge oder Verträge mit Spielervermittlern ohne vorherige rechtsanwaltliche/gewerkschaftliche Prüfung. Beauftrage und bezahle deinen Rechtsanwalt zur Vermeidung von Interessenkonflikten selbst und unabhängig von einem Spielervermittler. Gehe sparsam mit deinem Geld um und lege es sicher an. Lass dich nicht von angeblichen Steuersparmodellen und überzogenen Renditeversprechungen locken. Sichere deine Risiken adäquat ab (Spielunfähigkeit, Haftpflicht). Bereite dich so früh wie möglich – parallel – auf deine nachfußballerische Berufslaufbahn vor (zum Beispiel Fernstudium). Verhalte dich stets rechtskonform und professionell; achte auf ausreichende Erholungsphasen und auf deine Gesundheit. Darüber hinaus orientieren sich unsere Tipps und Warnhinweise stets an den konkreten Fragen und Problemen unserer Mitglieder.

Wie würden Sie die „Zusammenarbeit" der Akteure (Spieler/Vermittler/Manager) innerhalb der Branche beschreiben?

BARANOWSKY: Das lässt sich leider nicht pauschal beantworten. Es gibt an verschiedenen Stellen Schnittmengen und unterschiedliche Interessen. Zudem spielen Persönlichkeitsmerkmale und Einstellungen von einzelnen Personen hier eine entscheidende Rolle. So gibt es glücklicherweise zahlreiche Trainer, Manager und Spielervermittler, die früher selbst Fußballprofi waren und heute noch immer eng mit der VDV und den dahinterstehenden Werten verbunden sind.

Welche Akteure in der Branche machen Ihrer Interessenvertretung die meisten „Probleme"?

BARANOWSKY: Diejenigen, die nicht rechtskonform handeln und sich mit fragwürdigen Machenschaften auf Kosten von Spielern bereichern wollen. Das können Personen aus ganz unterschiedlichen Subsystemen sein.

Wie müsste sich der Profifußball entwickeln, damit auch die Spielergewerkschaft sagen kann: „Mehr geht nicht"?

BARANOWSKY: Dieser Punkt dürfte unerreichbar sein. Denn mit der Weiterentwicklung des Profifußballsystems werden immer wieder neue Probleme und Herausforderungen entstehen, für die Gesetzgeber, Verbände, Klubs, Fans, Sponsoren, Investoren und Spieler Lösungen finden müssen.

Das bietet die VDV ihren Mitgliedern

Als Spielergewerkschaft vertritt die VDV nicht nur die Interessen der Spieler gegenüber Klubs und Verbänden, sondern bietet für Mitglieder darüber hinaus umfangreiche und hochwertige – sowie weitgehend kostenfreie – Serviceleistungen an. Hier einige Beispiele:

Rechtsberatung

- juristische Erstberatung zu arbeitsrechtlichen, sportrechtlichen und sozialrechtlichen Fragen (für Mitglieder grundsätzlich kostenfrei)

VDV-Proficamp

- Mannschaftstraining und Testspiele für vereinslose Profis einschließlich DFL-Untersuchung, Unterbringung, Verpflegung und professioneller Betreuung (für Mitglieder kostenfrei; Teilnahme aber nur für volljährige Mitglieder und nach Vorauswahl)

Nachfußballerische Berufsplanung/Laufbahncoaching

- individuelle Unterstützung in den Bereichen Potenzialanalyse, Berufszielfindung, Weiterbildung und Fördermöglichkeiten durch die Experten der VDV (für Mitglieder kostenfrei)
- Fernstudienmöglichkeiten für Profis und Talente über die VDV-Bildungspartner (grundsätzlich rabattiert und teilweise mit passgenauen Klausurterminen an trainingsfreien Tagen)
- Unterstützung bei der DFB-Trainerausbildung

Vorsorge und Absicherung

- Unterstützung bei der Vorsorge über das DFB-VDV-Versorgungswerk
- Unterstützung bei der Risikoabsicherung über den VDV-Partner „DK Sportler beraten Sportler GmbH"

Gesundheit und Sportpsychologie

- sportmedizinische, sportwissenschaftliche und sportpsychologische Unterstützung durch den VDV-Partner „medicos.AufSchalke" (Website: www.medicos-aufschalke.de)
- vertrauliche sportpsychologische Beratung über die von der VDV mitinitiierte Netzwerkinitiative MENTAL GESTÄRKT (Website: www.mentalgestaerkt.de)

Sicherung der Wettbewerbsintegrität

- Aufklärung und Schulungen zur Eindämmung von Spiel- und Wettmanipulation sowie zur Prävention von Spielsucht
- Anti-Doping-Prävention durch Schulungen und individuelle Beratung

Öffentlichkeitsarbeit

- Schulungen für Medienauftritte und zum Verhalten in „sozialen Medien" sowie individuelle Beratung durch das VDV-Medienteam (für Mitglieder kostenfrei)
- Zusendung des VDV-Magazins *WIR PROFIS* sowie Zugang zum Mitgliederbereich der VDV-Website *www.spielergewerkschaft.de* mit praktischen Tipps und Warnhinweisen für Profis und Talente (für Mitglieder kostenfrei)
- Infos auch über soziale Medien und VDV-TV (YouTube)

VDV-Vorteilsklub

- Einkaufen zu Sonderkonditionen bei renommierten Herstellern, Händlern und Dienstleistern (Fernstudiengänge, Autos, Kleidung etc.)

Wahlen

- Teilnahme an den Wahlen zur Bundesligaauswahl „VDV 11" (alle VDV-Mitglieder)

FIT FOR JOB

- Schulungen mit Tipps und Warnhinweisen für Talente und junge Profis (Themen: Spielervermittlerrecht, Antidiskriminierung, VBG-Leistungen, Bildung, Vorsorge und Absicherung etc.) in Abstimmung mit Klubs und Verbänden

Infos im Netz: *www.spielergewerkschaft.de*

9

Die Top-5-Ligen in Europa

„So ist Fußball. Manchmal gewinnt der Bessere."

Lukas Podolski, ehemaliger Fußballprofi

Bei der UEFA, dem europäischen Fußballverband, herrscht große Freude, wenn es um die aktuellen Finanzen der Top-Ligen in Europa geht. So sind die Einnahmen der Top-5-Klubs (Premier League, La Liga, Bundesliga, Serie A und Ligue 1) in der Saison 2021/2022 im Durchschnitt um zehn Prozent auf 17,2 Milliarden Euro gestiegen. Insgesamt verzeichnete der europäische Fußballmarkt Umsatzerlöse von rund 30 Milliarden Euro. Das waren sieben Prozent mehr als in der Saison 2020/2021.

Ein Wermutstropfen bleibt aber, denn im gleichen Zeitraum erhöhte sich der Personalaufwand der Klubs um 15 Prozent auf 12,3 Milliarden Euro. Am Ende der Saison verbuchten die Top-5-Klubs aber einen Verlust von 324 Millionen Euro für die Saison 2021/22. Das stellt aber eine leichte Verbesserung gegenüber der Saison 2020/21 dar, die mit einem Verlust von rund 400 Millionen Euro abschloss.

„Diese Zahlen zeigen, dass der europäische Fußball resilient durch die Pandemie gekommen ist. Nach der Aufhebung der Covid-19-Beschränkungen führte die ungebrochen hohe Nachfrage der Fans in ganz Europa insbesondere zu gestiegenen Spieltagerlösen. Dies zeigt sich bei der Bundesliga auch für die kürzlich abgeschlossene Saison 2022/23. In dieser hatten die Stadien der Bundesliga mit 92 Prozent europaweit die höchste Auslastung. Dies ist insbesondere auf die starke Bindung zwischen den deutschen Klubs und ihren Fans zurückzuführen", sagt Stefan Ludwig, Partner und Leiter der Sport Business Gruppe bei der internationalen Unternehmensberatung Deloitte.

Doch wo viel Licht, gibt es auch viel Schatten. Nicht wenige der europäischen Spitzenklubs schieben auch einen riesigen Berg von Verbindlichkeiten vor sich her.

Auf Grundlage der Daten der Deloitte Money League hat der Fußballblogger Swiss-Ramble die Verbindlichkeiten der Top-Klubs analysiert. Dabei legt er die Parameter Finanzschulden (Besitzer/Banken), Transferschulden (nicht bezahlte Ablösesummen) und sonstige Schulden (Steuern, Gehälter etc.) zugrunde. Zeitpunkt der Analyse ist die Saison 2020/2021.

Auf Platz 1 der Schuldenklubs lag zu diesem Zeitpunkt der FC Chelsea. Laut der Analysen sollen sich die Verbindlichkeiten auf rund 1,8 Milliarden Euro belaufen haben. Maßgeblich zu dem Schuldenberg haben die Investments des langjährigen russischen Besitzers des Klubs, Roman Abramovič, in den FC Chelsea beigetragen. Im Zuge des Ukraine-Krieges stand auch der Russe Abramovič und sein Chelsea-Engagement unter Verkaufsdruck. Mittlerweile gehört der Klub dem Konsortium BlueCo, das Chelsea im Mai 2022 erwarb.

Mit dem Londoner Stadtklub Tottenham Hotspur steht ein weiterer Verein aus der Premier League in der Schuldenliga ganz oben. Auf knapp 1,2 Milliarden Euro sollen sich dessen Verbindlichkeiten belaufen. Hintergrund für die hohen Verbindlichkeiten war der Stadionneubau der Spurs.

Auf Platz 3 und 4 liegen mit dem FC Barcelona und Atlético zwei Top-Vereine aus der spanischen La Liga. Die Barca-Schulden schlagen dabei mit rund 1,3 Milliarden Euro zu Buche, Atlético schiebt 817 Millionen Euro „Miese" vor sich her.

Die wertvollsten internationalen Fußballteams
(Stand: 2023; in Mrd. US-Dollar; Quelle: de.statista.com)

1. Real Madrid	6,07
2. Manchester United	6,00
3. FC Barcelona	5,51
4. FC Liverpool	5,29
5. Manchester City	4,99
6. Bayern München	4,86
7. Paris Saint-Germain	4,21
8. Chelsea London	3,10
9. Tottenham Hotspur	2,80
10. Arsenal London	2,26
11. Juventus Turin	2,16
12. Borussia Dortmund	1,93
13. Atlético Madrid	1,54
14. AC Mailand	1,40
15. West Ham United	1,08

England – Premier League

In diesem Buch wurde bereits an der einen oder anderen Stelle darauf hingewiesen, dass die Vereine der englischen Premier League zu den reichsten im europäischen Fußballgewerbe gehören. Nicht nur die TV-Verträge spülen den Klubs Milliarden in die Kassen. Viele Vereine haben auch finanzstarke Eigentümer und Investoren, die im Hintergrund agieren und darauf achten, dass ihre „Schützlinge" finanziell nicht aus dem Ruder laufen und nach Möglichkeit auch noch Gewinn abwerfen.

Die Geschichte der Premier League

Die Premier League ist die höchste Spielklasse im englischen Fußball. Sie wurde 1992 gegründet und ersetzte die damalige Football League First Division. Die Liga besteht aus 20 Mannschaften, die in einer Hin- und Rückrunde gegeneinander antreten. Am Ende der Saison steigen die drei letzten Mannschaften in die 2. Liga, genannt Championship, ab. Die drei ersten Mannschaften der Championship steigen im Gegenzug in die Premier League auf.

Gründung und erste Jahre

Die Premier League wurde 1992 gegründet, um den englischen Fußball für Fernsehsender attraktiver zu machen. Die Liga selbst wurde durch diese Maßnahme zu einer äußerst kommerziellen Angelegenheit, in der die Mannschaften mehr Geld verdienen konnten. Das hatte einen Anstieg der Transfersummen und der Gehälter zur Folge.

Sportlich waren die ersten Jahre der Premier League von der Dominanz von Manchester United geprägt. Die Mannschaft gewann in den ersten zehn Jahren der Liga sechsmal die Meisterschaft. Weitere erfolgreiche Teams in den Anfangsjahren waren Blackburn Rovers, Leeds United und Arsenal.

Moderne Ära

In den letzten Jahren hat sich die Premier League zu einer der stärksten Fußballligen der Welt entwickelt. Die Mannschaften der Liga sind in der Regel finanziell sehr gut ausgestattet und können sich durchaus Top-Spieler leisten. Dies hat zu einem spannenden und hochklassigen Fußball in der Liga geführt.

In der modernen Ära der Premier League haben sich sportlich vor allem Manchester United, Chelsea, Manchester City und Liverpool als die erfolgreichsten Mannschaften etabliert. Diese Teams haben in den letzten Jahren insgesamt 16 der letzten 20 Meisterschaften gewonnen.

Die meisten Meisterschaften in der englischen Liga hat bislang Manchester United mit 20 Titeln gewonnen. Die meisten Tore in der Premier League gehen auf das Konto von Alan Shearer, der 260 Tore erzielte. Die meisten Spiele in der Premier League hat Ryan Giggs mit 632 Spielen bestritten.

Die Premier League ist die bestbesuchte Fußballliga der Welt. In der Saison 2022/23 kamen durchschnittlich 54 953 Zuschauer zu den Spielen der Liga. Die Fernsehrechte an der Premier League sind die wertvollsten der Welt. In der Saison 2022/23 betrugen die Fernseheinnahmen der Premier League 2,5 Milliarden Pfund. Ab dem Jahr 2025 hat die Liga einen Mega-Mediendeal von rund 7,8 Milliarden Euro über eine Laufzeit von vier Jahren abgeschlossen.

Der Schuldenberg

Die Klubs der Premier League haben in der Saison 2022/23 Gesamtverbindlichkeiten in Höhe von 4,86 Milliarden Euro angehäuft. Dies entspricht einem Anstieg von zehn Prozent gegenüber der Vorsaison. Die größten Schulden haben laut Experten dabei die beiden Top-Klubs Manchester United und Chelsea. Manchester United soll Schulden in Höhe von 459 Millionen Euro haben, Chelsea habe Schulden in Höhe von 1,51 Milliarden Euro.

Die Premier League hat in den letzten Jahren versucht, die Schuldensituation der Vereine zu verbessern. Dazu hat sie unter anderem ein neues „Financial Fairplay"-Reglement eingeführt. Dieses Regelwerk soll die Vereine dazu zwingen, ihre Ausgaben zu kontrollieren und ihre Schulden abzubauen.

Die Schuldensituation der Premier-League-Klubs ist vor allem durch die steigenden Spielergehälter und Transferausgaben entstanden. Die Vereine stehen in einem harten Wettbewerb um die besten Spieler und sind daher bereit, hohe Summen zu bezahlen. Dies hat zu einer Ausgabenspirale geführt, die die Schuldensituation der Vereine weiter verschärft hat.

Die Schuldensituation der Premier-League-Klubs ist auch ein Ergebnis der fortschreitenden Kommerzialisierung des Fußballs. Die Klubs verdienen immer mehr Geld aus Fernsehrechten, Sponsoring und Merchandising. Dies führt dazu, dass die Vereine bereit sind, höhere Gehälter und Transferausgaben zu finanzieren.

Wem gehören die Klubs?

In der Premier League gibt es Vereine, die im sogenannten Familienbesitz sind, wie zum Beispiel der FC Arsenal, der von Stan Kroenke kontrolliert wird. Andere Vereine sind in Besitz von Unternehmen oder Investorengruppen wie zum Beispiel Manchester City, das von der City Football Group aus Abu Dhabi kontrolliert wird.

In den letzten Jahren hat es in der Premier League eine Reihe von Übernahmen gegeben. So wurde zum Beispiel der FC Chelsea 2022 von einer Gruppe von Investoren um Todd Boehly übernommen. Manchester United ist seit 2012 im Besitz der Familie Glazer. Und Newcastle United wurde 2022 vom Public Investment Fund aus Saudi-Arabien übernommen.

Die wichtigsten Spieler in der Geschichte der Premier

Zu den wichtigsten Spielern in der Geschichte der Premier League gehören:

- Alan Shearer (Blackburn Rovers, Newcastle United): Shearer ist der Rekordtorschütze der Premier League mit 260 Toren. Er gewann mit Blackburn Rovers einen Meistertitel und wurde 1994 zum Spieler des Jahres gewählt.
- Thierry Henry (Arsenal): Henry gilt als einer der besten Stürmer der Premier-League-Geschichte. Er gewann mit Arsenal zwei Meistertitel, drei FA Cups und einen League Cup. Er wurde 2003, 2004 und 2006 zum Spieler des Jahres gewählt.
- Cristiano Ronaldo (Manchester United, Manchester City): Ronaldo ist einer der besten Spieler der Welt und hat in seiner Karriere zahlreiche Titel gewonnen. Er gewann mit Manchester United drei Meistertitel, einen FA Cup und eine Champions League. Er wurde 2008 zum Weltfußballer des Jahres gewählt.
- Wayne Rooney (Manchester United, Everton): Rooney ist einer der besten englischen Spieler aller Zeiten. Er gewann mit Manchester United fünf Meistertitel, einen FA Cup und eine Champions League. Er wurde 2009 zum Spieler des Jahres gewählt.
- Steven Gerrard (Liverpool): Gerrard ist einer der legendärsten Spieler in der Geschichte von Liverpool. Er gewann mit dem Verein zwei FA Cups, jeweils eine Champions League und eine Europa League. Er wurde 2006 zum Spieler des Jahres gewählt.
- Frank Lampard (Chelsea): Lampard ist einer der erfolgreichsten Mittelfeldspieler in der Geschichte der Premier League. Er gewann mit Chelsea drei Meistertitel, vier FA Cups und eine Champions League. Er wurde 2005 und 2006 zum Spieler des Jahres gewählt.
- Eric Cantona (Manchester United): Cantona war ein charismatischer und talentierter Stürmer, der Manchester United in den 1990er-Jahren zu drei Meistertiteln führte. Er wurde 1994 zum Spieler des Jahres gewählt.

Spanien – La Liga

Im Gegensatz zur englischen Premier League mussten sich die Vereine der spanischen La Liga lange Zeit mit haushohen Schulden über Wasser halten. Zum Beispiel Real Madrid: Von 1984 bis zur Jahrtausendwende hatten die Präsidenten Ramón Mendoza und Lorenzo Sanz durch eine ruinöse Finanz- und Transferpolitik den Verein von einer Schuldenkrise in die nächste geführt. Erst dem Real-Chef Florentino Pérez gelang es in den 2000er-Jahren, den Klub in ruhiges Fahrwasser zu führen. Wie Mendoza und Sanz „gewirtschaftet" hatten, zeigt der Bilanzposten „Personal". Dieser lag im Jahr 2000 bei sagenhaften 86 Prozent des Umsatzes. In der Saison 2018/2019 konnte dieser auf relativ moderate 52 Prozent reduziert werden. Damit konnte auch der „Financial Fairplay"-Richtwert der UEFA, dieser liegt bei 70 Prozent, erheblich unterschritten werden.

Zwischendurch hatte Real aber auch einmal Ärger mit der EU-Kommission. Nach deren Ansicht hatte der spanische Vorzeigeklub 18,4 Millionen Euro bei einem Grundstückstauschgeschäft mit der Stadt Madrid ungerechtfertigterweise eingestrichen. Für die Kommission war das ganz klar die Erschleichung eines Wettbewerbsvorteils. Die Blancos gingen aber gegen die Entscheidung vor und bekamen vor einem Jahr Recht zugesprochen. Der Grund: Die Kommission konnte nicht beweisen, dass die Grundstückswerte zugunsten von Real Madrid „manipuliert" wurden.

Eine weitere Niederlage gegen Real musste die EU-Kommission ebenfalls im Jahr 2019 einstecken. Bei diesem Verfahren ging es um angebliche „steuerliche Begünstigungen" von Profiklubs der spanischen Liga, die als „gemeinnützige Vereine" firmierten und nicht als Kapitalgesellschaften. Die EU-Behörde konnten aber letztlich nicht nachweisen, dass es steuerlichen Begünstigungen der betroffenen Klubs gekommen sei.

Auch Madrids Dauerrivale, der FC Barcelona, kann zum Thema Schulden ein Lied oder besser eine Arie singen. Als Joan Laporta 2003 die Regentschaft beim katalanischen Vorzeigeklub übernahm, war Barca mit 160 Millionen Euro verschuldet. Logischerweise hatte für Laporta bei seiner Amtsübernahme die wirtschaftliche Konsolidierung des Vereins die Top-Priorität. Um den Klub wieder zu entschulden, setzte Barcas Präsident auf die Erhöhung der Ticketpreise, die Reduzierung der Gehälter und den Aufbau des FC Barcelona als weltweite Marke. Beim globalen Markenaufbau des Klubs spielte ein Weltunternehmen eine entscheidende Rolle: der US-amerikanische Sportartikelhersteller und Weltkonzern Nike. Barcas Top-Sponsor holte den Verein aus der „katalanischen Provinz" auf die Weltbühne. Der „Vermarktungspartner" Nike sorgt seit geraumer Zeit dafür, dass der FC Barcelona auf allen fünf Kontinenten zu Hause ist. Mit der Folge, dass nicht nur Millionen von Barca-Trikots weltweit verkauft wurden und werden, sondern dass dem Verein nun auch Mitglieder aus allen Herren Länder angehören.

Trotz alledem: Der finanzielle Druck ließ auch Barca vor dem Geld in die Knie gehen. Bis 2010 leistete sich der Klub noch die „Arroganz", ohne kommerziellen Trikotsponsor aufzulaufen. Auf den Trikots prangte stattdessen der Name von Unicef, der Kinderhilfsorganisation der UNO. Doch dann entschloss sich die Vereinsführung, vermutlich abermals wegen der schiefen Finanzlage, auf solvente Kunden beim Trikotsponsoring zurückzugreifen. Der erste dieser Verträge wurde mit Qatar Sports Investments (Qatar Airways) geschlossen. Aktuell prangt auf den Barca-Trikots der Name des schwedischen Musikstreamers Spotify, der auch die Namenrechte für das Barca-Stadion für 300 Millionen US-Dollar erworben hat. Trotz aller Millionenverträge: Der Schuldenberg, den Barca mittlerweile angehäuft hat, soll sich laut Medienberichten zwischen 1,3 und 1,5 Milliarden Euro bewegen.

Der Sportökonom Yannick Frei, Redakteur beim Online Portal Real Total, hat sich mit den Gründen für die Schuldenkrise im spanischen Fußball intensiv beschäftigt. Der Ursprung der Krise beginnt für Frei in den 1980er-Jahren. „Die spanischen Vereinsverantwortlichen gaben jede Menge Geld für Spieler und Gehälter aus, ohne sich um Maßnahmen für die Refinanzierung zu bemühen. Stattdessen wurden munter Kredite aufgenommen respektive Schulden angehäuft", so Frei.

Im Jahr 1985 habe sich dann die Regierung aufgrund der fehlenden Solvenz vieler Vereine dann zum Handeln gezwungen gesehen: Der Schuldenberg der ersten drei spanischen Ligen, bestehend aus Steuerschulden und Sozialversicherungsbeiträgen, habe zu diesem Zeitpunkt rund 125 Millionen Euro betragen. Um das Schlimmste zu verhindern, kam es zu einem ersten Rettungsplan zwischen der spanischen Regierung und den Profifußballklubs. Ziel des Ganzen: Mit verschiedenen Maßnahmen sollten die Klubs nach und nach entschuldet werden. Doch der Plan fruchtete nicht, die Verschuldungskrise der Vereine ging weiter. Der zweite Rettungsplan war also fällig. So wurde im Jahr 1990 von der spanischen Regierung eigens ein Sportgesetz installiert, das die Einführung von Sportaktiengesellschaften (SAD) vorsah. Damit sollten die Vereine an wirtschaftliches Handeln herangeführt werden, denn sie hatten dann ähnliche Auflagen zu erfüllen wie reguläre Aktiengesellschaften.

Doch das Sportgesetz sah auch Ausnahmen vor. Konnten nämlich Vereine im Zeitraum von 1986 bis 1990 ein positives Nettovermögen verweisen, brauchten diese nicht zur Aktiengesellschaft umzufirmieren, sondern konnten die Rechtsform eines mitgliedergeführten Vereins (Club Deportivo Básico, CDB) beibehalten. Zu den CDB-Teams gehören heute unter anderem noch der FC Barcelona und Real Madrid.

Geschichte der La Liga

Die La Liga, auch Primera División genannt, ist die höchste Fußballliga in Spanien und gilt als eine der besten und wettbewerbsfähigsten Ligen der Welt. Sie wurde 1929 gegründet und wird vom spanischen Fußballverband Real Federación Española de Fútbol (RFEF) organisiert. Der Liga gehören 20 Vereine und Klubs an. Die Saison dauert, wie in Europa üblich, von August bis Mai und besteht aus 38 Spieltagen. Die durchschnittliche Zuschauerzahl pro Spiel beträgt aktuell über 29 000.

In der Geschichte der spanischen Liga sind Real Madrid (35 Titel), FC Barcelona (26 Titel) und Atlético Madrid (elf Titel) die erfolgreichsten Mannschaften.

Umsatzentwicklung

Die Einnahmen der La Liga sind in den letzten Jahren stetig gewachsen. In der Saison 2022/23 betrugen die Gesamteinnahmen 3,3 Milliarden Euro. Dies entspricht einem Anstieg von 14 Prozent gegenüber der Vorsaison.

Die größte Einnahmequelle der La Liga sind die Fernsehrechte. In der Saison 2022/23 betrugen die Einnahmen aus den Fernsehrechten rund eine Milliarde Euro. Die Fernsehrechte werden in Spanien an zwei Unternehmen vergeben: Movistar und DAZN.

Eine weitere Einnahmequelle der Liga sind die Erlöse aus dem Ticketverkauf. In der Saison 2022/23 betrugen die Einnahmen daraus 884 Millionen Euro.

Die drittgrößte Einnahmequelle der La Liga sind die Einnahmen aus der Vermarktung. In der Saison 2022/23 betrugen die Einnahmen aus diesem Bereich 240 Millionen Euro. Dies entspricht einem Anstieg von zehn Prozent gegenüber der Vorsaison.

Der Schuldenberg

Die La Liga und ihre Klubs haben in den letzten Jahren erhebliche Schulden angehäuft. In der Saison 2022/23 betrugen die Gesamtverbindlichkeiten der La Liga 2,5 Milliarden Euro. Dies entspricht einem Anstieg von 15 Prozent gegenüber der Vorsaison.

Die größten Schulden haben die beiden Top-Klubs Real Madrid und FC Barcelona. Real Madrid habe Schulden in Höhe von 900 Millionen Euro, der FC Barcelona in Höhe von 1,3 Milliarden Euro. Die La Liga hat in den letzten Jahren versucht, die Schuldensituation der Vereine zu verbessern. Dazu hat sie unter anderem ein neues „Financial Fairplay"-Reglement eingeführt. Dieses Regelwerk soll die Vereine dazu zwingen, ihre Ausgaben zu kontrollieren und ihre Schulden abzubauen.

Die wichtigsten Spieler in der Geschichte der La Liga

Zu den wichtigsten Spielern in der Geschichte der La Liga gehören:

- Lionel Messi (FC Barcelona): Messi gilt als einer der besten Spieler aller Zeiten. Er gewann mit dem FC Barcelona zehn Meistertitel, sieben Copa del Rey-Titel und vier Champions-League-Titel. Er wurde siebenmal zum Weltfußballer des Jahres gewählt.
- Cristiano Ronaldo (Real Madrid, Juventus Turin): Ronaldo ist einer der besten Spieler der Welt und hat in seiner Karriere zahlreiche Titel gewonnen. Er gewann mit Real Madrid zweizwei Meistertitel, zwei Copa del Rey-Titel und vier Champions-League-Titel. Er wurde fünfmal zum Weltfußballer des Jahres gewählt.
- Telmo Zarra (Athletic Bilbao): Zarra ist der Rekordtorschütze der La Liga mit 251 Toren. Er gewann mit Athletic Bilbao acht Meistertitel.
- Alfredo Di Stéfano (Real Madrid): Di Stéfano gilt als einer der besten Spieler aller Zeiten. Er gewann mit Real Madrid fünf Meistertitel, fünf Europapokale der Landesmeister und einen Weltpokal.
- Paco Gento (Real Madrid): Gento ist der Rekordspieler der Champions League mit 75 Spielen. Er gewann mit Real Madrid sechs Meistertitel, fünf Europapokale der Landesmeister und einen Weltpokal.

- Raúl González (Real Madrid): Raúl ist der Rekordtorschütze von Real Madrid mit 323 Toren. Er gewann mit dem Verein sechs Meistertitel, drei Champions-League-Titel und einen Weltpokal.
- Iker Casillas (Real Madrid): Casillas ist einer der besten Torhüter der Geschichte. Er gewann mit Real Madrid fünf Meistertitel, drei Champions-League-Titel und einen Weltpokal.
- Xavi Hernández (FC Barcelona): Xavi gilt als einer der besten Mittelfeldspieler der Geschichte. Er gewann mit dem FC Barcelona acht Meistertitel, sieben Copa del Rey-Titel und vier Champions-League-Titel.

Neben diesen Spielern sind noch andere Spieler in der Geschichte der La Liga wichtig gewesen. Dazu gehören unter anderem:

- Juanito (Real Madrid, Sevilla): Juanito war ein legendärer Flügelstürmer, der für seine Leidenschaft und seinen Einsatz bekannt war. Er gewann mit Real Madrid zwei Meistertitel und mit Sevilla einen Europapokal der Pokalsieger.
- Diego Maradona (FC Barcelona, SSC Neapel): Maradona gilt als einer der besten Spieler aller Zeiten. Er gewann mit dem FC Barcelona einen Meistertitel und mit dem SSC Neapel zwei Meistertitel und einen UEFA-Pokal.
- Hugo Sánchez (Real Madrid, Atlético Madrid): Sánchez war ein mexikanischer Stürmer, der für seine Torgefährlichkeit bekannt war. Er gewann mit Real Madrid fünf Meistertitel und mit Atlético Madrid einen Meistertitel.
- Luis Figo (Real Madrid, FC Barcelona): Figo war ein portugiesischer Flügelstürmer, der für seine Schnelligkeit und Technik bekannt war. Er gewann mit Real Madrid zwei Meistertitel und mit dem FC Barcelona zwei Meistertitel.
- Zinédine Zidane (Real Madrid): Zidane war ein französischer Mittelfeldspieler, der für seine Eleganz und seine Spielintelligenz bekannt war. Er gewann mit Real Madrid drei Meistertitel und drei Champions-League-Titel.

Italien – Serie A

Die Serie A ist die höchste Fußballliga in Italien. Sie wurde 1929 gegründet und wird vom italienischen Fußballverband Lega Serie A organisiert. 20 Klubs nehmen am Ligabetrieb teil. Die Saison dauert von August bis Mai und besteht aus 38 Spieltagen, die durchschnittliche Zuschauerzahl pro Spiel beträgt über 27 000. In der Geschichte der Serie A wurden bislang 76 Meistertitel vergeben. Die erfolgreichsten Vereine sind Juventus Turin (36 Titel), Inter Mailand (19 Titel) und AC Milan (18 Titel).

Die Umsätze

Die Einnahmen der Serie A sind in den letzten Jahren stetig gewachsen. In der Saison 2022/23 betrugen die Gesamteinnahmen 2,2 Milliarden Euro. Dies entspricht einem Anstieg von zwölf Prozent gegenüber der Vorsaison.

Die größte Einnahmequelle der Serie A sind die Fernsehrechte. In der Saison 2022/23 betrugen diese Einnahmen 1,5 Milliarden Euro. Dies entspricht einem Anstieg von 15 Prozent gegenüber der Vorsaison. Die Fernsehrechte werden in Italien an drei Unternehmen vergeben: Sky Italia, DAZN und Mediaset.

Die zweite größte Erlösquelle der Serie A sind die Einnahmen aus dem Ticketverkauf. In der Saison 2022/23 betrugen diese 500 Millionen Euro. Dies entspricht einem Anstieg von zehn Prozent gegenüber der Vorsaison.

Die dritte größte Einnahmequelle der Serie A stammen aus der Vermarktung. In der Saison 2022/23 betrugen diese 200 Millionen Euro. Dies entspricht einem Anstieg von acht Prozent gegenüber der Vorsaison.

Der Schuldenberg

Die Klubs der Serie A haben in den letzten Jahren erhebliche Schulden angehäuft. In der Saison 2022/23 betrugen die Gesamtschulden der Serie A 4,1 Milliarden Euro. Dies entspricht einem Anstieg von 15 Prozent gegenüber der Vorsaison.

Die größten Schulden haben die beiden Top-Klubs Inter Mailand und AC Mailand. Inter Mailand soll Schulden in Höhe von 350 Millionen Euro und der Lokalrivale AC Mailand Verbindlichkeiten in Höhe von 346 Millionen Euro angehäuft haben.

Wem gehören die Klubs?

Die Eigentumsverhältnisse der Klubs in der Serie A sind sehr unterschiedlich. Es gibt Vereine, die in Familienbesitz sind, wie zum Beispiel der AC Mailand, der von der Familie Berlusconi kontrolliert wird. Andere Vereine sind in Besitz von Unternehmen oder Investorengruppen wie zum Beispiel Inter Mailand, das von der Suning Holdings Group aus China kontrolliert wird.

In den letzten Jahren hat es in der Serie A eine Reihe von Übernahmen gegeben. So wurde der AC Mailand 2017 von der Elliott Management Corporation erworben, die den Verein 2022 an die RedBird Capital Partners weiterverkaufte. Inter Mailand wurde 2019 von der Suning Holdings Group aus China erworben. Und die AS Rom wurde 2020 von der Friedkin Group aus den USA erworben.

Die wichtigsten Spieler der Geschichte der Serie A

Zu den wichtigsten Spielern in der Serie-A-Geschichte gehören:

- Giuseppe Meazza (AC Mailand, Inter Mailand): Meazza gilt als einer der größten Torjäger der Geschichte des italienischen Fußballs. Er gewann mit dem AC Mailand und Inter Mailand insgesamt fünf Meistertitel und fünf Coppa-Italia-Titel.

- Giacinto Facchetti (Inter Mailand): Facchetti war ein linker Verteidiger, der für seine Schnelligkeit und Technik bekannt war. Er gewann mit Inter Mailand drei Meistertitel, zwei Europapokale der Landesmeister und einen Weltpokal.
- Paolo Maldini (AC Mailand): Maldini gilt als einer der besten Verteidiger der Geschichte des Fußballs. Er spielte seine gesamte Karriere für den AC Mailand und gewann mit dem Verein 25 Titel, darunter sieben Meistertitel, fünf Champions-League-Titel und einen Weltpokal.
- Franco Baresi (AC Mailand): Baresi war ein weiterer großartiger Verteidiger, der für den AC Mailand spielte. Er gewann mit dem Verein 26 Titel, darunter sieben Meistertitel, fünf Champions-League-Titel und einen Weltpokal.
- Alessandro Del Piero (Juventus Turin): Del Piero war ein italienischer Nationalspieler, der seine gesamte Karriere für Juventus Turin spielte. Er gewann mit dem Verein zehn Meistertitel, sechs Coppa-Italia-Titel und zwei Champions-League-Titel.
- Roberto Baggio (Juventus Turin, AC Mailand, Inter Mailand, Fiorentina): Baggio gilt als einer der besten italienischen Fußballspieler aller Zeiten. Er gewann mit Juventus Turin und Inter Mailand jeweils einen Meistertitel und wurde 1993 zum Weltfußballer des Jahres gewählt.
- Diego Maradona (SSC Neapel): Maradona gilt als einer der besten Fußballspieler aller Zeiten. Er gewann mit dem SSC Neapel zwei Meistertitel und einen UEFA-Pokal.
- Zlatan Ibrahimović (Juventus Turin, AC Milan, Inter Mailand, AC Milan): Ibrahimović ist ein schwedischer Nationalspieler, der für mehrere europäische Top-Klubs gespielt hat, darunter Juventus Turin, den AC Mailand, Inter Mailand und den AC Milan. Er gewann mit Juventus Turin, dem AC Mailand und Inter Mailand jeweils einen Meistertitel.

Die Bundesliga

Die Bundesliga ist die höchste Spielklasse im deutschen Fußball. Sie wurde am 28. Juli 1963 gegründet und besteht aus 18 Mannschaften. Die Geschichte der Bundesliga ist geprägt von einigen großen Erfolgen. So gewannen die deutschen Mannschaften insgesamt achtmal die Champions League bzw. den Europapokal der Landesmeister, zuletzt der FC Bayern München in der Saison 2019/2020. Auch in der Europa League waren die deutschen Mannschaften in den letzten Jahren erfolgreich. Diesen Titel gewann Eintracht Frankfurt in der Saison 2021/2022.

Die Ewige Bundesligatabelle – Diese Mannschaften holten die meisten Punkte (Stand: 1/2024)

1. **Bayern München**
   4036 Punkte
2. **Borussia Dortmund**
   3112 Punkte
3. **Werder Bremen**
   2942 Punkte
4. **VfB Stuttgart**
   2799 Punkte
5. **Borussia Mönchengladbach**
   2782 Punkte
6. **Hamburger SV**
   2733 Punkte
7. **FC Schalke 04**
   2563 Punkte
8. **Eintracht Frankfurt**
   2516 Punkte
9. **1. FC Köln**
   2468 Punkte
10. **Bayer Leverkusen**
    2399 Punkte
11. **1. FC Kaiserslautern**
    2094 Punkte
12. **Hertha BSC**
    1771 Punkte
13. **VfL Bochum**
    1471 Punkte
14. **1. FC Nürnberg**
    1318 Punkte
15. **VfL Wolfsburg**
    1262 Punkte
16. **Hannover 96**
    1174 Punkte
17. **MSV Duisburg**
    1147 Punkte
18. **Fortuna Düsseldorf**
    1024 Punkte

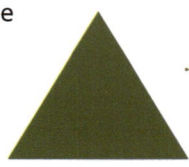

Quelle: kicker

Die Bundesliga ist auch wirtschaftlich eine sehr erfolgreiche Liga. In der Saison 2022/23 erzielten die Bundesliga-Klubs (1. und 2. Liga) einen Gesamtumsatz von rund 4,5 Milliarden Euro. Dies ist ein neuer Rekordwert.

Die Umsatzentwicklung der Bundesliga in den letzten Jahren zeigt einen stetigen Anstieg. In der Saison 2012/13 lag der Gesamtumsatz noch bei 2,08 Milliarden Euro. In den letzten zehn Jahren ist der Umsatz also um mehr als 100 Prozent gestiegen.

Der Umsatz der Bundesliga setzt sich aus verschiedenen Quellen zusammen. Die wichtigsten Umsatzquellen sind:

- Medienrechte: Die Vermarktung der Fernseh- und Rundfunkrechte ist die wichtigste Umsatzquelle der Bundesliga. In der Saison 2022/23 wurden die Medienrechte für die Bundesliga im Zeitraum von vier Saisons für 4,4 Milliarden Euro verkauft.
- Ticketing: Die Einnahmen aus dem Ticketverkauf sind ebenfalls eine wichtige Umsatzquelle. In der Saison 2022/23 lagen die Einnahmen in diesem Bereich bei rund 538 Millionen Euro.
- Vermarktung: Die Vermarktung von Sponsoring- und Merchandising-Rechten ist eine weitere wichtige Umsatzquelle. In der Saison 2022/23 dürfte dieser Bereich bei den Klubs bei rund 500 Millionen Euro liegen.

Der Schuldenberg

Laut der DFL-Finanzkennzahlen der Saison 2022/23 hatten die 18 Bundesliga-Klubs insgesamt 1,28 Milliarden Euro Verbindlichkeiten. Dies ist ein Rückgang von 13 Prozent im Vergleich zur Saison 2021/22. Das stellt ein Novum im Vergleich zu den anderen Top-5-Ligen dar, deren Schuldenquote zugenommen hat.

Der Rückgang der Schulden kann auf eine Reihe von Faktoren zurückzuführen, darunter fallen zum Beispiel:

- Die Einführung des Financial Fairplay: Das Financial Fairplay soll dafür sorgen, dass die Klubs nicht mehr Geld ausgeben, als sie einnehmen.
- Die Corona-Pandemie: Die Corona-Pandemie hat zu einem Rückgang der Einnahmen der Klubs geführt, was dazu geführt hat, dass sie weniger Geld ausgeben konnten.
- Die guten Ergebnisse der deutschen Mannschaften in der Champions League: Die guten Ergebnisse der deutschen Mannschaften in der Champions League haben zu höheren Einnahmen aus den Medienrechten geführt.

Top-Spieler in der Bundesliga-Geschichte

Zu den wichtigsten Spielern in der Geschichte der Bundesliga gehören:

- Gerd Müller (FC Bayern München): Müller ist der Rekordtorschütze der Bundesliga mit 365 Toren. Er gewann mit dem FC Bayern München sieben Meistertitel und vier Europapokale der Landesmeister.

- Franz Beckenbauer (FC Bayern München): Beckenbauer gilt als einer der besten Spieler aller Zeiten. Er gewann mit dem FC Bayern München vier Meistertitel, drei Europapokale der Landesmeister und einen Weltpokal. Er wurde zweimal zum Weltfußballer des Jahres gewählt.
- Uwe Seeler (Hamburger SV): Seeler ist einer der beliebtesten Spieler in der Geschichte der Bundesliga. Er gewann mit dem Hamburger SV zwei Meistertitel und einen Europapokal der Pokalsieger.
- Lothar Matthäus (FC Bayern München, Inter Mailand): Matthäus ist der Rekordnationalspieler Deutschlands und einer der erfolgreichsten Spieler in der Geschichte des deutschen Fußballs. Er gewann mit dem FC Bayern München fünf Meistertitel, drei Europapokale der Landesmeister und einen Weltpokal. Er wurde einmal zum Weltfußballer des Jahres gewählt.
- Oliver Kahn (FC Bayern München): Kahn gilt als einer der besten Torhüter aller Zeiten. Er gewann mit dem FC Bayern München acht Meistertitel, sechs DFB-Pokalsieger sowie die Champions League und den Weltpokal. Er wurde dreimal zum Welttorhüter des Jahres gewählt.
- Manuel Neuer (FC Bayern München): Neuer ist einer der besten Torhüter der Gegenwart. Er gewann mit dem FC Bayern München zehn Meistertitel und fünf DFB-Pokalsieger. Er wurde fünfmal zum Welttorhüter des Jahres gewählt.
- Robert Lewandowski (FC Barcelona): Lewandowski ist einer der besten Stürmer der Welt. Er gewann mit dem FC Bayern München acht Meistertitel und einen DFB-Pokalsieger. Er wurde zweimal zum Weltfußballer des Jahres gewählt.

Zahlen und Fakten der deutschen Fußball-Bundesliga

Die meisten Spiele
Karl-Heinz Körbel,
Eintracht Frankfurt (602)

Die meisten Tore
Gerd Müller, FC Bayern
München (365); Klaus Fischer,
FC Schalke 04 u.a. (268) und
Jupp Heynckes, Borussia
Mönchengladbach u.a. (220)

Die meisten Tore (Verein)
FC Bayern München (101) in der
Saison 1971/1972

Beste Tordifferenz
FC Bayern München (+80) in der
Saison 2012/2013

Erfolgreichste Trainer
Udo Lattek, 8 Meistertitel mit
dem FC Bayern München und
Borussia Mönchengladbach;
Ottmar Hitzfeld, 7 Meistertitel mit
dem FC Bayern München und
Borussia Dortmund

Längste Siegesserien
Saisonstart (10), innerhalb
Saison (19), Heimspiele (16),
Auswärtsspiele (10) und
gesamte Saison (26): alle FC
Bayern München

Die meisten zweistelligen Siege
Borussia Mönchengladbach (4)

Die meisten Tore in einer Saison
1097 Tore in der Saison 1983/1984,
306 Spiele

Die wenigsten Tore in einer Saison
790 Tore in der Saison
1989/1990, 306 Spiele

Die meisten Abstiege
1. FC Nürnberg (8)

Quelle: soccer-magazin.de

Frankreich – Ligue 1

Die Ligue 1 ist die höchste Spielklasse im französischen Fußball. Sie wurde im Jahr 1932 gegründet und besteht aus 20 Mannschaften. In den Anfangsjahren der Ligue 1 dominierten die Mannschaften aus Paris und Marseille. So gewann der FC Sochaux-Montbéliard in den ersten fünf Jahren der Ligue 1 dreimal die Meisterschaft. In den 1950er- und 1960er-Jahren waren es dann Olympique Marseille und der FC Nantes, die die Ligue 1 dominierten. Marseille gewann in dieser Zeit sieben Meisterschaften, Nantes sechs.

In den 1970er- und 1980er-Jahren war es dann der AS Saint-Étienne, der die Ligue 1 dominierte. Saint-Étienne gewann in dieser Zeit zehn Meisterschaften, was bis heute Rekord ist. In den 1990er-Jahren hießen die Teams, die der Liga ihren Stempel aufdrückten, Olympique Lyon und der FC Girondins Bordeaux. Lyon gewann in dieser Zeit sieben Meisterschaften, Bordeaux sechs.

In der jüngeren Zeit hat Paris Saint-Germain die Ligue 1 dominiert. PSG gewann in den letzten zehn Jahren neun Meisterschaften, was ebenfalls ein Rekord ist.

Umsätze der Ligue 1

In der Saison 2022/23 erzielten die Ligue-1-Klubs einen Gesamtumsatz von 2,9 Milliarden Euro. Dies ist ein neuer Rekordwert. Der Umsatz der Ligue 1 setzt sich aus verschiedenen Quellen zusammen. Die wichtigsten Umsatzquellen sind:

- Medienrechte: Die Vermarktung der Fernseh- und Rundfunkrechte ist die wichtigste Umsatzquelle der Ligue 1. In der Saison 2022/23 wurden die Medienrechte für die Ligue 1 für 1,8 Milliarden Euro an Canal+ und beIN Sports verkauft.

- Ticketing: Die Einnahmen aus dem Ticketverkauf sind ebenfalls eine wichtige Umsatzquelle. In der Saison 2022/23 wurden rund sieben Millionen Tickets für die Ligue-1-Spiele verkauft.

- Vermarktung: Die Vermarktung von Sponsoring- und Merchandising-Rechten ist eine weitere wichtige Umsatzquelle. In der Saison 2022/23 wurden rund 800 Millionen Euro aus der Vermarktung generiert.

Der Schuldenberg

Die Ligue-1-Klubs haben in den letzten Jahren einen starken Anstieg der Schulden verzeichnet. In der Saison 2022/23 hätten sich die Verbindlichkeiten der 20 Ligue-1-Klubs auf insgesamt 3,2 Milliarden Euro Schulden ausgebaut.

Die größten Verbindlichkeiten (in Millionen Euro) haben folgende Klubs:

- Paris Saint-Germain: 750

- Olympique Lyon: 500

- AS Monaco: Monaco 400
- Olympique Marseille: 350
- OSC Lille: 300

Der Anstieg der Schulden der Ligue-1-Klubs ist auf eine Reihe von Faktoren zurückzuführen. Dazu gehören:

- Die hohen Kosten für Spielergehälter: Die Spielergehälter in der Ligue 1 sind in den letzten Jahren stark gestiegen. Dies ist auch auf die zunehmende Konkurrenz von ausländischen Ligen zurückzuführen.
- Die hohen Kosten für Transfers: Die Transferkosten in der Ligue 1 sind ebenfalls in den letzten Jahren stark gestiegen. Dies ist auch auf die zunehmende Konkurrenz von ausländischen Ligen zurückzuführen.
- Die Corona-Pandemie: Die Corona-Pandemie hat zu einem Rückgang der Einnahmen der Ligue-1-Klubs geführt. Dies hat dazu geführt, dass die Klubs mehr Schulden aufgenommen haben, um ihre Ausgaben zu finanzieren.

Um die Schulden der Ligue-1-Klubs zu reduzieren, sind zum Beispiel folgende Maßnahmen erforderlich:

- Reduzierung der Spielergehälter: Die Ligue 1 muss Maßnahmen ergreifen, um die Spielergehälter zu reduzieren. Dies könnte durch eine Einführung einer Gehaltsobergrenze oder durch eine Änderung der Vertragsbedingungen erreicht werden.
- Reduzierung der Transferkosten: Die Ligue 1 muss Maßnahmen ergreifen, um die Transferkosten zu reduzieren. Dies könnte durch eine Einführung einer Transfersteuer oder durch eine Änderung der Transferregeln erreicht werden.
- Stärkung der Einnahmen: Die Ligue 1 muss ihre Einnahmen stärken. Dies könnte durch eine Erhöhung der Medienrechte oder durch eine Einführung neuer Einnahmequellen erreicht werden.

Top-Spieler in der Geschichte der Ligue 1

Hier stellen wir einige der wichtigsten Spieler in der Geschichte der Ligue 1 vor:

- Zinédine Zidane (Olympique Marseille, Girondins Bordeaux, Real Madrid): Zidane gilt als einer der besten Spieler aller Zeiten. Er gewann mit Olympique Marseille die französische Meisterschaft und mit Real Madrid die Champions League dreimal. Er wurde dreimal zum Weltfußballer des Jahres gewählt.
- Michel Platini (AS Saint-Étienne, Juventus Turin): Platini gilt als einer der besten Spieler der 1980er-Jahre. Er gewann mit AS Saint-Étienne drei französische Meisterschaften und mit Juventus Turin zwei europäische Pokalsiegertitel. Er wurde dreimal zu Europas Fußballer des Jahres gewählt.

- Just Fontaine (AS Saint-Étienne): Fontaine ist der Rekordtorschütze der Ligue 1 mit 168 Toren in 182 Spielen. Er gewann mit AS Saint-Étienne vier französische Meisterschaften.
- Raymond Kopa (Stade de Reims, Real Madrid): Kopa gilt als einer der besten Spieler der 1950er-Jahre. Er gewann mit Stade de Reims drei französische Meisterschaften und mit Real Madrid drei Europapokale der Landesmeister. Er wurde einmal zu Europas Fußballer des Jahres gewählt.
- George Weah (AS Monaco, Paris Saint-Germain): Weah gilt als einer der besten Spieler Afrikas. Er gewann mit AS Monaco und Paris Saint-Germain die französische Meisterschaft und wurde mit Paris Saint-Germain auch französischer Pokalsieger. Er wurde als erster Afrikaner zum Weltfußballer des Jahres gewählt. Heute ist Weah der 25. Präsident der afrikanischen Nation Liberia.

Die Transfers im europäischen Fußball

Die Transferausgaben europäischer Fußballklubs sind in den letzten Jahren stark gestiegen. In der Saison 2022/23 wurden insgesamt 8,2 Milliarden Euro dafür ausgegeben. Dies ist ein Anstieg von 15 Prozent im Vergleich zur Saison 2021/22.

Die englische Premier League ist die Liga mit den höchsten Transferausgaben. In der Saison 2022/23 gab die Premier League 4,3 Milliarden Euro für Transfers aus. Dies ist ein Anstieg von 17 Prozent im Vergleich zur Saison 2021/22.

Die spanische La Liga ist die zweitgrößte Liga in Bezug auf die Transferausgaben. In der Saison 2022/23 gab die La Liga 2,2 Milliarden Euro für Transfers aus. Dies ist ein Anstieg von zwölf Prozent im Vergleich zur Saison 2021/22.

Die deutsche Bundesliga ist die drittgrößte Liga in Bezug auf die Transferausgaben. In der Saison 2022/23 gab die Bundesliga 1,4 Milliarden Euro für Transfers aus. Dies ist ein Anstieg von zehn Prozent im Vergleich zur Saison 2021/22.

Die italienischen Serie A ist die viertgrößte Liga in Bezug auf die Transferausgaben. In der Saison 2022/23 gab die Serie A 1,2 Milliarden Euro für Transfers aus. Dies ist ein Anstieg von 11 Prozent im Vergleich zur Saison 2021/22.

Die französische Ligue 1 ist die fünftgrößte Liga in Bezug auf die Transferausgaben. In der Saison 2022/23 gab die Ligue 1 800 Millionen Euro für Transfers aus. Dies ist ein Anstieg von 13 Prozent im Vergleich zur Saison 2021/22.

Die Gründe für den Anstieg der Transferausgaben sind vielfältig. Dazu gehören:

- Die zunehmende Bedeutung des Fußballs als globales Geschäft: Der Fußball ist ein globales Geschäft geworden, das Milliarden von Menschen auf der ganzen Welt begeistert. Dies führt zu einer erhöhten Nachfrage nach Spielern und damit zu höheren Transfersummen.

- Die zunehmende Konkurrenz um die besten Spieler: Die europäischen Top-Ligen konkurrieren immer stärker um die besten Spieler der Welt. Dies führt zu einem Preisanstieg für die besten Spieler.
- Die zunehmende finanzielle Stärke der europäischen Top-Klubs: Die europäischen Top-Klubs verfügen über immer größere finanzielle Mittel. Dies ermöglicht es ihnen, höhere Transfersummen für Spieler zu zahlen.

Die hohen Transferausgaben haben eine Reihe von Folgen. Dazu gehören:

- Die Verschärfung der finanziellen Ungleichheit zwischen den europäischen Top-Ligen. Dies macht es für die kleineren Ligen immer schwieriger, mit den Top-Ligen zu konkurrieren.
- Die hohen Transferausgaben führen zu einer Erhöhung der Risikobereitschaft der europäischen Top-Klubs. Dies kann dazu führen, dass die Klubs sich zu großen finanziellen Risiken verschulden.
- Die hohen Transferausgaben verändern den Fußball. Der Fokus liegt immer stärker auf den besten Spielern und den finanzkräftigsten Klubs. Dies kann zu einer Verwässerung des Wettbewerbs führen.

Interview mit Dietmar Hopp: „Fußball sollte der Spaßfaktor in meinem Leben sein."

Bild: © imago-images.de/ Pressefoto Baumann

Dietmar Hopp, einer der Gründer des Software-Konzerns SAP, engagiert sich als Mäzen in unterschiedlichen sportlichen Bereichen. So fördert er den Sportnachwuchs im Golf, Eishockey und Fußball. Im Fußball ist es die TSG Hoffenheim und der FC Astoria Walldorf. Als Jugendlicher spielte Hopp selbst bei der TSG Hoffenheim.

Nachdem sich das 1999 von Hopp finanzierte und nach ihm benannte Stadion als zu klein erwies, finanzierte der Mäzen später ein für die Bundesliga taugliches Stadion. Die TSG 1899 Hoffenheim stieg in der Saison 2007/2008 in die Bundesliga auf und nutzt das neue Stadion. Ab dem 01. Juli 2015 übernahm Hopp mit 96 Prozent die Stimmenmehrheit der Spielbetriebsgesellschaft des Vereins. Möglich wurde dies durch eine Ausnahmegenehmigung der Deutschen Fußball Liga vom Dezember 2014, weil er den Verein mehr als 20 Jahre erheblich gefördert hatte. 2023 gab er diese Anteile an den Klub zurück.

Dietmar Hopp engagiert sich ebenfalls als Stifter. 1995 wurde seine gleichnamige Stiftung gegründet. Stiftungsziel ist die Umsetzung gemeinnütziger Projekte. Das Stiftungsvermögen besteht aus SAP-Aktien, die Dietmar Hopp aus seinem privaten Besitz eingebracht hat. Er investierte zwei Drittel seines Vermögens in die Stiftung. Seit ihrer Gründung hat die Stiftung, die zu den größten Privatstiftungen Europas zählt, rund 700 Millionen Euro ausgeschüttet (Stand: Oktober 2023). Gefördert werden Projekte aus den Bereichen Sport, Medizin, Soziales und Bildung. Der Schwerpunkt der Förderaktivitäten liegt in der Metropolregion Rhein-Neckar, mit der sich der Stifter besonders verbunden fühlt.

Herr Hopp, seit wann sind Sie Fußballfan?

DIETMAR HOPP: Von Kindesbeinen an. Im Verein war ich später Stürmer und habe für den 1. FC Kaiserslautern und Kickers Offenbach geschwärmt.

Welche fußballerischen Vorbilder hatten Sie in Ihrer Jugend und welche heute?

HOPP: In der Jugend war das Fritz Walter. Auch Manuel Neuer hat mir immer imponiert. Er war mehr als eine Dekade lang der mit Abstand beste Torhüter der Welt und hat auch Rückschläge immer wieder weggesteckt.

Wann reifte in Ihnen der Entschluss, die TSG Hoffenheim zu einem Bundesligaverein „zu machen"?

HOPP: Seit ich in der Lage war, einen Ball zu treten, habe ich gekickt. Mit 14 fing ich an, in einer Mannschaft zu spielen. Bis zum Ende meines Studiums war ich in Hoffenheim aktiv, da war ich 25. Danach habe ich mich auf meinen Beruf konzentriert, für das Training blieb keine Zeit mehr. Aber ich habe immer verfolgt, wie es in Hoffenheim weitergeht. 1989 begann ich, den Verein zu unterstützen. Die Bundesliga war nie das Ziel. Ich ärgere mich, dass mein Engagement im Fußball eine so hohe, die größte Aufmerksamkeit auf sich zieht.

Dann lassen Sie uns noch einmal zurückblicken: Welcher Aufstieg auf dem Weg in die Bundesliga war für die TSG der schwerste?

HOPP: Das war der Aufstieg aus der Verbands- in die Oberliga im Jahr 2000. Wir spielten in dieser Runde zum ersten Mal im Dietmar-Hopp-Stadion in Hoffenheim, das ich der TSG zum 100. Geburtstag geschenkt hatte. Nur durch einen Ausrutscher der zweiten Mannschaft des SV Waldhof, die damals völlig überraschend dem Tabellenletzten unterlag, konnten wir nach Punkten gleichziehen und hatten am Ende das bessere Torverhältnis. Der Traum von der Oberliga wurde Wahrheit und sollte nach meinem Willen auch die Endstation bleiben.

Aber es folgten weitere Aufstiege. 2008 schaffte die Mannschaft den Sprung in die Bundesliga. Was änderte sich für Sie ab diesem Moment?

HOPP: Fußball sollte der Spaßfaktor in meinem Leben sein, aber am meisten Missgunst in meinem Leben habe ich im Fußball zu spüren bekommen. Menschen, die mich gar nicht kennen, beleidigen mich. Wenn Hoffenheim nicht erfolgreich war, war ich für viele Leute der Schuldige. Das war früher schlimmer und hat sich mit der Zeit aber etwas gelegt. Der Fußball ist nicht mein Leben, er ist nur ein Ausschnitt. Ich kenne mich in der Wirtschaft aus, ich interessiere mich für Forschung, aber im Fußball gibt es einen Unterschied: die Emotionalität. Ich betrachte den Fußball auch mit Emotionen, aber nicht so intensiv wie andere. Wenn wir ein Spiel verlieren, dann schlafe ich schlechter und träume von dem Mist. Fußball ist noch immer der Sport, der mir am meisten Spaß macht. Selbst wenn es nur Torwandschießen ist. Oder ich mit den Enkeln im Garten spiele.

Welche Ziele verfolgen Sie mit Ihrem Engagement für die TSG Hoffenheim?

HOPP: Ich habe mit Überzeugung und Weitsicht investiert. Ein Stadion ist entstanden und eine Infrastruktur mit Trainingsplätzen. Ich nehme die Finanzregeln der Fußballverbände sehr ernst. Die TSG muss sich selbst tragen können, ohne meine Hilfe. Das haben wir geschafft. Unser Stadion und unsere Sponsorenbasis sind beachtlich. Aber natürlich sind einem Klub wie der TSG auf vielen Ebenen Grenzen gesetzt. Mit den absoluten Top-Teams können wir nicht konkurrieren.

Das können wir nie. Die Leute sollten sich nicht blenden lassen. Dafür können wir an anderer Stelle mithalten. Das Investment im Fußball tut mir nicht weh, wenn es gut läuft. Ein Zweck muss aber erfüllt sein: Der Profifußball soll die Jugend motivieren, Sport zu treiben. Ich habe mir von Anfang an eine Förderung gewünscht, in der nicht nur der nächste Sieg im Vordergrund steht.

Wir haben 2001 den gemeinnützigen Verein „Anpfiff ins Leben" gegründet. Ein ganzheitliches Konzept, das Fußball, Bildung und Suchtprävention vereint. An mehreren Standorten der Region erreichen wir so mittlerweile mehr als 3500 Kinder und Jugendliche. Schulen, Verbände, Unternehmen und soziale Einrichtungen unterstützen uns. „Anpfiff ins Leben" hat 50 feste und mehr als 400 freie Mitarbeiter. Darüber hinaus steht die TSG für Nachhaltigkeit, gesellschaftspolitische Verantwortung und Innovation. Was dort in den Jahren entstanden ist, findet auch internationale Beachtung.

Wenn Sie die Bundesliga, den Profifußball in Deutschland und Europa betrachten, was hat sich im Laufe der Zeit verändert? Was zum Besseren, was zum Negativen?

HOPP: Da ist keine so scharfe Grenze zu ziehen. Die ein- und umgesetzten Summen sind sicher die größte Veränderung. Das mag man zunächst als negativ bewerten, weil die Ursprünglichkeit des Spiels verloren gegangen und der Fußball ein enormer Wirtschaftsfaktor geworden ist. Aber im Zuge dessen sind eben auch wunderbare Stadien entstanden und vor allem die Nachwuchsleistungszentren, in denen Talente ausgebildet werden können. Alles hängt mit allem zusammen.

Und was gefällt Ihnen an der Entwicklung nicht?

HOPP: Dass es Auswüchse gibt, beispielsweise auf dem Transfermarkt, und die Flut an Wettbewerben. Sie offenbaren teilweise erschreckende moralische Abgründe und eine gewisse Skrupellosigkeit. Auch hier ist der Fußball nicht besser als einige andere Ecken unserer Gesellschaft.

Welche Rolle schreiben Sie dem Thema „Geld" im heutigen Profifußball zu?

HOPP: Die alles Beherrschende. Schauen Sie sich die Transfersummen an, die wiederum durch die horrenden Medienerlöse möglich geworden sind. Und nicht zuletzt sind da die Investoren aus aller Welt, für die der Fußball, seine Faszination auf die Menschen und die damit einhergehende globale Kraft zum Spekulationsobjekt geworden sind. Die Summen, die da im Spiel sind, verleiten eben auch zur Unehrlichkeit. Dem muss begegnet werden. Ich hoffe immer, dass die zuständigen Verbände ihrer Wächterfunktion da etwas besser gerecht werden können, als das bislang der Fall zu sein scheint.

Den Medien wird auch eine Wächterfunktion zugeschrieben, aber den heutigen Fußball haben diese im wahrsten Sinne des Wortes vereinnahmt. Was halten Sie von dieser Entwicklung?

HOPP: Es ist der Lauf der Dinge. Der Blick zurück mag romantisch sein, aber wir alle profitieren doch vom Fortschritt, der jeden Winkel unserer Gesellschaft erreicht und gravierend verändert hat. Gespräche wie diese werden heute mit einem Smartphone aufgezeichnet, anschließend surfen Sie damit im Netz, interagieren in sozialen Netzwerken, schreiben Nachrichten und schauen Videoclips an. Veränderung gehört zu unser aller Leben – lassen Sie uns also bitte nicht so tun, als würde der Sport und insbesondere das Milliardengeschäft Fußball davor verschont. Gerade die Medien haben diese Veränderungen massiv angeschoben, Stichwort „TV-Rechte". Und selbst in der Kreisliga ist diese Romantik doch längst Vergangenheit. Auch da wird Geld bezahlt, vielleicht hinter vorgehaltener Hand. Das macht das Ganze nicht ehrlicher.

Ihren Klub haben Sie auch finanziell unterstützt und ihn damit dahin geführt, wo er heute ist. Was sagen Sie Kritikern, die behaupten, dass die TSG ein „Retortenklub" sei?

HOPP: Das kann jeder sehen, wie er es möchte. Wir haben hier eine enorme Infrastruktur aufgebaut, geben jungen Menschen Chancen, auch weit über den Sport hinaus, wir engagieren uns gesellschaftspolitisch und sozial. Und das alles wurde aufgebaut ohne einen Cent Steuergeld, ohne Fananleihen oder dergleichen. In den vergangenen Jahren ist uns auch von denen, die uns lange kritisch gegenüberstanden, eine enorme Wertschätzung zuteilgeworden. Sie anerkennen und akzeptieren das, was wir im Sport und darüber hinaus leisten. Die Menschen, die nicht überzeugt werden wollen, weil sie in Schubladen denken oder die TSG grundsätzlich ablehnen, werden wir nie von unserer Philosophie überzeugen können.

Was können Sie vor diesem Hintergrund nicht tolerieren?

HOPP: Nicht akzeptieren kann ich dagegen die mit einer Ablehnung einhergehenden persönlichen Beleidigungen. Wir reden viel über die Auswüchse in unserer Gesellschaft, denen man mit Zivilcourage und Mut begegnen muss, um unser Miteinander lebenswert zu machen. Gilt das für das Zusammenleben in einem Stadion nicht? Da schwingen sich einige zu selbsternannten Hütern und Bewahrern von – ja, was eigentlich? – auf. Glauben die, ihnen gehört der Fußball? Da faseln Zwanzigjährige etwas von Tradition und Kultur und lassen genau das vermissen. Grotesk, um nicht zu sagen absurd ist, dass ich beschimpft werde auch durch Anhänger von Klubs, die selbst nur durch die Hilfe von Investoren oder Mäzenen in der Bundesliga mitspielen können. Daran sieht man, wie verlogen und voller Doppelmoral diese Debatte ist.

Welche Werte wünschen Sie sich im Fußball?

HOPP: Mir liegt sehr viel an einem respektvollen, werteorientierten Miteinander. Darüber hinaus engagiere ich mich mit meiner Stiftung auch stark im Klimaschutz, nicht zuletzt mit der Klima-Arena. Auch auf diesem Gebiet nimmt die TSG hierzulande eine führende Rolle ein. Kaum einer setzt

beim Thema Nachhaltigkeit so starke Zeichen wie die TSG. Den Auswüchsen und Strömungen muss man inhaltlich begegnen. Darum haben wir alle Aktivitäten in unserer Initiative „TSG ist Bewegung" gebündelt, auf die ich sehr stolz bin. Viele Entwicklungen sind sehr bedenklich und sollten uns alle sensibilisieren. Es gilt, alle Antennen auszufahren und darauf hinzuwirken, dass Ausgrenzung, Diskriminierung und Hass keinen Platz in unserer Gesellschaft haben. Wir sind heute verantwortlich für die Welt von morgen. Egal wie klein der Teil ist, den man dazu beitragen kann, es ist unsere Pflicht, ihn zu leisten.

Bleiben wir bei den Klubs. Haben es die sogenannten Traditionsvereine heute schwerer, im Profigeschäft eine Rolle zu spielen?

HOPP: Das kann man nicht pauschalisieren. Es gibt zahlreiche Traditionsklubs, die mit der Zeit gegangen sind, sich angepasst haben und seit vielen Jahren an der Spitze stehen. Auch sie haben auf Investoren, Beteiligungen oder Großsponsoren gesetzt. Da sind mit den Jahren ja ganz verschiedene Modelle entstanden. Dann gibt es eben einige, und das schmerzt mich teilweise auch, die ihre Strukturen nicht verändern konnten oder wollten. Das ist ja auch oft eine Standortfrage oder eine von Momentaufnahmen, in denen ein Abstieg nicht aufgefangen werden konnte, ein Finanzier abgesprungen ist oder sonstige Rahmenbedingungen gerade nicht optimal waren. Da kommt es dann eben darauf an, dies aufzufangen. Aber manchmal passt es dann eben an der ein und anderen Stelle – intern wie extern – nicht, und schon geht es abwärts.

Wie muss ein Profiklub wirtschaftlich aufgestellt sein, um im heutigen Fußball-Business zu bestehen?

HOPP: Mein ideelles und finanzielles Engagement bei der TSG Hoffenheim begann im Jahr 1989. Es war lange nicht mein Ziel, eine Ausnahmegenehmigung zu bekommen. Im Jahr 2004 gründeten der Verein und ich gemeinsam die TSG Hoffenheim Fußball-Spielbetriebs GmbH unter Wahrung der geltenden 50+1-Regel und der damit verbundenen Stimmenmehrheit für den Mutterverein. Zu diesem Zeitpunkt hatte ich den Verein also schon 15 Jahre gefördert, danach dann beide, Verein und GmbH. Durch meine Einlagen in diese GmbH hatte ich schon frühzeitig die Mehrheit der Geschäftsanteile, nicht aber die Stimmenmehrheit. Die Ausnahmegenehmigung wurde 2015 erteilt – bis dahin war der Lizenzfußball bei der TSG längst auf einem hohen Niveau etabliert. Mit dieser Ausnahmegenehmigung erhielt ich dann die dem eingelegten Kapital entsprechenden Stimmrechte.

Was unterscheidet Ihr Engagement von anderen?

HOPP: Meine mehr als 25 Jahre währende Förderleistung und der damit verbundene Aufbau sowie die Entwicklung des Amateur-, Jugend- und Profifußballs in der Rhein-Neckar-Region durch eine Einzelperson ist laut DFL einzigartig und deshalb explizit nicht mit den Grundlagen zu vergleichen, auf denen die Ausnahmegenehmigungen zum Beispiel in Leverkusen oder Wolfsburg basieren. Die TSG Hoffenheim ist keine Tochtergesellschaft eines global agierenden Großkonzerns. SAP hält nicht einmal Anteile am Klub, sondern ist vom Fördervolumen her ein marktüblicher Partner und Sponsor. Mein Ziel beim Antrag auf Erteilung der Ausnahmegenehmigung war es, die geschaffenen Werte für mich und meine Familie sowie die TSG Hoffenheim abzusichern und den Klub damit nachhaltig zu stabilisieren. Im Übrigen halte ich die 50+1-Regelung durchaus für sinnvoll.

Im März 2023 haben Sie sich entschlossen, auf den Ihnen gewährten Sonderstatus zu verzichten. Somit kehrte die TSG Hoffenheim wieder in den Kreis der 50+1-Klubs zurück. Was hat Sie zu diesem Schritt bewogen?

HOPP: Mir ging es nie um Macht. Ich habe das Privileg, das der Ligaverband und die Mitglieder mir damals eingeräumt haben, immer als Wertschätzung meines Engagements erachtet. Dafür bin ich noch heute dankbar. Wir haben vor und nach der Erteilung der Ausnahmegenehmigung immer im Sinne von 50+1 agiert. Der Sonderstatus diente nie dazu, diese Regelung aushöhlen oder unterwandern zu wollen. Meine Mehrheitsbeteiligung hat aber immer wieder für Misstrauen und Anfeindungen gesorgt. Ich weiß, dass die 50+1-Regelung, die ich immer befürwortet habe, ein hohes Gut im deutschen Fußball darstellt.

Anfang 2023 wurde das Thema wieder verstärkt kontrovers diskutiert. Das führte bis zu einem Verfahren beim Bundeskartellamt. All dies hat mich dazu veranlasst, die mir gewährte Sonderrolle aufgeben zu wollen, um wieder den Status herbeizuführen, in dem wir schon vor dem 01. Juli 2015 erfolgreich und vertrauensvoll zusammengearbeitet haben. Ein Kapitalabfluss ist mit dem Schritt nicht verbunden. Für mich stand es stets außer Frage, alle wesentlichen Entscheidungen im Einklang und im Einvernehmen mit dem Verein abzustimmen.

Mit dem leider viel zu früh verstorbenen Präsidenten Peter Hofmann verband mich nicht nur eine enge Freundschaft. Ich hatte immer hohen Respekt vor seiner Arbeit, die ebenso wie bei seinem Nachfolger, Kristian Baumgärtner, stets den Willen der Mitglieder widerspiegelte. Im Zuge der Debatten war es mir wichtig, für die TSG klare Verhältnisse im Sinne der geltenden Regularien zu schaffen, denen ich mich immer verpflichtet gefühlt habe.

Um was ging, geht es Ihnen bei Ihrem Einsatz für die TSG?

HOPP: Es ging mir nie darum, einen Dorfverein auf Teufel komm raus in die Bundesliga zu hieven. Es ging immer um Zukunftschancen, um Angebote und das für eine Region, in der Millionen Menschen leben und viele Kinder und Jugendliche, die nach Perspektiven suchen. Sport ist bei uns immer verbunden mit Ausbildung, Nachwuchsarbeit, Innovation und gesellschaftlicher Verantwortung. Ein Fußballverein unserer Prägung und mit der Kraft, die wir aufgebaut haben, muss heutzutage mehr sein als das 1:0 am Wochenende.

Darin zu investieren ist mir wichtig, und ich würde mir wünschen, es würden mehr Menschen so sehen. Schauen Sie sich doch mal in den deutschen Profiligen oder beim DFB um, wie viele Spieler und Trainer da aktiv sind, die bei uns ausgebildet wurden. Unsere Innovationen und die damit verbundenen wissenschaftlichen Arbeiten am Standort Zuzenhausen stoßen mittlerweile auf ein weltweites Interesse. Im Übrigen sehe ich eigentlich mehr Großstadtklubs, die sich nach Investoren umschauen und teilweise hart an der Grenze des Erlaubten agieren, Stichwort Financial Fairplay.

Schau wir mal auf den internationalen Fußball. Im Gespräch ist immer wieder eine Super-League-Europa-Liga (quasi eine permanente Champions-League). Was halten Sie von solchen Projekten?

HOPP: Nichts. Alle Klubs, egal welche Größe sie erreicht haben, sollten wissen, wo ihre Heimat ist, woher sie kommen und was sie den Menschen zu verdanken haben, die sie haben groß und erfolgreich werden lassen. Davon sollten sie sich nicht abkoppeln. Wenn dann zudem Top-Spiele inflationär angeboten und damit zur Normalität werden, raubt man dem Fußball seine außergewöhnlichen Momente und somit den Zauber. Gigantismus hat noch niemandem zum Erfolg verholfen, sondern schon immer zu Übersättigung und Verdruss geführt.

Blick auf die Bundesliga: Bayern München ist quasi der Dauermeister. Ist der Wettbewerb in der Liga noch gewährleistet?

HOPP: Ja. Die vergangene und auch die laufende Saison beweisen, dass es auch im Meisterschaftskampf wieder spannend wird, das schien ja eine Zeitlang fast ausgeschlossen. Und dann gibt es innerhalb der Liga ja noch ganz viele kleine eigenen Wettbewerbe wie die Kämpfe um die Plätze in der Champions League, der Europa League oder die gegen den Abstieg. Die Bundesliga ist interessant und spannend, das beweisen ja auch die Zuschauerzahlen, die im Vergleich zu den oft mehr gehypten Ligen im europäischen Ausland wesentlich höher sind.

Schauen wir in die Zukunft: Wie sieht der Profifußball in 25 Jahren aus? Was würden Sie sich wünschen?

HOPP: Ich halte von verklärtem Blick zurück ebenso wenig wie von Kaffeesatzlesereien. Es gibt viele Faktoren, die die Zukunft des Sports beeinflussen, auf ihn einwirken, von innen und außen. Stichworte sind dabei die Rolle der Verbände, die Investorenfrage, die Akzeptanz innerhalb der Gesellschaft und auch das Thema Nachhaltigkeit. Das kann und will ich alles nicht bewerten. Ich wünsche mir, dass sich der Sport und dabei insbesondere der starke Fußball egal, wohin die Entwicklung geht, stets seiner Kraft bewusst wird: Er kann integrativ wirken, verbindend, Werte vermittelnd, bildend, als Vorbild. Dazu ist es nötig, dass die Klubs und Verbände ihrer Verantwortung gerecht werden. Dass dies erkannt, Fairness gelebt und der Kern des Spiels nicht verändert wird, das wünsche ich den Fans und den Akteuren gleichermaßen.

Und wie muss sich ein Profiklub künftig positionieren?

HOPP: Bei einigen Vereinen hat sich mittlerweile schon die Erkenntnis durchgesetzt, dass ein Profifußballklub mit seiner exponierten Stellung für mehr stehen muss als den sportlichen Wettstreit. Es geht darum, ein Teil der Gesellschaft zu sein, seine Kraft und seine Möglichkeiten zu nutzen, Angebote zu machen, Menschen teilhaben zu lassen. Und damit auch das Unternehmen und seine Mitarbeiter weiterzuentwickeln.

Ohne Frage: Fußball ist das Kerngeschäft. Rund um den Fußball haben die Klubs aber einiges an Know-how angesammelt. Dies gilt es, auch anderen zugänglich zu machen. Ich bin fest davon überzeugt, dass man in diesen unruhigen Zeiten und angesichts der schon beschriebenen Position eine klare Haltung zeigen muss. Die hat die TSG nicht nur mit eindeutigen Stellungnahmen zu vielen unserer aktuell drängenden Probleme dokumentiert.

Die TSG engagiert sich gemeinsam mit Partnern wie SAP und PreZero ganz aktiv in vielen Projekten, die wir zum Großteil selbst initiiert haben, Stichworte sind dabei: „Hoffe gegen Rechts", Flüchtlingshilfe, Integration und Toleranz, Zero Waste. Wir engagieren uns in Afrika. Auch hier haben wir einiges Know-how im Umgang mit Kindern und Jugendlichen beim Thema Ausbildung und Weiterbildung entwickelt. Es geht darum, die Menschen dabei zu unterstützen, ihre Umwelt zu verändern, Ressourcen zu schonen, sich selbst zu helfen.

10 Die großen Wettbewerbe im Fußball im Überblick

„Mal verliert man und mal gewinnen die anderen."

Otto Rehhagel, Trainerlegende

Wettbewerbe im internationalen Fußball

Wer erinnert sich nicht an ABBA, die Mega-Popband aus Schweden? Am 03. November 1980 erschien ihr Album „Super Trouper". Auf der Platte befand sich mit „The winner takes it all" ein Song, der zwar das Ende einer Beziehung zum Thema hatte, aber genauso gut auf die Strategie der heutigen internationalen Fußball-Verbände und ihre Wettbewerbe zutrifft. Denn auch bei diesen Wettbewerben zählen die Titelgewinner zu den ganz großen Profiteuren. Alle anderen teilnehmenden Mannschaften an diesen Top-Events des Fußballs müssen sich ins Glied einreihen – auch finanziell.

Zu den wichtigsten internationalen Fußball-Nationalmannschaftswettbewerben zählen die Weltmeisterschaft und die Europameisterschaft. Die Weltmeisterschaft wird alle vier Jahre ausgetragen und ist der größte Fußballwettbewerb der Welt. Die WM 2026 wird in den USA, Kanada und Mexiko ausgetragen. Übrigens ist sie der erste WM-Wettbewerb mit 48 Fußballmannschaften. Das Endspiel der WM findet am 19. Juli 2026 im MetLife Stadium in New York/New Jersey statt. Die Europameisterschaft wird ebenfalls im Vier-Jahre-Turnus ausgetragen und ist der wichtigste Fußballwettbewerb auf europäischem Boden.

Zu den weiteren wichtigen Wettbewerben zählen darüber hinaus die Copa América, die Afrikameisterschaft, die Asienmeisterschaft, der CONCACAF Gold Cup und der OFC Nations Cup.

Klubwettbewerbe

Die wichtigsten internationalen Klubwettbewerbe sind die schon erwähnten UEFA Champions League, UEFA Europa League sowie die UEFA Europa Conference League. Weitere relevante Klubwettbewerbe sind die Copa Libertadores, die AFC Champions League, die CAF Champions League, die CONCACAF Champions League und die OFC Champions League. Es gibt aber auch noch eine Reihe weiterer internationaler Fußballwettbewerbe, zum Beispiel im Juniorenbereich. Dazu gehören:

- **U-20-Weltmeisterschaft**
- **U-17-Weltmeisterschaft**
- **Olympische Fußballturniere**
- **FIFA-Konföderationen-Pokal**
- **FIFA-Klub-Weltmeisterschaft**

Diese Wettbewerbe sind weniger prestigeträchtig als die oben genannten, ziehen aber dennoch Millionen von Zuschauern an.

Die Gewinner der internationalen Fußballwettbewerbe erhalten neben dem Titel auch finanzielle Prämien. Die Höhe der Prämie variiert je nach Wettbewerb.

Bei den wichtigsten internationalen Fußballwettbewerben, der FIFA-Weltmeisterschaft und der UEFA-Europameisterschaft, sind die Prämien besonders hoch. Bei der FIFA-Weltmeisterschaft 2022 in Katar erhielt der Gewinner eine Prämie von 42 Millionen US-Dollar, der Zweite eine Prämie von 30 Millionen US-Dollar und der Dritte eine Prämie von 27 Millionen US-Dollar.

Bei der UEFA-Europameisterschaft 2024 in Deutschland erhält der Gewinner eine Prämie von acht Millionen Euro, der Zweite darf sich über ein Preisgeld von fünf Millionen Euro freuen, und die Halbfinalisten erhalten jeweils eine Prämie von vier Millionen Euro. Vor dem Hintergrund dieser nicht unerheblichen Summen wird deutlich, wie wichtig solche Wettbewerbe für die nationalen Verbände sind.

Bei den anderen internationalen Fußballwettbewerben sind die Prämien in der Regel niedriger. Bei der UEFA Champions League erhält der Gewinner aktuell eine Prämie von 20 Millionen Euro, der Zweite eine Prämie von 15,5 Millionen Euro und die Halbfinalisten ein Preisgeld von jeweils 12,5 Millionen Euro. Bei der UEFA Europa League 2023/24 erhält der Gewinner eine Prämie von 8,6 Millionen Euro, der Zweite eine Prämie von 4,6 Millionen Euro und die Halbfinalisten jeweils ein Preisgeld von 2,8 Millionen Euro (Quelle: *de.statista.com*)

Interview mit Katja Kraus: „Der Fußball bietet eine enorme emotionale Verbundenheit."

Als sie noch im Vorstand des Hamburger SV war, galt Katja Kraus (Jahrgang 1970) als „mächtigste Frau im deutschen Fußball". Heute ist sie geschäftsführende Gesellschafterin der Sportmarketingagentur Jung von Matt/sports. Katja Kraus spielte 1986 bis 1998 als Torhüterin beim FSV Frankfurt. Sie absolvierte 220 Spiele in der Frauen-Bundesliga. Zu ihren nationalen Erfolgen zählen drei deutsche Meisterschaften (1986, 1995, 1998) und vier Pokalsiege (1990, 1992, 1995, 1996). Darüber hinaus spielte sie siebenmal für die deutsche Nationalmannschaft. Im Jahr 1995 wurde die gebürtige Offenbacherin Vize-Weltmeisterin und Europameisterin. Ein Jahr später gehörte sie zum Aufgebot bei den Olympischen Spielen.

Katja Kraus studierte Germanistik und Politik an der Frankfurter Goethe-Universität und arbeitete später im PR-Ressort des Sportartikelherstellers Adidas. Das Unternehmen bestellte sie später auch als Aufsichtsrätin. Nach ihrer Tätigkeit als Pressesprecherin beim Bundesligisten Eintracht Frankfurt wurde sie Vorstandsmitglied für Marketing und Kommunikation beim Hamburger SV. Nach ihrem Ausscheiden aus dem Vorstandsgremium des Hamburger SV schrieb Katja Kraus Sachbücher, unter anderem „Macht – Geschichten von Erfolg und Scheitern" und „Freundschaft – Geschichten von Nähe und Distanz". Sie ist Mitglied der Deutschen Akademie für Fußballkultur.

Frau Kraus, der Fußball muss sich derzeit vermehrt auch politischen Krisen stellen. Ich denke dabei an den Krieg in der Ukraine und dem Konflikt in Nahost. Machen solche schweren Krisen den Fußball für Investoren oder Fans unattraktiver?

KATJA KRAUS: Ich bin nicht der Überzeugung, dass der Sport Antworten auf Fragen haben muss, die Politiker nicht geben können. Entscheidend ist, ein Gefühl für diejenigen Themen zu haben, die die Menschen beschäftigen, und dann angemessen zu reagieren. Zudem kann der Fußball viele Themen beispielhaft verhandeln, die aus ihm heraus entstehen. Fragen nach Integration, Diversität, Leistungskultur, Führungstugenden, New Work und vieles mehr.

Dieses Thema liegt noch gar nicht so lange zurück: Hat sich durch die Corona-Pandemie am Vermarktungspotenzial der Profivereine etwas verändert?

KRAUS: Die Klubs waren während der Pandemie gezwungen, kreative Kommunikationsformen mit ihren Partnern zu entwickeln. Das Bewusstsein, über die bestehenden Formate rund um ein Heimspiel hinaus kommunizieren zu können, führt im besten Fall dazu, dass sich eine höhere Kreativität etabliert.

Welchen Stellenwert genießt der (Profi-)Fußball als Werbeträger in der Unternehmenswelt?

KRAUS: Die emotionale Bedeutung des Fußballs als Kommunikationsplattform für Unternehmen ist unangefochten. Zugleich haben sich seit der Jahrtausendwende die Kooperationsformen rasant gewandelt. Technologische Entwicklungen, Nachhaltigkeitskommunikation, Medienkooperationen im Sinne der gemeinsamen Contentproduktion ersetzen längst traditionelle Sponsoringformate. Das Spektrum der kreativen Plattformen ist dementsprechend breiter geworden und das Verständnis der Klubs als wirklicher Partner der Sponsoren professioneller.

Welche Faktoren machen den Fußball für die Unternehmen so interessant?

KRAUS: Der Fußball bietet nach wie vor eine enorme emotionale Verbundenheit über alle Milieus und gesellschaftliche Differenzierungsmerkmale hinweg. Die Loyalität der Anhänger mit den Klubs ist weiterhin hoch, insbesondere dann, wenn die Identifikation durch eine klare Markenpositionierung gefestigt ist.

Was versprechen sich die Unternehmen vom Partner Fußball? Gehen die Wünsche in Erfüllung?

KRAUS: Die gerade beschriebene emotionale Verbundenheit in Kombination mit einer extrem hohen Reichweite. Die Werte des Sports sollen die Wahrnehmung der Marke prägen. Das gelingt vor allem dann, wenn die Klubs eine eigene Story haben, die zum Unternehmen passt. Und wenn der Sponsor das Engagement sinnvoll in seine Gesamtkommunikation einbindet. Der Trend zur kreativen Umsetzung nimmt zu. Die Gefahr ist ansonsten, durch Beliebigkeit in der Vielzahl der Botschaften unterzugehen.

Welche Formen der Partnerschaft gibt es?

KRAUS: Es ist alles denkbar. Vom klassischen Trikotsponsoring über die für den Zuschauer personalisierte Werbebande bis hin zu einem vollumfänglichen Engagement wie im Falle von Red Bull in Leipzig. Wichtig ist doch, eine glaubwürdige Botschaft zu transportieren oder einen wertstiftenden Inhalt zu vermitteln.

Können es sich zum Beispiel bekannte Sportartikler leisten, keinen Klub als Partner zu haben?

KRAUS: Das geht bestimmt, es ist allerdings eine sehr bewusste Entscheidung, auf die prägnanteste Promotionsplattform zu verzichten. Die Herangehensweise ist allerdings sehr unterschiedlich. Der Fokus der Topmarken liegt auf den absoluten internationalen Top-Klubs. Für andere können regionale Engagements oder quantitative Strategien Sinn machen.

Welche Kriterien sind für Unternehmen ausschlaggebend bei der „Auswahl" eines Klubs?

KRAUS: Das ist im besten Falle individuell und folgt einer Strategie. Für kleinere Unternehmen ist es in erster Linie der lokale Bezug und die regionale Verbundenheit. Für Investoren und globale Partner geht es um Return on Invest, die Strahlkraft des

Klubs, die Erschließung neuer Märkte oder den Zugang zu Top-Spielern. Auch hier ist das Interessenspektrum sehr weit.

Wie muss ein Verein aufgestellt sein, um für ein Unternehmen interessant zu sein?

KRAUS: Der Verein sollte ein professionelles Management haben, um mit dem Partner auf Augenhöhe zu agieren. Je besser er sich hier aufstellt, desto eher lassen sich gemeinsame Strategien entwickeln und umsetzen. Die interessantesten Vereine sind darüber hinaus solche, die eine klare Markenpositionierung haben und im Sinne dieser Story glaubwürdig agieren. Das macht den Imagetransfer am wirkungsvollsten.

Unter welchen Umständen würde sich ein Unternehmen von einem Klub trennen?

KRAUS: Wenn Werte nicht mehr übereinstimmen oder in einer nicht zu rechtfertigenden Weise gegen gemeinsam definierte Grundlagen verstoßen wird.

Wer denkt bei der gesamten Vermarktungsmaschinerie eines Klubs noch an die Fans? Welche Rolle spielen sie noch?

KRAUS: Die Fans sind natürlich enorm wichtig für Image und Ausstrahlung eines Vereins. Zudem sind sie Hauptadressaten von Werbebotschaften der Sponsorenpartner, weil die Bindung erheblich ist. Allerdings gibt es sehr unterschiedliche Formen des Fantums. Mein Eindruck ist, dass es sich allzu häufig auf die Perspektive des sogenannten Ultrafans verkürzt. Es wird für Unternehmen und Vereine immer wichtiger, die Vielfalt ihrer Anhängerschaft wahrzunehmen und spezifisch zu bedienen, ohne sie dabei zu hierarchisieren.

Welches Vermarktungspotenzial bieten Fußballvereine in der Zukunft?

KRAUS: Auch Fußballvereine werden sich mit gesellschaftlichen Entwicklungen und den sich daraus ergebenden Spannungsfeldern beschäftigen müssen. Wie bewahrt man die Leidenschaft bei zunehmender Technologisierung? Was bedeutet abnehmende Loyalität für Fangewinnung und Fanbindung? Was entsteht aus der zunehmenden Fokussierung auf Top-Klubs und Highlight-Ereignisse? Welche Bedeutung wird das lineare Stadionerlebnis noch haben? Geht die Entwicklung in die Breite, die Tiefe jedoch verloren? Diejenigen, die diese und andere Fragen für sich beantworten können, werden auch in der Zukunft wachsen.

Lassen Sie uns einmal auf den Frauenfußball zurückkommen. Sie waren selbst eine sehr erfolgreiche Spielerin. Kann der Frauenprofifußball auch das Vermarktungspotenzial der Herren erreichen?

KRAUS: Der Fußball und insgesamt der Sport in Deutschland sind ganz und gar dominiert vom Männerfußball. Es macht keinen Sinn, Vergleichbarkeiten herzustellen, die es einfach nicht gibt. Der Frauenfußball ist vielmehr gefordert, seine eigene Marke zu entwickeln und Aufmerksamkeit dafür zu schaffen. Es gibt ein großes Momentum für Frauen und Equality.

Was muss getan werden, um den Frauenfußball in dieser Hinsicht nach vorne zu bringen?

KRAUS: Die Klubs und Spielerinnen müssen sich als Marke verstehen, Geschichten erzählen, Aufmerksamkeit wecken. Und das über Turniere der Nationalmannschaft hinaus. Zudem muss sich der DFB zu diesem Thema bekennen und entsprechende Regeln einführen. Ich finde das englische Vorbild durchaus beispielgebend.

11 Die Rolle der Medien

„Das wird alles von den Medien hochsterilisiert."

Bruno Labbadia, Trainer

Die Medien

Die Rolle der Medien ist im heutigen Fußball keinesfalls zu unterschätzen. Eigentlich ist diese Aussage maßlos untertrieben. Mittlerweile spielen die Medien die zentrale Rolle in dem Milliardenspiel Fußball. Seit diese entdeckt haben, dass ein Fußballspiel nicht nur eine 1:0-Berichterstattung im „Sportschau"-Format wert ist, sondern auch als Entertainment-Spektakel vermarktet und verwertet werden kann, hat sich die Welt des runden Leders kolossal verändert. Und hierbei spielte in Deutschland die Einführung des Privatfernsehens und insbesondere die Sendung „Anpfiff" die zentrale Rolle.

> „Herzlich willkommen zu ‚Anpfiff'. Beginnt jetzt eine neue Fußballepoche? Ich weiß es nicht", sagte am Samstag, den 13. Februar 1988, Sportmoderator Uli Potofski zum RTL-Fernsehpublikum.

Heute wissen wir, dass diese Fußball-Show rund um die Bundesliga die Sportwelt in Deutschland maßgeblich verändert hat. Jetzt stand nicht mehr biedere Fußballkost und Ergebnisdienst der Öffentlich-Rechtlichen auf dem Programm. Ab sofort standen neben den Spielen auch die Protagonisten der Branche im Blickpunkt. Fußballer, Trainer, fußballerische Zaungäste wie zum Beispiel die charmante Sex-Versteherin Erika Berger und die St.-Pauli-Ikone Domenica gaben beim „Anpfiff" ihr Fußballfachwissen preis.

Mit „Anpfiff" beginnt neue Fußballepoche

Dass die Sendung „Anpfiff" an den Start gehen konnte, hatte einmal mehr mit Geld zu tun, denn der Privatsender RTL plus hatte zuvor die Bundesliga-Erstverwertungsrechte für 135 Millionen DM gekauft. Zum Vergleich: Die ARD hatte davor diese Rechte für lediglich 18 Millionen DM vom Deutschen Fußball-Bund (DFB) erworben.

Und Uli Potofski sollte am Ende des Tages recht behalten. Mit „Anpfiff" hatte in Deutschland eine neue Fußballepoche begonnen, denn Fußball war ab sofort nicht nur Fußball, sondern auch eine sehr, sehr teure Ware, die einem interessierten Massenpublikum werbewirksam verkauft werden musste. Schließlich hatten die privaten Sender eine Menge Geld für die TV-Rechte bezahlt. Dieses Investment musste sich rentieren. Folgerichtig entstand ab diesem Zeitpunkt eine Symbiose zwischen Medien, Vereinen, Sportverbänden und Werbung. Die Protagonisten spielten sich hierbei die Bälle zu, wobei die Medien in der Tiefe des Raums die Spielregie übernahmen und den Takt vorgaben.

> An der dominanten Stellung der Medien im Fußball und auch in anderen Sportarten hat sich bis heute nichts verändert. Mit der Folge, dass die Kommerzialisierung des Fußballs ungebremst ihren Lauf nahm, denn auch heute gilt für die Medien das klare Ziel, bei Fußballübertragungen ein großes Publikum für die werbetreibenden Unternehmen vor dem TV zu versammeln.

TV-Publikum ist angetan

Dass die Dreistunden-Fußballshow „Anpfiff" der seit 1961 in der ARD ausgestrahlten „Sportschau" den Rang ablief, war vorauszusehen, denn das TV-Publikum zeigte sich angetan von dem neuen Format, das dem Lieblingssport der Deutschen ab sofort „Wetten, dass …?"-Dimensionen verlieh. „Anpfiff" blieb nicht der einzige Player im medialen Fußballmarkt. Es folgte die Sendung „ran", die vom Privatsender Sat.1 ab 1992 ausgestrahlt und von Reinhold Beckmann moderiert wurde. Die Rechteagentur ISPR um den legendären Medien-Tycoon Leo Kirch hatte die Erstverwertungsrechte für die Bundesliga für den Sender erworben. „Ran" setzte fortan auf noch mehr Showelemente und berichtete bereits eine Stunde vor Spielbeginn. Angeblich zahlte Sat.1 jährlich bis 80 Millionen Euro für die Übertragungsrechte. Dieses Investment habe sich aber nur zur Hälfte refinanzieren lassen, sodass sich der Sender nach elf Jahren aus dem „ran"-Projekt verabschiedete.

Doch damit war die Ära des Medien-Sport-Komplexes in Deutschland nicht zu Ende, sondern sie ging erst richtig los. Und hier stand der Pay-TV-Sender Premiere, den der Bertelsmann-Konzern, der französische TV-Sender Canal plus und der umtriebige Rechtehändler Leo Kirch ihr Eigen nannten. Später war Kirch alleiniger Premiere-Eigentümer, mit für ihn schlimmen Folgen. Denn der defizitäre Sender sorgte für die legendäre Pleite der Kirch-Gruppe im Jahr 2002. Nur durch das finanzielle Eingreifen der Bayerischen Landesbank und der HypoVereinsbank konnte die Insolvenz des Unternehmens noch kurz vor Toresschluss abgewendet werden. Mit dem neuen Geschäftsführer Georg Kofler schaffte Premiere wieder den Weg in die schwarzen Zahlen. Im März 2005 ging das Unternehmen an die Frankfurter Börse und erlöste beim zwölffach überzeichneten Börsengang 1,2 Milliarden Euro für die Aktionäre.

Symbiose zwischen Fußball und Medien

Doch wie wichtig die Symbiose zwischen Medien und Fußball an der Börse ist, bekam Premiere schon wenige Monate später zu spüren. Als der Pay-TV-Sender den Poker um die Bundesligarechte verlor, brach der Aktienkurs des Unternehmens um 50 Prozent ein. Premiere ging schließlich in der Sky Deutschland GmbH auf. Das Sky-Geschäftsmodell basiert zum einen auf Filmen und zum anderen, wie sollte es anders sein, Live-Ereignisse von Sportveranstaltungen. Und dass hier der Fußball die wichtigste Rolle spielt, versteht sich fast von selbst. Mittlerweile hat Sky, wenn es um Fußballrechte geht, mächtig Konkurrenz bekommen. Die Streamingdienste DAZN und Amazon Prime nehmen eine weitere wichtige Rolle im Rechte-Poker in Sachen Fußball ein. So überträgt zum Beispiel der britische Streaming-Dienst DAZN das Freitags-Spiel und die Sonntags-Spiele der Bundesliga und Champions-League-Spiele. Und der Tech-Riese Amazon ist ebenfalls in die Champions-League-Übertragungen eingestiegen und überträgt Top-Spiele live.

> Die Verflechtung von Sport, Massenmedien und werbetreibender Wirtschaft haben nicht nur zu einer immer weiter fortschreitenden Kommerzialisierung des Fußballs geführt, sondern auch die journalistische Berichterstattung über den Fußball entscheidend verändert.

„Auch bei der Berichterstattung steht nicht das 1:0 im Vordergrund, sondern die Journalisten passen sich dem Entertainment an und sind die Unterhalter des jeweiligen Mediums. So hat sich die simple Codierung des Sports in Sieg und Niederlage, die ehemals sinnstiftend dem habitualisierten Sportverständnis entsprach, zu einem dramaturgischen Element zur Implementierung von Marketingstrategien des Sport-Medien-Komplexes gewandelt", analysiert der Sportwissenschaftler Thorsten Schauerte.

> Seit der zunehmenden Kommerzialisierung des Fußballs sind die altbekannten Sepp-Herberger-Weisheiten wie „Ein Spiel dauert 90 Minuten" oder „Das nächste Spiel ist das schwerste" nur noch Makulatur. Im heutigen Fußball-Kommerz dauert kein einziges Spiel im TV mehr 90 Minuten, sondern wird in der „Vor- und Nachbereitung" um ein Vielfaches verlängert.

Und die Fernsehmacher wären mehr als töricht, sollten sie darauf verweisen, dass das „nächste Spiel das schwerste sei" und dann zur Tagesordnung übergehen. Heute wird zuerst das „aktuelle Match" werbetechnisch in seine Einzelteile zerlegt, bis auch der letzte Zuschauer am TV weiß, welches tolle Spiel er gesehen oder gerade verpasst hat.

Vereine und Verbände wollen verdienen

Solche Marketinganstrengungen der Medien sind auch dringend notwendig, denn für Fußballrechte wollen Vereine und Verbände eine Menge Geld kassieren. Ein Blick auf die Bundesligen macht das deutlich. Rund 1,13 Milliarden Euro erhalten die Ligen 1 und 2 derzeit für ihre nationalen Übertragungsrechte. Dummerweise sind sich die Vereine aber uneins, wenn es um die Verteilung der TV-Gelder geht.

Ein Blick auf den aktuellen Verteilerschlüssel der Bundesliga macht das klar. Dreh- und Angelpunkt bei der Verteilung der TV-Gelder ist derzeit das Leistungsprinzip. Wie das Fachmagazin *Kicker* vorrechnet, ist die wichtigste Säule beim Verteilen der TV-Gelder die sogenannte Gleichverteilung. So werden/wurden von den Saisons 2021/22 bis 2024/2025 zwischen 53 und 50 Prozent der TV-Erlöse gleichverteilt. So konnte jeder Bundesligist in der Saison 2021/2022 mit rund 25 Millionen Einnahmen rechnen, die Zweitligisten mit circa sieben Millionen Euro.

Eine weitere Säule der Verteilung der TV-Gelder bezieht sich auf die Leistung der Klubs. Auf diese Säule entfallen durchschnittlich 43 Prozent über den o. a. Zeitraum. Der Rest entfällt auf die Säulen Nachwuchsförderung und das Publikumsinteresse am jeweiligen Klub.

Ob Amazon, Sky und DAZN & Co. diesen Wunsch nach immer mehr TV-Geldern nachkommen werden, darf bezweifelt werden. Wenn nur drei relevante Player auf dem Markt sind, ist nämlich nicht zu erwarten, dass diese sich als „Oligopol" gegenseitig die Preise verderben, sondern viel eher den Markt respektive die „Spiele" unter sich aufteilen. Das könnte sich eventuell ändern, wenn der Medienwettbewerb zunimmt und Apple TV+, Disney+, Google TV und Netflix mit Fußball-Streaming-Angeboten auf den Markt kommen. Dann würden die Milliarden keine Rolle mehr spielen, vermutet jedenfalls Ex-Bayern-Boss Uli Hoeneß.

Wo derzeit bei den TV-Geldern noch viel Luft nach oben ist, sind dagegen die internationalen TV-Vermarktungsrechte. Obwohl sich die Bundesliga international zur Zentralvermarktung bekennt, dürfte jedem klar sein, dass die Top-Vereine einen wesentlich besseren Schnitt machen könnten, wenn sie nur ihre eigenen Spiele vermarkten. So wurde zum Beispiel der Bundesliga-Klassiker Bayern München gegen Borussia Dortmund in 205 Länder übertragen, 900 Millionen Menschen auf der ganzen Welt sahen zu.

Dass Sport und Marketing die zwei Seiten einer Medaille sind, hat die Wissenschaft längst erkannt und „Sportmarketing" zu einer Teildisziplin erhoben. Was unter dem Begriff zu verstehen ist, erläutern die Sportwissenschaftler Gerd Nufer und André Bühler so: „Sportmarketing ist die spezifische Anwendung der Marketing-Prinzipien und -Prozesse auf Sportprodukte und Sportdienstleistungen im Sinne der marktorientierten Unternehmensführung. Sportmarketing umfasst dabei sowohl die Vermarktung von Sportprodukten durch Sportorganisationen (‚Marketing von Sport') als auch das Marketing von sportnahen und sportfernen Produkten und Dienstleistungen durch Unternehmen mittels der Verwendung des Sports (‚Marketing mit Sport')."

Die europäischen Klubs mit den meisten Fans in den sozialen Medien

▶ **Real Madrid:**
230 Millionen

▶ **FC Barcelona:**
223 Millionen

▶ **Manchester United:**
139 Millionen

▶ **Chelsea London:**
90 Millionen

▶ **FC Arsenal London:**
74 Millionen

▶ **FC Liverpool:**
72 Millionen

▶ **Paris Saint-Germain:**
71 Millionen

▶ **FC Bayern München:**
71 Millionen

▶ **Juventus Turin:**
70 Millionen

▶ **Manchester City:**
64 Millionen

Die folgenden Social-Media-Kanäle wurden für das Ranking herangezogen: Facebook, Instagram, X. Die jeweils drei besten Vereine der Ligen kamen in die Wertung.
Quelle: www.fussballdaten.de

Marketing-Spektakel Superbowl

Wie ein Spiel zum Marketing-Spektakel gemacht wird, ist beim Megaevent des US-Sports, dem Superbowl des American Football, in aller Deutlichkeit nachzuvollziehen. Nicht etwa, dass den Zuschauern im Stadion und weltweit am TV nur das Spiel selbst geboten wird. Auch eine mehrstündige Show mit Superstars wie Lady Gaga steht dann während des Events auf dem Programm. Für die werbetreibende Wirtschaft gehört der Superbowl zum kostspieligsten Highlight des Jahres. Für einen 30-Sekunden-Werbesport sind bei dem Spiel der Spiele rund 5,2 Millionen US-Dollar fällig. Und die Tendenz zeigt hier eindeutig nach oben. Den Superbowl, der übrigens 1967 erstmals ausgetragen wurde, wollen in jedem Jahr rund 110 Millionen Amerikaner sehen, und weltweit sind es fast eine Milliarde Menschen, die am Fernseher das Spiel verfolgen.

Und ein Spektakel, ohne dass es menschelt, das geht auch im Fußball gar nicht. Damit die Quote der Sender stimmt, gehören im Fußball deshalb zwei ganz spezielle Zutaten dazu: Helden und Erfolge. Und beim Thema „Helden" müssen Medien und der Fußball einmal mehr gepflegten Doppelpass spielen. So haben die Medien im Laufe der Jahre dafür gesorgt, dass Profifußballer nicht nur samstags ihre Arbeit auf dem Fußballplatz zum Wohle ihres Klubs verrichten. Nein, sie haben die Profis zu VIPs gepusht, die in der *Bunten* genauso zu Hause sind wie im *Kicker*. Selbstredend machen sie ebenfalls an der Social-Media-Front eine genauso gute Figur wie als Werbetestimonial.

Das Beispiel David Beckham

Ein klassisches Beispiel dieser gelungenen Partnerschaft zwischen Medien und Fußball ist David Beckham. Der britische Fußballer, der von Altmeister Pelé zu den besten lebenden Fußballern der Welt gezählt wird, wurde schon zu seinen aktiven Zeiten eine Lifestyle-Ikone. Und diesen Status bewahrte sich Beckham über die Jahre hinweg. Auch lange nach seiner erfolgreichen Laufbahn als Fußballer gehört er auch heute noch zu den gefragtesten Werbepartnern. Sein Leben als VIP bescherte ihm auch mit Gattin Victoria, ein Mitglied der ehemals weltweit äußerst populären Girl-Group „Spice Girls", eine kongeniale Partnerin, die ebenfalls ihre Prominenz clever zu vergolden wusste. Sicher haben sich Victoria und David nicht beim Getränkeeinkauf im Malocherviertel kennengelernt, sondern vermutlich eher in einer elitären Fußballer- und Popstar-Blase, in der Promis unter sich sind. Aber letztlich sind solche Boy-meets-Girl-Storys im Grunde zweitrangig. Mittlerweile zählen die Beckhams zum berühmtesten Glamour-Paar im Vereinigten Königreich. Und dass das so bleibt, dafür tun die Medien weltweit Einiges (siehe auch David-Beckham-Abschnitt in Kapitel 8).

Das Beispiel Berti Vogts

Quasi ein Anti-Beckham ist dagegen zum Beispiel der ehemalige deutsche Nationaltrainer und -spieler Berti Vogts. Als knochenharter Verteidiger stand Vogts noch für die traditionellen Werte des Fußballs: Wettkampf und Fairness. Von Glamour war Berti so weit entfernt wie die Erde vom Mond. Nur einmal tanzte er aus der Reihe des biederen Fußballers. Das war zum Zeitpunkt der Trennung von seiner Ehefrau. „Scheidungsdrama im Hause Vogts" titelten die Gazetten damals. Plötzlich war der Fußballer auch außerhalb des Platzes Gesprächsthema. Sogar in einer Frankfurter Straßenbahn. Die amüsante Situation, die der Verfasser des Buches miterlebte, entbehrte nicht einer unfreiwilligen Situationskomik: Ein Rentnerpaar sitzt nebeneinander in der Straßenbahn. Der Mann liest intensiv die BILD-Zeitung. Seine Frau würdigt er keines Blickes. Nach rund fünf Minuten unterbricht er die eheliche Stille mit dem Satz: „Berti Vogts lässt sich scheiden!" Seine Frau reagiert sofort auf das Gesprächsangebot ihres Mannes: „Die Fußballer werden immer verrückter," entgegnet sie echauffiert.

Aus diesem Rentnerdialog lässt sich unschwer erkennen, dass Berti Vogts im Gegensatz zu David Beckham nur mit allergrößter Mühe boulevardtauglich ist.

> Dass Medien im Fußballgeschäft ständig Prominente produzieren müssen, ist unabdingbar, denn die optimale Vermarktung des Fußballs verlangt nach Protagonisten mit Ikonenstatus. Und wenn diese Heldenverehrung aufgrund mangelnder sportlicher Erfolge oder der Persönlichkeit des „Hauptdarstellers" nicht mehr gewährleistet ist, dann leidet die Quote. Und das ist dem Geschäft dann sehr abträglich.

Die Stars der Branche

Doch nicht nur Spieler wie Beckham, Cristiano Ronaldo oder Lionel Messi haben Heldenstatus erreicht. Mittlerweile gehören auch Trainer und Manager zu den Stars der Branche. Ganze vorne dabei ist in dieser Kategorie aktuell Jürgen Klopp, der Erfolgs-Coach des FC Liverpool. Er hat sich auf der Insel und in Deutschland zu einem echten Fußball-Promi gemausert, mit dem sich jeder gerne sehen lässt. Klopp ist Kult, genauso wie ein verstorbener Fußballmanager es einmal war: Rudi Assauer vom FC Schalke 04. Auch Assauer war ein wahrer Fußball-Promi und ein gern gesehener Talkshow-Gast. Seinen Promi-Status hatte sich Assauer aber nicht nur mit klassischen Erfolgsgeschichten erarbeitet, sondern vielmehr durch seine Persönlichkeit. Für „Persönlichkeit" steht auch der ehemalige Präsident des FC Bayern München, Uli Hoeneß. Auch er kletterte während seiner langen Manager-Jahre mithilfe der Medien in den Promi-Himmel, auch wenn Hoeneß das vielleicht gar nicht wollte, weil er alles andere war als ein Glamour-Promi.

Für die Medien bieten Fußball-Promis jedenfalls ein geeignetes Feld für die Berichterstattung. Je mehr es davon gibt, desto mehr kann über Erfolge, Niederlagen, Skandale und Intrigen der Protagonisten berichtet werden. Daraus wächst für die Medienschaffenden eine große Verantwortung. Sie entscheiden nicht nur zu einem unerheblichen Teil mit, welcher Fußballer zum Star wird und ein „Held" bleibt, sondern auch, wer als „Loser" wieder in der Versenkung verschwindet. Somit können die Medien Fußballerkarrieren starten als auch abrupt wieder beenden. Das wissen die Fußball-Promis und ihre Beraterklientel. Diese stehen dann vor der nicht immer einfach zu lösenden Aufgabe, die Medien mit interessanten Details aus ihrem Privatleben zu „füttern", aber auf der anderen Seite dürfen sie nicht „zu offen zu sein", sodass aus einem „Detail" vielleicht am Ende sogar noch eine „Falle" wird.

The show must go on

Welchen großen Einfluss Medien auf den Fußball haben können, macht das Beispiel der englischen Premier League deutlich. Die Gelder aus der TV-Vermarktung haben der Liga erst den heutigen Spitzenstellenwert im internationalen Fußball ermöglicht. Doch der Reihe nach: 1992 war es schon mit einem Risiko behaftet, die TV-Rechte an den Bezahlsender BSkyB zu vergeben. Schließlich hatte man zum damaligen Zeitpunkt in England keine Erfahrung, ob Bezahlfernsehen im Großbritannien durchsetzungsfähig ist und die Fußballfans dieses Modell auch akzeptieren. Letztlich war diese Entscheidung der Premier League dank geschickter Marketingstrategien der Sender aber von Erfolg gekrönt und spülte folglich den Vereinen über die Jahre hinweg Milliardenbeträge in die Kassen.

> Der Fußball hat es den Medien, und hier insbesondere den privaten TV-Sendern, zu verdanken, dass er zu einem öffentlich und globalen Event geworden ist. Und ohne die Milliardenzahlungen für die TV-Rechte wäre die Entwicklung vieler Vereine und Ligen ebenfalls nicht derart positiv verlaufen. Doch die Medien wollen in der symbiotischen Beziehung zum Fußball nicht nur „geben", sondern auch „nehmen". Sie haben den Spitzenfußball in ihrem Sinne geformt. Nicht mehr das sportliche Ereignis steht im Mittelpunkt, sondern die Show und die Vermarktungsmöglichkeiten des Sportevents. Und die Spieler, Trainer und Manager gehen nicht nur ihrer eigentlichen Aufgabe im Fußballgeschäft nach, sondern sie werden von den Medien zu Prominenten mit „Heldenstatus" gemacht, die ebenfalls die Vermarktung des Fußballs befeuern sollen. Wer hierzu nicht taugt, ist fehl am Platze.

Interview mit Andreas Kötter: „Eine nüchterne Ergebnismeldung kann sich heute niemand mehr leisten."

Andreas Kötter arbeitet seit fast als 30 Jahren als freier Journalist und Autor. In der Vergangenheit hat er unter anderem für Spiegel Online, das Handelsblatt und den Tagesspiegel über die Bundesliga berichtet, aktuell interviewt er deren Protagonisten für das Redaktionsnetzwerk Deutschland und die DFL. Zudem schreibt er für die Deutsche Presse-Agentur über Themen rund ums Auto und ums Motorrad und für Magazine wie KULT! über alles, was Pop-Kultur ausmacht.

Herr Kötter, Sie beschäftigen sich fast 30 Jahren mit der Bundesliga. Was hat sich im Laufe der Zeit in der Medienberichterstattung verändert?

ANDREAS KÖTTER: Durch die Digitalisierung und das Internet haben sich die Möglichkeiten der Berichterstattung enorm erweitert. So ist zum Beispiel die Recherche gerade für freie Journalisten, die früher nicht auf die Archive von Verlagen zurückgreifen konnten, durch das Internet deutlich einfacher geworden. Und das Smartphone ermöglicht ohne großen Aufwand Berichterstattung in Echtzeit. Gleichzeitig hat sich durch Internetportale, Blogs etc. die Zahl der Anbieter, die Content jedweder Art rund um den Fußball benötigen, deutlich erhöht.

Sind Fußball und Medien ohne einander denkbar?

KÖTTER: Denkbar ist wahrscheinlich immer alles. In der Form aber, wie wir heute den professionellen Fußball erleben, ist er ohne die Zusammenarbeit mit den Medien sicherlich nicht vorstellbar. Die Medien könnten wohl auch ohne den Fußball. Warum aber sollten sie?! Nichts garantiert Auflage und Quote so sicher wie die Fußballberichterstattung.

Wie weit ist die Symbiose zwischen Fußball und Medien gediehen?

KÖTTER: Während noch in den 70er-Jahren die Vereine in der Bundesliga ihre Gelder zum größten Teil durch die Eintrittsgelder generierten, machen die heute nur noch einen geringen Teil der Einnahmen aus. Heute verdienen die Klubs vor allem durch die Fernsehgelder. Die flächendeckende Berichterstattung wiederum macht den Fußball für die Wirtschaft so interessant, sodass hier Sponsorengelder fließen.

Wie helfen die Medien dem Fußball, damit dieser in der Erfolgsspur bleibt?

KÖTTER: Die Antwort fällt kurz aus. Entweder durch Geld, sprich durch die Einnahmen aus den TV- oder mittlerweile auch den Streaming-Verträgen, und/oder durch eine flächendeckende Berichterstattung, die vor allem auch von den Printmedien und deren Internetpräsenzen geleistet wird.

Hat sich auch die Form der Berichterstattung verändert? Ist die Show wichtiger geworden als das sportliche Ereignis?

KÖTTER: Auch wenn man, wie in vielen anderen Bereichen, bisweilen tatsächlich den Eindruck gewinnen könnte, dass die Verpackung, das Drumherum wichtiger ist als der Inhalt, steht letztlich zumindest für die sogenannten seriösen Medien das sportliche Ereignis doch in den meisten Fällen im Fokus. Trotzdem hat sich die Form der Berichterstattung definitiv geändert. Eine ausschließlich nüchterne Ergebnisberichterstattung kann sich heute niemand mehr erlauben, der über Fußball berichtet. Zuspitzung bringt Auflage und Quote. Und weil Fußballer mehr denn je die Popstars unserer Zeit sind, und weil Zuschauer und Leser wissen wollen, wie die Stars leben, welches Auto sie fahren und welche Klamotten sie tragen, mag kaum ein Anbieter einer zumindest punktuellen Boulevardisierung völlig widerstehen können.

Betrachten wir die Bundesliga-Vereine: Wie hat sich in den Klubs das Medienverhalten dort verändert?

KÖTTER: Wenn man weiß, dass die Medienabteilungen der Profivereine heute teilweise zehn und mehr hauptberufliche Mitarbeiter beschäftigen, ahnt man schon, welches Ausmaß an Arbeit hier mittlerweile anfällt. Das Interesse von Print- und audiovisuellen Medien (Interviewanfragen etc.) muss ebenso befriedigt werden wie das der Sponsoren. Und darüber hinaus müssen heute vor allem auch die vereinseigenen Medien sowie Facebook-, Instagram- und X-Kanal tagtäglich mit Content versorgt werden.

Was bedeuten diese Veränderungen für Ihre journalistische Arbeit?

KÖTTER: Ich habe eingangs gesagt, dass es eine Folge der Digitalisierung ist, dass sich die Zahl potenzieller Auftraggeber deutlich erhöht hat. Gleichzeitig bedeutet die Vielzahl der Anbieter, die Fußball-Content benötigen, allerdings auch, dass die Vereine überschüttet werden mit Anfragen für Interviews etc. Da ist es logisch, dass längst nicht alle dieser Anfragen positiv beschieden werden können. Zumal sich jedes TV-Format, jedes Streaming-Portal, jede Zeitung und jedes Online-Portal als Gesprächspartner natürlich vor allem einen der zwei, drei größten Stars des jeweiligen Klubs wünscht.

Könnten die Vereine ihre News nicht mit ihren Social-Media-Aktivitäten in eigener Regie verbreiten?

KÖTTER: Keine Frage, das könnten sie. Längst verfügen die Profiklubs alle über eigenen Medien. Jeder hat einen eigenen Internetauftritt und ist bei Facebook, X und Instagram vertreten. Im besten Fall gibt es sogar einen eigenen TV-Kanal. So erreichen die Vereine ihre Fans auch ohne die klassischen Medien. In der Natur der Sache liegt es dann aber, dass die Informationen zwangsläufig nicht völlig objektiv sein können. Wer eine möglichst objektive Berichterstattung wünscht, der ist nach wie vor auf unabhängige Medien angewiesen.

Wie haben sich die journalistischen Darstellungsformen verschoben? Gilt das geschriebene Wort noch etwas?

KÖTTER: Da ich selbst Print-Journalist bin, für Zeitungen, aber auch für das Internet schreibe und davon leben kann, glaube ich schon, dass das geschriebene Wort noch immer etwas gilt. Wer Analysen, Einschätzungen und Hintergrundberichterstattung wünscht, die über Häppchenjournalismus hinausgehen, der wird von den Printmedien nach wie vor am besten bedient. Wahr ist aber auch, das zeigen Untersuchungen, dass die nachwachsenden Generationen deutlich weniger lesen und das Bewegtbild, insbesondere kurze Videos, dem gedruckten Wort vorziehen. Ob die Berichterstattung über Fußball also auch in zehn, zwanzig Jahren zumindest teilweise noch über Printmedien geschieht, muss man abwarten. In der Sportberichterstattung stehen die Klubs und deren Stars im Mittelpunkt.

Die Fans finden sich nur in Randnotizen wieder. Warum finden diese in der Sportberichterstattung (fast) nicht statt?

KÖTTER: Gute Frage. Tatsächlich finden Fans in der breiten Berichterstattung meist nur dann statt, wenn sie (vermeintlich) Probleme machen, siehe Stichworte wie „Hooligans", „Ultras" oder „Pyrotechnik". Allerdings gibt es ein, zwei Fachmagazine, die auf lesenswerte, meist feuilletonistische Weise regelmäßig auch über Fans berichten. Das mag daran liegen, dass die Macher oft selbst große Fans sind – was nichts daran ändert, dass die Machart hochprofessionell ist. Letztlich handelt es sich hier aber um eine Nische. Dass die „großen" Printmedien dagegen eher selten Fans in den Fokus stellen, liegt nicht zuletzt daran, dass darüber berichtet wird, was Auflage verspricht. Und da haben Star-Reportagen ein vielfach größeres Potenzial als das Porträt eines Fans, der vielleicht schon alle Erstliga-Stadien in Europa besucht hat.

Künstliche Intelligenz und Big Data spielen mit

12

„Ich wünsche mir, dass sich der Sport und dabei insbesondere der starke Fußball, egal, wohin die Entwicklung geht, stets seiner Kraft bewusst wird (…)."

Dietmar Hopp

12 Künstliche Intelligenz und Big Data spielen mit

Künstliche Intelligenz (KI) ist zur Zeit das Mega-Thema. In sehr vielen Unternehmen kommt sie bereits zum Einsatz. Und die digitale Transformation schreitet immer weiter fort und macht auch vor dem Fußball nicht halt. Nicht wenige Klubs setzten schon KI bzw. Big Data, die riesige Datenmengen sammelt, ein und werten damit die großen Informationsmengen aus, die zum Beispiel während eines Fußballspiels anfallen, und treffen dann ihre KI-gestützten Entscheidungen für die nächsten Spiele.

> KI und Big Data sind im Fußball die zwei Seiten einer Medaille. So beschreibt künstliche Intelligenz die Fähigkeit einer Maschine, Entscheidungen wie ein Mensch zu treffen. Big Data konzentriert sich dagegen auf das Sammeln riesiger Datenmengen, die analysiert werden, um brauchbare Schlüsse zu ziehen. Und an dieser Stelle kommt dann KI ins Spiel.

Mithilfe von KI lassen sich auch Spielerdaten auswerten. Das betrifft nicht nur die Spieler des eigenen Teams, sondern auch Spieler, die der Verein zu „kaufen" gedenkt. Sich nur auf den „subjektiven" Scout zu verlassen, der die potenziellen Kandidaten für den Klub zeitintensiv beobachtet, ist für sich alleine betrachtet eine Strategie von gestern.

Hilfe bei Transfers

Mit KI kann der Verein bei einem Transfer noch viele weitere wichtige Informationen in die Entscheidungsfindung einfließen lassen. Das passierte vor der Erkenntnis, dass im modernen Fußball eine Vielzahl von Informationen über einen Spieler erfasst werden können. Hinzu kommt, dass IT-Lösungen auch den digitalen Fußabdruck eines Spielers analysieren können. Aus diesen gesammelten Informationen, der Bewertung der Scouts sowie der Spielberichte in den Medien lässt sich eine Menge Wissen über einen Spieler sammeln.

Hier spielt das KI-System „Watson" von IBM eine wichtige Rolle. Laut Medienberichten kann das System über 100 000 Scouting-Reports analysieren und zusammenfassen. Hinzu kommen, wie erwähnt, Persönlichkeitsprofile von Spielern, wichtige Informationen aus den sozialen Netzwerken, Foren und Nachrichtenseiten. Alles zusammen ergibt dann ein profundes Bild über die sportlichen und menschlichen Qualitäten eines Spielers.

Marktwert des Spielers ermitteln

Später solle das System mithilfe neuronaler Netze auch einmal in der Lage sein, den Marktwert eines Spielers und dessen Entwicklungspotenzial zu bestimmen. Wer jetzt denken sollte, die deutschen Fußballklubs seien beim Einsatz von KI Vorreiter, der muss sich sagen lassen, dass der Einsatz solcher Technologien zum Beispiel in den amerikanischen Profisportarten Baseball und American Football schon lange zum Alltag gehört.

Der Auftritt der Bundesligavereine in den Social-Media-Kanälen gehört aber bereits zum guten Ton. Welcher Verein will schon den Kontakt zu seinen (jungen) Fans über Instagram, TikTok & Co. nicht nutzen oder am Ende sogar verlieren? Dort können die Klubs ihre Informationen genau an die Zielgruppen richten, die sich dafür auch explizit interessieren und diese News aus erster Hand zu schätzen wissen.

Und auf diesen Kanälen können die Klubs dann klotzen, statt zu kleckern. Die Möglichkeiten für die Klubs, sich ins rechte Licht zu rücken, gibt es dort en masse. Hierzu zählen dann Interviews mit den Stars der Mannschaft, Impressionen vor und nach den Spielen oder nette Videos, wenn das Team im Auslandseinsatz ist.

Social-Media-Auftritte helfen beim Imageaufbau

Solche Kanäle bieten auch den Vereinsverantwortlichen die Möglichkeit, zu wichtigen, den Verein betreffenden Themen Statements zu liefern. Letztlich können die Klubs über ihre Social-Media-Auftritte eine Menge für ihr (positives) Image tun. Auch unter wirtschaftlichen Gesichtspunkten sind die Social-Media-Kanäle nicht zu unterschätzen, bieten sie doch für die Werbepartner des Vereins eine „zielgenaue" Plattform.

> Es ist verständlich, dass Profivereine Erlöse erwirtschaften müssen, um im harten Wettbewerb mitzuhalten. Auf der anderen Seite dürfen sie den Bogen aber nicht überspannen, denn der Fan darf nicht den Eindruck gewinnen, er wäre in der vereinseigenen digitalen Werbewelt nur Mittel zum Zweck.

„Im Rahmen von Accelerator-Programmen weiten immer mehr Profiklubs aus der Major League Baseball (MLB), National Basketball Association (NBA) und National Football League (NFL) ihre Investments auf Startups aus. Diese sind vorrangig in den Bereichen Big Data, E-Sport und Virtual Reality aktiv. Dabei haben die Vereine den zunehmenden Veränderungsdruck im Sport erkannt und erhoffen sich durch externes Know-how, von neuen Technologien zu profitieren." So beschreibt Lukas Lohmann in seiner Masterarbeit „Digitalisierung im Fußball. Chancen und Herausforderungen von digitalen Geschäftsmodellen" die Situation in den 2016er-Jahren in den USA.

Statistik gewinnt keine Spiele

Kaum ein deutscher Fußballfan dürfte den 08. Juli 2014 vergessen haben. Während der Weltmeisterschaft in Brasilien schlug die deutsche Mannschaft an diesem Tag in Belo Horizonte das brasilianische Team mit 7 : 1. Ganz Brasilien war fassungslos. Keiner konnte es glauben, wie eine Mannschaft mit einer so großen „statistischen Überlegenheit" in der Praxis so untergehen konnte. Die Brasilianer hatten im Vergleich zur deutschen Mannschaft mehr Ballbesitz, die gefährlicheren Angriffe und mehr Torabschlüsse. Trotzdem schossen die Brasilianer nur ein Tor und die Deutschen sieben. Die Erkenntnis: Mit Statistik allein gewinnt keine Mannschaft ein Spiel.

Aber trotzdem sollte niemand die Statistik respektive die Mathematik beim Fußball abschreiben, denn Fußball ist ein Spiel, bei dem Wahrscheinlichkeiten eine wichtige Rolle spielen. Und mit der richtigen Datenqualität kann berechnet werden, mit welcher Wahrscheinlichkeit ein bestimmtes Ereignis im Fußball eintreten kann. An dieser Stelle kommen dann die modernen Technologien ins Spiel. Mit ihnen können beispielsweise wichtige Erkenntnisse über das Potenzial eines Spielers und den Verlauf eines Matches gewonnen werden.

„Torlinientechnologie und der Videobeweis waren erst der Anfang. Auf dem Spielfeld zeichnen Kameras Laufwege auf, messen Kontaktzeiten und erfassen die Spielerpositionen pro Sekunde. Fitness-Tracker messen Geschwindigkeiten und physische Werte wie die Herzfrequenz einzelner Athleten. Programme erstellen Bewegungsprofile und legen gnadenlos jedes Leistungsdetail offen: Passquote, Richtungswechsel, Torschussgeschwindigkeit, Offensivaktionen und vieles mehr. Schon zur Halbzeit können Trainer die Ergebnisse auf ihren Tablets abrufen und auf deren Grundlage zum Beispiel Spieler auswechseln. Das ist keine Vision, sondern bereits gängige Praxis", so beschreibt Jeanette Baumann in dem Onlinemagazin *Featured – Magazin für digitale Kultur* ihre Analyse „Moneyball und Big Data: Wie verändert die Digitalisierung den Fußball?" die Entwicklung und Möglichkeiten im professionellen Fußball mit moderner Technologie.

Digitalisierung bringt Wettbewerbsvorteile

Doch digitale Technologie im Fußball ist kein neues Phänomen. Bereits während der Weltmeisterschaft in Brasilien im Jahr 2014 hätten Scouts und der Trainerstab der deutschen Mannschaft auf die Analysedaten einer SAP-Software zurückgegriffen. Auch 2016 bei der Europameisterschaft in Frankreich und den Weltmeisterschaften in Russland 2018 und Katar 2022 kamen die Teams nicht ohne digitale Analysedaten aus.

Wie berichtet, helfen digitale Analysen den Klubs beim Identifizieren von Talenten oder bei Transfers. Daraus können sich Wettbewerbsvorteile ergeben. „Und genau darauf bauen einige Unternehmer bereits ihr Geschäftsmodell auf. Die Firma Goalimpact zum Beispiel nutzt Zahlenkolonnen, um Spielerkarrieren zu prognostizieren. Auch das Londoner Start-up Smart Odds bietet Fußball-Scouts, Trainern und Vereinen Spieleranalysen als Service an. Die statistische Bewertung von Spielern ist im Baseball bereits gang und gäbe und dürfte auch so manch einem Cineasten unter dem Begriff Moneyball-Prinzip bekannt sein", so Baumann weiter.

Die Expertin weist weiter darauf hin, dass seit Jahrzehnten im Baseball statistische Daten dazu genutzt würden, Spieler zu bewerten. „Der ehemalige Baseball-Spieler Billy Beane führte die sogenannte Sabermetrics zur Spielerbewertung ein und formte das Baseball-Team der Oakland Athletics ab dem Jahr 2000 systematisch um. So landete der finanziell zweitklassige Verein vier Jahre lang in Folge in den Playoffs", so Baumann.

Andere Sportarten nutzen Technologie

Diese analytische Methode werde mittlerweile in vielen anderen Sportarten genutzt – eben auch im Fußball wie beim dänischen Klub FC Midtjylland. Mithilfe eines mathematischen Modells und Wahrscheinlichkeitsrechnung sei der Verein 2015 erstmals Dänischer Meister geworden. Der Erfolg soll auf einer Formel des Briten Matthew Benham beruhen, der mittels sogenannter Key-Performance-Indikatoren (KPI) Talentpotenziale und Siege berechnet habe. Diese Formel habe er zunächst genutzt, um seine Gewinnchancen bei Sportwetten zu erhöhen, erläutert die Expertin.

Neue Technologien helfen auch den Schiedsrichtern bei kniffligen Situationen aus der Bredouille. Zwar sei die Akzeptanz bei den Old-School-Fans und bei einigen Spielern und Funktionären gegenüber diesen Technologien noch schwierig, doch habe der Einsatz des Videoassistenten schon Fehlentscheidungen verhindert, sagen Experten.

„Ob die Technologie von Schiedsrichtern und Videoassistenten optimal eingesetzt wird, oder ob es noch Verbesserungspotenzial gibt, ist eine andere Fragestellung. Doch die schwierige Anfangsphase ist es durchaus wert, wenn nach der Überwindung von Startschwierigkeiten am Ende ein fairerer Sport das Ergebnis ist", stellt Günter Jakobsen in seinem Beitrag „Fußball und Digitalisierung" für das Portal *fussballdaten.de* fest.

Fehlentscheidungen verhindern

Ähnlich, so Jakobsen weiter, verhalte es sich mit der Torlinientechnik. Auch dieses „vergleichsweise simple System", das Fehlentscheidungen bei fragwürdigen Toren mit digitalen Hilfsmitteln ausschließen könne, sei anfangs kritisch beäugt worden.

Doch mittlerweile sei dieses „simple System" bei internationalen FIFA-Turnieren wie auch in der Bundesliga ein selbstverständlicher Bestandteil der Spiele. „Doch die zweifelsfreie Korrektheit von Entscheidungen, die einen Einfluss auf das Ergebnis haben können, dürfte diese Sorgen *(der Kritiker – Anm. Autor)* überwiegen. Je präziser und somit fairer der Sport wird, desto besser. Guter Fußball braucht keine Skandale, um zum Gesprächsthema zu werden", sagt Jakobsen.

Mittlerweile erlaubt die moderne Technologie auch die Möglichkeit für TV-Zuschauer, sich aktiv an einem Spiel zu beteiligen. Die einfachste Form: Live-Kommentare von Zuschauern zum Beispiel über X (ehemals Twitter) und Facebook in die Übertragung einzubinden, wird schon seit geraumer Zeit von vielen Sendern genutzt. Des Weiteren bieten einige Sender ebenfalls sofort verfügbare Highlights und Wiederholungen an. Diese können die Fans schon während der Spielübertragung auf dem Handy anschauen. „Es gibt jedoch auch kreativere Ideen: Bei der WM in Russland startete das ZDF die Aktion „Be Bèla", bei der Fans ihre eigenen Kommentare zu Spielszenen einsenden konnten. Dank der Integration eines Aufnahmeprogramms in die mobile App der ZDF-Mediathek wurde es extrem einfach, die eigene Stimme mit ausgewählten Szenen zu paaren und den kurzen Clip hochzuladen", lobt Jakobsen die Innovation.

Wichtiger Bestandteil des Fußballs

Künstliche Intelligenz und Big Data sind mittlerweile ein wichtiger Bestandteil des professionellen Fußballs geworden. Keine Trainingseinheit, kein Spiel, keine Transfers kommen heute ohne eine Datenanalyse aus. Es ist zu bezweifeln, dass sich ein Profiklub gegen den Einsatz dieser modernen Technik sperrt. Sie hilft den Teams, besser und professioneller zu werden. Und sie macht den Fußball gerechter. Das ist „kriegsentscheidend" für viele Klubs, denn ein Tor, das zum Beispiel vom Schiedsrichter fälschlich nicht anerkannt wird, kann einen Verein gegebenenfalls die Teilnahme an der Champions League und damit viel Geld kosten. Solche Fehlentscheidungen kann moderne Fußballtechnologie verhindern. Das ist ganz im Sinne der Vereine. Denn nichts ist schlimmer für einen Profiklub, wenn die Planungssicherheit nicht gewährleistet ist.

Verlierer dieser Entwicklung ist der Amateurfußball, der heute noch die Basis des professionellen Fußballs ist. Es liegt auf der Hand, dass die Amateurvereine von den neuen technischen Möglichkeiten nur schwer profitieren können. Die Folge: „Profis" und „Amateure" driften immer weiter auseinander. Bis jetzt bestanden zwischen beiden „Sphären" essenzielle Abhängigkeiten und Übergänge im positiven Sinne. Das könnte bald vorbei sein. Und noch etwas sollte bei allen technologischen Fußballwundern beachtet werden: Maschinen schießen keine Tore – bis jetzt.

Der Einzug der künstlichen Intelligenz

Künstliche Intelligenz (KI) hat in den letzten Jahren auch im Fußball Einzug gehalten. Die Technologie wird in verschiedenen Bereichen eingesetzt, um das Spiel zu verbessern, darunter:

- **Training:** KI kann verwendet werden, um die Leistung von Spielern zu analysieren und zu verbessern. Dazu können beispielsweise Sensoren verwendet werden, um die Bewegungen der Spieler zu erfassen und zu analysieren. Diese Daten können dann verwendet werden, um individuelle Trainingsprogramme zu erstellen oder um die Mannschaftstaktik zu verbessern.
- **Scouting:** KI ist nützlich, um neue Talente zu entdecken. Dazu können beispielsweise Videoanalyse-Tools zum Einsatz kommen, um die Spielweise von Spielern zu bewerten. Diese Daten können dann verwendet werden, um Spieler zu identifizieren, die das Potenzial haben, Profispieler zu werden.
- **Spielanalyse:** KI kann helfen, um Spiele zu analysieren und zu bewerten. Dazu können beispielsweise Big-Data-Tools verwendet werden, um Daten wie Torchancen, Passgenauigkeit und Ballbesitz zu erfassen und zu analysieren. Diese Daten können dann verwendet werden, um die Leistung der Mannschaft zu verbessern oder um neue Spielstrategien zu entwickeln.
- **Spielleitung:** KI kann genutzt werden, um Spiele zu leiten. Dazu können beispielsweise Video-Assistent-Referees (VAR) eingesetzt werden, um umstrittene Entscheidungen zu überprüfen. KI kann auch verwendet werden, um neue Technologien zu entwickeln, die die Spielleitung verbessern, wie zum Beispiel autonome Schiedsrichter.

Die Verwendung von KI im Fußball hat das Potenzial, das Spiel auf verschiedene Weise zu verändern. KI kann dazu beitragen, die Leistung der Spieler zu verbessern, neue Talente zu entdecken und die Spielanalyse zu verbessern. In Zukunft könnte KI sogar dazu führen, dass Spiele von autonomen Schiedsrichtern geleitet werden.

Vorteile der KI im Fußball

Die Verwendung von KI im Fußball bietet eine Reihe von Vorteilen, darunter:

- **Verbesserte Leistung:** KI kann helfen, die Leistung von Spielern zu verbessern, indem sie ihnen individuelle Trainingsprogramme bietet oder ihnen hilft, ihre Spielweise zu verbessern.
- **Effizienteres Scouting:** KI ist nützlich dabei, effizienter neue Talente zu entdecken, indem sie Videoanalyse-Tools verwendet, um die Spielweise von Spielern zu bewerten.
- **Verbesserte Spielanalyse:** KI kann helfen, die Spielanalyse zu verbessern, indem sie Big-Data-Tools verwendet, um Daten wie Torchancen, Passgenauigkeit und Ballbesitz zu erfassen und zu analysieren.
- **Objektivere Spielleitung:** KI kann ermöglichen, die Spielleitung objektiver zu gestalten, indem sie Video-Assistent-Referees (VAR) einsetzt, um umstrittene Entscheidungen zu überprüfen.

Die Verwendung von KI im Fußball birgt ebenfalls einige Herausforderungen, Beispiele:

- **Kosten:** Die Implementierung von KI-Technologien kann kostspielig sein.
- **Datenschutz:** Die Verwendung von KI-Technologien erfordert die Sammlung und Analyse großer Datenmengen, was Datenschutzbedenken zur Folge haben kann.
- **Ethik:** Die Verwendung von KI-Technologien kann ethische Fragen aufwerfen, zum Beispiel ob autonome Schiedsrichter die Spielleitung objektiver gestalten können.

Interview mit DHL-Manager Arjan Sissing: „Leuchtturm-Events wie die EURO 2024 in Deutschland haben eine herausragende Wirkung für das Land, aber auch für alle Partner sowie die Sponsoren."

Arjan Sissing ist Senior Vice President Group Brand Marketing der DHL Group. Sein Verantwortungsbereich umfasst die Entwicklung und Umsetzung der Markenstrategie, die Konzeption und das Management der Markenarchitektur der Gruppe, die CI-/CD-Programme des Konzerns, die globale Marktkommunikation für DHL inklusive Werbung und digitale Markenplattformen sowie globale Sponsoring-Programme und Markenbewertung. Nach seinem Studium des Wirtschaftsingenieurwesens war Arjan Sissing in verschiedenen internationalen Unternehmen im Marketing und Vertrieb tätig, unter anderem für British American Tobacco, Imperial Tobacco, Ideal Standard und Akzo Nobel.

Welchen Kommunikationswert hat Fußball für einen internationalen Konzern?

ARJAN SISSING: Sport bewegt die Menschen weltweit und ist deshalb auch elementarer Bestandteil unserer Markenstrategie und Kommunikationsaktivitäten. Partnerschaften im Sport und insbesondere im Fußball können Marken emotionalisieren, Zielgruppen spezifisch ansprechen und einen globalen Rahmen für die Kommunikation schaffen.

Der Fußball hat für die DHL Group, aber auch innerhalb des Konzerns eine große Bedeutung, denn Betriebssport wird bei uns generell stark gefördert. Wir führen beispielsweise in Deutschland regelmäßig Turniere zwischen den Niederlassungen durch und verfügen sogar über eine eigene Nationalmannschaft, sowohl für die Frauen als auch die Männer. Gleichzeitig dient der Fußball über seine verbindende Wirkung auch der Mitarbeitermotivation.

Welchen Wert, welche Bedeutung hat ein großes Event wie die Fußball-EM 2024 in Deutschland für die Kommunikation eines Unternehmens?

SISSING: Leuchtturm-Events wie die EURO 2024 in Deutschland haben eine herausragende Wirkung für das Land, aber auch für alle Partner sowie die Sponsoren. Wir waren selbst unter anderem nationaler Förderer der FIFA Frauen-WM 2011 in Deutschland als auch DFB-Partner zu Zeiten des WM-Erfolgs in Brasilien 2014 mit umfangreichen Kampagnen rund um die Mannschaften und wissen um die besonderen Emotionen, die sich in diesen Zeiträumen entwickeln, die es dann auf die Marken zu übertragen gilt.

Auch hier ist die Innenwirkung in einen Konzern ein wichtiger Faktor, da die Sichtbarkeiten rund um ein großes Turnier auch große Potenziale bieten, die Mitarbeiter stolz auf ihren Arbeitgeber zu machen.

Blick zurück auf die Pandemie: Wie hat Corona ihre Kommunikationsstrategien im Hinblick auf Fußball verändert? Ist jetzt wieder Normalität eingetreten?

SISSING: Die Zeit rund um Covid-19 war für die Menschen weltweit in allen Bereichen eine schwierige. Im Sport und hier innerhalb unserer Fußballpartnerschaften haben wir sehr partnerschaftliche Lösungen gesucht und gefunden, wie wir beispielsweise mit Ticketing, Rechten oder ausgefallenen Spielen umgehen.

Wichtig war für uns immer ein fairer Umgang und die bestmögliche Unterstützung unserer Partner. Unsere Kommunikationsstrategie ist dadurch nicht wesentlich verändert worden. Jedoch haben wir einige ausgelaufene Partnerschaften im Fußball nicht wieder verlängert bzw. ersetzt, was aber nicht im Zusammenhang mit der Pandemie steht.

Die Welt ist auch krisenanfälliger geworden. Denken Sie an den Ukraine-Krieg und den Nahostkonflikt. Hat das Einfluss auf Ihr Fußballengagement? Wie beeinflussen diese Entwicklungen Ihre Strategie in der Fußballkommunikation?

SISSING: Wir beobachten im Rahmen unserer Sport-Portfolio-Strategie permanent diesen Markt und überprüfen bestehende, aber auch potenzielle neue Partnerschaften auf ihren Wertbeitrag für unser Unternehmen und unsere Marken. Im Zuge dessen haben wir entschieden, den Anteil der Fußballpartnerschaften zurückzufahren und in neue Bereiche zu investieren wie beispielsweise den eSport, da wir ganz bewusst auch neue Wege wollen, um jüngere Generationen authentisch zu erreichen.

Der Fußball steht unseres Erachtens derzeit vor vielfältigen Herausforderungen, auch was Glaubwürdigkeit und Vermarktung anbelangt. Dennoch wird Fußball aufgrund seiner enormen Bedeutung und positiven Eigenschaften immer eine relevante Option bleiben, die wir in unsere Überlegungen einbeziehen.

Seit wann ist Ihr Unternehmen auf dem Feld des Fußballsponsorings unterwegs? Wen unterstützen Sie?

SISSING: Wir nutzen den Fußball regelmäßig im Rahmen unserer Markenstrategie und -kommunikation. Da wir die Engagements immer wieder neu bewerten und auch die Zielsetzungen sich im Laufe der Zeit unterscheiden, unterliegt die Anzahl der Partnerschaften natürlicherweise auch Schwankungen. Nach einer langjährigen Kooperation mit dem DFB haben wir diesen Vertrag beispielsweise vor einiger Zeit beendet. Dennoch sind wir aber weiterhin über die Logistik für die Nationalteams eng verbunden. Als aktuelle Engagements sind u. a. die beim 1. FC Köln und Manchester United zu nennen.

Gibt es außerhalb des Fußballs noch weitere sportliche Sponsoringaktivitäten des Unternehmens?

SISSING: Generell ist Sportsponsoring eine wichtige Säule unserer Markenstrategie. Wir nutzen den Sport in seinen vielfältigen Facetten mit dem Ziel, die Logistikkompetenz unseres Konzerns emotional unter Beweis zu stellen, wie wir es beispielsweise seit Jahren sehr erfolgreich bei der Formel 1 oder bei der MotoGP™ tun, beides weltweite und mediale Großereignisse. Die Bandbreite umfasst aber weit mehr, um mit der Formel E, eSport mit der ESL oder den Bobsport nur einige zu nennen.

Unterstützt Ihr Unternehmen die Partner auch logistisch?

SISSING: Die Logistikkomponente ist Kern- und Ausgangspunkt einer jeden Partnerschaft und wichtiges Kriterium bei der Entscheidung. Mit unserer weltweiten Expertise unterstützen wir unsere Partner jederzeit, sei es bei kurzfristigen Expresslieferungen bis hin zu großen Spezialaufträgen wie den Transport des kompletten Formel-1-Rennzirkus von Kontinent zu Kontinent. Neben der geschäftlichen Komponente sind natürlich auch die Stories rund um die Partnerschaften und auch die damit verbundene Logistik wichtige Komponenten in der emotionalen Aktivierung.

Sind die Erfolge im Sponsoring messbar?

SISSING: Unsere Sponsorings unterliegen einer permanenten Auswertung und Erfolgskontrolle. Wir nutzen hier die gängigen KPIs der verschiedenen Kommunikationskanäle und vergleichen die Sponsorings auch untereinander und lernen dadurch. Regelmäßige interne und externe Marktforschungen ergänzen hierbei das Bild. Auch tracken wir die Sentiments in den Zielgruppen bei Social-Media-Maßnahmen, sodass wir so viele Insights wie möglich erhalten.

Wo verzeichneten Sie bislang Ihre größten (messbaren) Erfolge?

SISSING: Das ist pauschal schwer zu sagen, dazu unterscheiden sich die Zielsetzungen und auch die vertraglichen Möglichkeiten der einzelnen Engagements zu stark. Aber ich möchte dennoch zwei Dinge nennen, auf die wir sehr stolz sind: Zum einen haben wir es im Rahmen unserer ESL-Partnerschaft (E-Sports) erreicht, dass wir als Sponsor sehr akzeptiert und Teil des Events geworden sind.

So haben die DOTA-2-Fans (Videospiel) vor einigen Jahren in Birmingham lautstark „DHL, DHL, DHL" skandiert und uns wirklich gefeiert. Auch nutzen wir das Engagement mittlerweile sehr erfolgreich für Emplyer Branding, da wir die Zielgruppe der „medialen Unreachables" über den elektronischen Sport sehr gut und authentisch erreichen.

Zum anderen ist es uns als Founding-Partner der Formel E gelungen, frühzeitig und im doppelten Sinne nachhaltig in eine zukunftsträchtige Sportart einzusteigen und unsere „Zero Emissions"-Zielsetzung authentisch zu untermauern.

Ich bin stolz darauf, dass wir mit unseren Sponsoring-Partnerschaften einen wichtigen Beitrag geleistet haben und weiter leisten, den Wert von DHL weltweit und Deutsche Post in Deutschland deutlich und anhaltend zu steigern.

13

Trainer und Manager

*„Die Schweden sind keine Holländer.
Das hat man ganz genau gesehen."*

Franz Beckenbauer (Fußballikone)

Sie arbeiten bei den Fußballklubs meistens im Hintergrund und stehen in der Regel nicht im Rampenlicht der Medien wie die Starspieler des Vereins. Die Rede ist von den Trainern und Managern eines Fußballklubs. Es sei denn, der Trainer heißt Jürgen Klopp und trainiert einen Klub wie den FC Liverpool.

Die erfolgreichsten Trainer

Jürgen Klopp

Der Emotions- und Motivationsguru Klopp startete seine Fußballkarriere beim FSV Mainz als Spieler und Trainer, bevor er als Coach bei Borussia Dortmund erstmals internationale Luft schnuppern konnte. 2015 hieß dann seine nächste Station FC Liverpool. Beim Kult- und Traditionsklub mit Schwächeperioden wurde er als „Heilsbringer" verpflichtet. Diese Mission hat er erfüllt. Mit den Reds holte der diplomierte Sportwissenschaftler die englische Meisterschaft, den Champions-League-Titel und die Klub-Weltmeisterschaft. Bei seiner Vorstellung in Liverpool beschrieb er sich als „The normal one". Diese rhetorische Spitze kam an, denn die richtet sich gegen „The special one", alias Klopps Trainerkollegen José Mourinho, der damals Chelsea London coachte und wirklich eine ganz spezielle Type ist, die man nicht sofort in die Arme schließen möchte. Quasi der Gegenentwurf zu Klopp, der sich nach getaner Arbeit sogar noch in seinem Stamm-Pub blicken lässt.

Fußballerisch setzt Klopp, wie in Dortmund, in Liverpool auf Pressing-betonten Powerfußball, der mit schnellen Gegenstößen den Gegnern auf dem Platz die Schweißperlen auf das Gesicht treibt. Liverpools Kapitän Jordan Henderson weiß, welche Bedeutung der Trainer für die Mannschaft hat, wenn er einmal feststellte: „Ohne diesen Coach wäre das alles unmöglich."

Doch Klopp ist nicht nur auf der Insel ein geschätzter Zeitgenosse. Auch in Übersee, im fernen Amerika, wird seine Arbeit geschätzt. Glaubt man Medienberichten, drückt Samuel L. Jackson, einer der Lieblingsmimen des Kultregisseurs Quentin Tarantino, Klopp immer die Daumen, wenn der FC Liverpool spielt. Auch in der heimischen Werbewelt ist der unkomplizierte Klopp ein gerngesehener Gast.

Pep Guardiola

Ein weiterer Erfolgscoach auf der britischen Insel ist der bekennende Katalane Pep Guardiola. Elf Jahre lang gehörte er zur ersten Mannschaft des FC Barcelona. Die Fußballlegende Johan Cruyff formte den etwas zu „langsamen" und etwas „zweikampfschwachen" Mittelfeldspieler für dessen gesamtes Fußballerleben. Trotz dieser „Schwächen" stach Guardiola durch seine taktischen und strategischen Qualitäten seine Konkurrenten im Barca-Team aus – Cruyff waren diese Kompetenzen seines Spielers Guardiola viel wichtiger. Als Coach holte Guardiola mit seinen Mannschaften, sei es Barcelona, Bayern München oder Manchester City, einen Titel nach dem anderen.

Während Klopp den Attacke-Fußball mit seinen Mannschaften zelebriert, setzt Guardiola mit seinen Teams auf Rasenschach oder wie dieses Spielsystem in Fachkreisen genannt wird: Tiki-Taka. Jogi Löw, seines Zeichens einmal Bundestrainer, wollte die Pep'sche Taktik bei der Fußball-Weltmeisterschaft in Russland kopieren. Das ging, wie jeder Fan weiß, bekanntlich auf ganzer Linie schief. Das DFB-Team schied schon wie später bei der WM in Katar in der Vorrunde aus.

Auch in seiner kurzen Amtszeit bei Bayern München gewann Guardiola nicht weniger als drei dreiTitel. Damit gehört er zu den erfolgreichsten Trainern in der Bundesliga. Doch mit Bayern und dem deutschen Fußball wurde der introvertierte und fußballbesessene Katalane nie wirklich warm. Er „floh" zu Manchester City. Letztlich kann die These aufgestellt werden, dass Guardiola früher zu den meistunterschätzten Trainern des Rekordmeisters zählt.

Noch heute schwärmt der Bayern-Torjäger und derzeit beste Mittelstürmer der Welt Robert Lewandowski von Guardiola: Dieser mache fast jeden Spieler besser, deswegen könne sich jeder Fußballer glücklich schätzen, unter Guardiola trainieren zu dürfen. Geht noch mehr?

Carlo Ancelotti

Carlo Ancelotti ist ohne Zweifel einer der erfolgreichsten Fußballtrainer der Welt. Der Italiener kann auf eine absolut beeindruckende Karriere zurückblicken, in der er zahlreiche Titel gewonnen hat. Er ist bekannt für seinen ruhigen und analytischen Führungsstil und seine Fähigkeit, Spieler zu motivieren und zu Höchstleistungen zu führen.

Ancelotti begann seine Trainerkarriere 1995 als Assistenztrainer bei AC Reggiana. Nach Stationen bei Parma und Juventus Turin übernahm er 2001 den AC Milan. Mit den Rossoneri gewann er zwei Champions League-Titel, zwei UEFA Super Cups, zwei FIFA-Klub-Weltmeisterschaften, eine italienische Meisterschaft und zwei Coppa Italia.

Nach seinem erfolgreichen Engagement in Mailand wechselte Ancelotti zu Chelsea, wo er die Meisterschaft und den FA Cup gewann. Anschließend folgten Stationen bei Paris Saint-Germain, Real Madrid (zwei Champions League-Titel), Bayern München (zwei Bundesliga-Titel) und SSC Neapel. Aktuell hat er sein Vertrag bei Real Madrid verlängert.

Ancelotti ist der einzige Trainer, der mit vier verschiedenen Vereinen die Champions League gewonnen hat. Er gilt als einer der versiertesten Trainer im Weltfußball und ist stets in der Lage, seine Teams auf höchstem Niveau zu performen.

Ancelottis Erfolg basiert auf einer Reihe von Faktoren. Er ist ein hervorragender Taktiker, der seine Teams auf die jeweiligen Gegner perfekt einstellt. Außerdem ist er ein exzellenter Motivator, der seine Spieler zu Höchstleistungen inspiriert. Darüber hinaus ist er ein sehr erfahrener Trainer, der in der Lage ist, auch in schwierigen Situationen die Ruhe zu bewahren und kluge Entscheidungen zu treffen. Ancelottis Erfolge haben ihm zahlreiche Auszeichnungen eingebracht. Er wurde unter anderem zum UEFA-Trainer des Jahres 2003 und 2007 gewählt und ist Mitglied der italienischen Hall of Fame.

José Mourinho

José Mourinho, geboren am 26. Januar 1963 in Setúbal, Portugal, gilt als einer der erfolgreichsten Trainer der Welt und wurde mit vier verschiedenen Vereinen (FC Porto, FC Chelsea, Inter Mailand und Real Madrid) jeweils Meister in vier großen europäischen Ligen (Portugal, England, Italien, Spanien). Zudem gewann er mit diesen Vereinen je einmal die Champions League, den UEFA-Pokal, die Europa League, die FIFA-Klub-Weltmeisterschaft und den UEFA Super Cup.

Mourinho begann seine Karriere als Spieler bei Vitória Setúbal und wechselte 1980 zum FC Belenenses. Dort beendete er 1988 seine aktive Karriere als Spieler.

1994 wechselte Mourinho zum FC Porto, wo er in den folgenden Jahren zu einem der erfolgreichsten Trainer Portugals avancierte. Mit dem FC Porto gewann er zweimal die portugiesische Meisterschaft, einmal den portugiesischen Pokal und zweimal den UEFA-Pokal. 2004 dann der Wechsel zu Chelsea, wo er die Premier League, den FA Cup, den League Cup und den Community Shield gewann.

2008 zog es Mourinho zu Inter Mailand. Mit Inter gewann er die italienische Meisterschaft, den italienischen Pokal, den italienischen Supercup und die Champions League. 2010 rief Real Madrid, wo er die spanische Meisterschaft, den spanischen Pokal, den spanischen Supercup, die Champions League, den UEFA Super Cup und die FIFA-Klub-Weltmeisterschaft gewann.

2016 ging Mourinho wieder zurück auf die Insel und wurde Coach von Manchester United. Mit ManU gewann er die UEFA Europa League und den Community Shield. 2019 kam sein Wechsel zu Tottenham Hotspur. Mit Tottenham Hotspur qualifizierte er sich für die UEFA Champions League. 2021 wechselte er schließlich zum AS Rom. Mit AS Rom gewann er die UEFA Europa Conference League. In Rom wurde er im Januar 2024 vorzeitig entlassen.

Mourinho gilt als einer der charismatischsten und schlagfertigsten Trainer der Welt. Er ist bekannt für seine unorthodoxen Methoden und seine scharfen Analysen. Er versteht es, seine Teams zu Höchstleistungen zu motivieren, und ist ein Meister der Taktik.

Mourinho ist aber auch eine kontroverse Figur im Fußball. Er wird von seinen Fans als Genie gefeiert, von seinen Kritikern dagegen als arrogant und überheblich bezeichnet. Doch eines ist sicher: Mourinho ist einer der erfolgreichsten Trainer der Welt und wird in die Geschichte des Fußballs eingehen.

Erik ten Hag

Auf dem Weg nach oben in der Trainergilde ist auch Erik ten Hag. Der aktuelle Coach von Manchester United ist Guardiola-Fan. In Deutschland ist ten Hag übrigens kein Unbekannter, coachte er doch in der Zeit von 2013 bis 2015 die 2. Mannschaft des FC Bayern München. In seiner aktiven Zeit als Fußballer spielte der Niederländer unter anderem für den FC Twente Enschede und den FC Utrecht in der niederländischen Eredivisie. Aufmerksam wurde man auf den früheren Defensivspieler aber erst, als er als Trainer Ajax Amsterdam wieder in die Erfolgsspur führte. Mit seinem Team gewann er Pokal und Meisterschaft in den Niederlanden. Auch in der Champions League sorgte ten Hag mit seiner Mannschaft für mehr als einen Achtungserfolg.

Wenn es um die Taktik geht, dann setzt Erik ten Hag auf die niederländische Tradition des „Totalen Fußballs", die von den Legenden Rinus Michels und Johan Cruyff entwickelt wurde und darauf setzt, dass durch fortdauernde Rotation innerhalb der Mannschaft im optimalen Falle zehn Spieler angreifen oder aber zehn Spieler verteidigen. Im ten Hag'schen System kommt aber noch ein Schuss Tiki-Taka à la Guardiola dazu. Zentrales Element ist hier der Kurzpass-Stil der angreifenden Mannschaft mit hohem Ballbesitzanteil. Logischerweise müssen beim Tiki-Taka, analog wie beim „Totalen Fußball", (fast) alle Spieler in Bewegung sein. So wächst bei ten Hag zusammen, was zusammengehört.

Der niederländische Meistertrainer schätzt zwar den Offensivfußball, der soll aber nicht blind- und kopflos zelebriert werden. Die Maxime seines Landsmannes und ehemaligen Schalke Trainers, Huub Stevens, „Die Null muss stehen" beherzigt auch ten Hag. Beispiel gefällig: Das traditionsreiche Ajax-4-3-3-System verwandelte er in ein deutlich defensiveres 4-2-3-1-System. Matthias Sammer, heute Berater bei Borussia Dortmund, kennt ten Hag aus seiner Münchner Ära. Ten Hag habe eine klare Linie und Denkweise, dennoch sei er offen für die Entwicklungen des Fußballs. Das sei „ein moderner Trainer", sagte Sammer und ist davon überzeugt, dass ten Hag, wenn er Zeit bekomme, alle belohnen werde.

Mauricio Pochettino

Zu den Trainerstars gehört auch der Argentinier Mauricio Pochettino, ehemals Coach der beiden Top-Klubs Paris Saint-Germain und Tottenham Hotspur und heute Trainer bei Chelsea London.

Die Erfolgsgeschichte des langjährigen Fußballprofis Pochettino beginnt bei Espanyol Barcelona. 2009 heuerte er beim „kleinen Bruder" des FC Barcelona an. Espanyol stand zu Beginn von Pochettinos Schaffen auf dem 18. Tabellenplatz. Am Ende der Saison fand sich der potenzielle Abstiegskandidat auf dem 10. Platz wieder. Pochettino schaffte es, Espanyol in den nächsten Jahren als „Mittelfeld"-Mannschaft in der La Liga zu etablieren. Für spanische Verhältnisse war das mehr als ein Achtungserfolg, weil das niemand erwartet hatte.

Doch Erfolg ist im Profifußball vergänglich, das musste auch Pochettino lernen. Ende 2012 wurde ihm in Barcelona der Job gekündigt. Grund: Erfolglosigkeit. Mit nur neun Punkten auf der Habenseite hatte Espanyol einen katastrophalen Saisonstart hingelegt. Pochettino musste den Sündenbock geben. Doch er blieb mit seinem auf Dominanz ausgerichteten Spielsystem, dem geordneten Aufbauspiel seiner Mannschaft und dem aggressiven Spiel gegen den Ball auch in positiver Erinnerung. Und noch etwas ganz Besonderes wurde ihm zugutegehalten: Er hatte es mit Espanyol geschafft, den großen FC Barcelona zu schlagen.

Die Insel rief. Beim FC Southampton heuerte Pochettino ohne Englischkenntnisse in der Premier League an. Zwar murrten die Southampton-Fans über die Verpflichtung des Argentiniers, weil Pochettinos Vorgänger im Amt, Nigel Adkins, in ihren Augen seine Pflicht erfüllt hatte. Der hatte nämlich die Saints von der 3. Liga in die Premier League geführt.

Pochettino hielt die Klasse. In der darauffolgenden Saison landeten die Saints auf Platz 8 und ihr Coach aber bei Tottenham. Die Mannschaft erreichte unter seiner Führung mehrmals die Champions-League-Teilnahme und einmal sogar das Finale, das aber 0:2 gegen den FC Liverpool verloren ging. Danach war bei den Spurs die Luft raus – im November 2019 kam für den erfolgsverwöhnten Pochettino nach einem schlechten Saisonstart seines Teams die Kündigung. Dass Rauswürfe seiner Karriere nicht geschadet haben, hat Pochettino immer wieder bewiesen. Auf der Karriereleiter kletterte er weiter zu Paris Saint-Germain und schließlich zu Chelsea London.

Diego Simeone

Als Coach brachte Diego Simeone das Kunststück fertig, mit Atlético Madrid spanischer Meister (2014, 2021) und Superpokalsieger zu werden – und das gegen die Top-Mannschaften Real Madrid und FC Barcelona. Auch international war Simeone überaus erfolgreich. So gewann er 2012 und 2018 mit Atlético die UEFA Europa League. Der 111-fache argentinische Nationalspieler Simeone, der im Mittelfeld nach eigenem Bekunden mit dem „Messer zwischen den Zähnen" fightete, gehörte zu den in jeder Mannschaft unentbehrlichen „Arbeitern", die sich komplett in den Dienst des Teams stellen und die sich für nichts auf dem Spielfeld zu fein sind. Notfalls heiligte bei Simeone der Erfolg auch die Mittel.

Bei Atlético erreichte Simeone den Trainergipfel. Dort gelang es ihm, die Mannschaft nach seinen Vorstellungen zu formen. Er entwickelte ein Team, dessen Spieler sich dem großen Ganzen vollends unterordneten. Damit schaffte es Simeone, Atlético in ungeahnte Höhen zu befördern, die bis dato keiner für möglich hielt. Und er impfte seiner Mannschaft den unbedingten Willen zum Siegen ein. Dazu brachte der Trainer seiner Mannschaft die heute hinlänglich bekannte aggressive Atlético-Spielweise und den unbedingten Willen zum Erfolg bei. Carlo Ancelotti, auch ein Großer der internationalen Trainergilde, analysiert einmal das Spiel Atléticos so: Die Mannschaft habe den gleichen Stil, den Simeone als Spieler hatte. Ein perfektes Stellungsspiel, eine starke Konzentrationsfähigkeit und eine ganz große Portion Charakter. Simeone denkt von Spiel zu Spiel und passt das Training der Spielweise des nächsten Gegners an. Selbst Trainergriesgram Jose Mourinho zollte seinem Kollegen Respekt, als er feststellte, dass Atlético die vielleicht am schwierigsten zu spielende Mannschaft sei. Kein Wunder, die Mannschaft kämpft in jedem Spiel, in jeder Minute um den Ball – dank Simeone.

Thomas Tuchel

Ein deutscher Trainer von Format ist auch Thomas Tuchel. Er begann seine Trainerkarriere im Jahr 2000 als Jugendtrainer bei Augsburg. Er arbeitete sich dann über die Stationen Mainz 05 und Borussia Dortmund bis in die Bundesliga hoch.

Bei Mainz 05 führte Tuchel den Verein von der 2. Bundesliga in die Bundesliga und erreichte in der Saison 2010/11 das Halbfinale des DFB-Pokals. Bei Borussia Dortmund gewann Tuchel in der Saison 2016/17 die Deutsche Meisterschaft und erreichte das Finale der Champions League.

Im Sommer 2018 wechselte Tuchel zu Paris Saint-Germain. Mit PSG gewann er in den folgenden zwei Saisons die französische Meisterschaft, den französischen Pokal und den französischen Ligapokal. In der Saison 2019/20 erreichte er mit PSG das Finale der Champions League, das gegen den FC Bayern München verloren ging.

Im Januar 2021 wechselte Tuchel zu Chelsea. Mit Chelsea gewann er in der Saison 2020/21 die Champions League, den UEFA Super Cup und die FIFA-Klub-Weltmeisterschaft. 2022 erfolgte schließlich der Wechsel zu Bayern München, wo er überraschend Julian Nagelsmann ablöste. Mit den Bayern gewann Tuchel überraschend auch die Meisterschaft, nach dem Borussia Dortmund ausgerechnet am letzten Spieltag mit einer Heimniederlage gegen den FSV Mainz 05 die schon sicher geglaubte Meisterschaft verspielte.

Tuchel gilt als einer der innovativsten Trainer im Weltfußball. Er ist bekannt für seinen aggressiven Spielstil, der auf Ballbesitz und Pressing basiert. Seine Teams versuchen, den Ball so oft wie möglich in der gegnerischen Hälfte zu halten und den Gegner unter Druck zu setzen. Tuchels Teams sind auch für ihre schnellen und aggressiven Gegenstöße bekannt. Es ist jedoch auch ein sehr anspruchsvoller Spielstil, der vom Team eine hohe Fitness und Konzentration erfordert.

Joachim Watzke – Der Einflussreiche

Watzke wurde am 21. Juni 1959 in Marsberg, Nordrhein-Westfalen, geboren. Er studierte Betriebswirtschaftslehre an der Universität Dortmund und machte sich im Alter von 30 Jahren als Unternehmer selbständig.

2001 wurde Watzke Schatzmeister von Borussia Dortmund. In dieser Funktion war er maßgeblich an der Sanierung des finanziell angeschlagenen Vereins beteiligt. Im Jahr 2005 wurde er zum Geschäftsführer ernannt.

Unter Watzkes Führung ist Borussia Dortmund zu einem der erfolgreichsten Vereine in Deutschland und Europa aufgestiegen. Der Verein gewann zahlreiche nationale und internationale Titel. Watzke ist auch beim Deutschen Fußball-Bund (DFB) aktiv, dort ist er Vizepräsident. Watzke gehört dem Aufsichtsrat der Deutschen Fußball Liga (DFL) an und ist Abgesandter des DFB bei der UEFA. Durch diese vielen Funktionen hat sich Watzke den Ruf erarbeitet, einer der einflussreichsten Fußballfunktionäre Deutschlands zu sein.

Ist Fußballtrainer ein Traumjob? Jein!

Der kritische Leser wird sich an dieser Stelle gegebenenfalls die Frage stellen: Ist Fußballtrainer wirklich ein Traumjob? Die Antwort: Jein! Ein Traumjob ist er für Stars wie Klopp, Guardiola & Co. In der Bezahlung stehen diese ihren Top-Kickern heute in nichts nach. Aber wie kommt das „Fußvolk" in der Trainergilde über die Runden? In der Regel mehr schlecht als recht, so Experten der Branche. In einem Beitrag der Wochenzeitung *Die Zeit* wurde diesem Thema vor geraumer Zeit einmal intensiver nachgegangen. Dort kommt zum Beispiel auch der ausgebildete Fußball-Lehrer Roland Vrabec zu Wort. „Ich habe einen von 54 Profi-Trainerposten. Das ist ein Privileg", sagte er damals der Zeitung, als er noch Coach des Drittligisten FSV Frankfurt war.

Damals trainiert Vrabec den FC Progrès Niederkorn. Wo das ist? In Luxemburg. Der Verein spielt in unserem Nachbarland in der 1. Liga. Das Stadion des Klubs fasst überschaubare 2800 Zuschauer. Trotzdem kann Vrabec von sich sagen, dass er immer noch im Geschäft ist, denn er trainierte nach Niederkorn die Klubs in Esbjerg (Dänemark) und den Greifswalder FC. Seit 2023 hat es ihn wieder nach Luxemburg zurückgezogen. Dort trainiert er aktuell den Spitzenklub Swift Hesperingen.

Schnell Schicht im Schacht

Aber was ist mit den anderen rund 900 lizensierten Fußballlehrern in Deutschland? Hier braucht man nicht lange zu rechnen, um festzustellen, dass vom DFB hier Überkapazitäten ausgebildet wurden. Legt man die 56 potenziellen Spitzenarbeitsplätzen von der 1. bis zur 3. Liga für Fußballlehrer zugrunde, dann ist danach, jobmäßig betrachtet, bald Schicht im Schacht für die ausgebildeten Coaches. Denn sind die regulären Trainerposten besetzt, dann bieten sich lediglich noch einige Jobs in den Nachwuchsabteilungen der Vereine, beim DFB und gegebenenfalls bei den Landesverbänden an.

Unter diesen Umständen ist eine Fußballlehrerkarriere schlecht planbar. Außerdem schwebt auch über den Trainern, die einen Profiklub trainieren, immer drohend das Damoklesschwert der Entlassung. Stimmt die Leistung der Mannschaft nicht, muss der Coach zuerst den Kopf dafür hinhalten. Wer auch sonst, schließlich kann kein Vereinsboss elf Spieler vor die Tür setzen. „Es ist ein schnelllebiges, knallhartes, manchmal brutales Geschäft", sagt Lutz Hangartner, Präsident des Bundes Deutscher Fußball-Lehrer, der *Zeit*. Und wer zwei Mal gescheitert sei, komme schwer wieder rein. Hangartner bringt auch die großen Einkommensunterschiede ins Spiel. In der zweiten, dritten, vierten Liga könnten Trainer keine Reichtümer anhäufen. Je nach Lebensstil könnten Trainer dann einige Monate, vielleicht sogar Jahre überbrücken. „Das Fatale an dem Job ist, dass man nach einiger Zeit, und das sind nur wenige Jahre, in Vergessenheit gerät", so Hangartner. Dann müssen sich einige Trainer im Ausland umsehen oder tauchten in der Regionalliga auf – statt beim FC Liverpool oder dem FC Bayern München.

Die Manager

Wenn man einen Preis für denjenigen vergeben müsste, der die meiste Erfahrung in Sachen Fußball in Deutschland mitbringt, dann müsste unweigerlich der Name Ralf Rangnick fallen. Kaum jemand dürfte im bezahlten Fußball so viele Trainerstationen besetzt haben wie Rangnick. Zu seinen wichtigsten zählen wohl der VfB Stuttgart, die TSG Hoffenheim, der FC Schalke 04, Hannover 96, der SSV Ulm und RB Leipzig. Aktuell trainiert er die österreichische Nationalmannschaft. Als Coach hatte sich Rangnick den Ruf eines Aufstiegsmonsters erarbeitet. So führte er die TSG Hoffenheim innerhalb von drei Spielzeiten in die Bundesliga. Bei RB Leipzig wirkte er als Aufstiegsmacher zum einen im Hintergrund als Sportdirektor und auch als Coach.

Durch seinen Erfolg in der sächsischen Metropole dürfte Rangnick den verstorbenen Red-Bull-Alleinherrscher Dietrich Mateschitz mit großer Wahrscheinlichkeit von seinem Potenzial als Trainer und Manager überzeugt haben. So einen setzt man nicht so einfach vor Tür, nur weil man in Leipzig mit Julian Nagelsmann (heute Trainer der deutschen Nationalmannschaft) und Markus Krösche (heute Sportvorstand bei Eintracht Frankfurt) damals neues Personal in Stellung gebracht hat. Unter diesen Umständen musste für den „Fußballprofessor" Rangnick eine neue Position gefunden werden. Und sie wurde gefunden. Rangnick durfte sich „Head of Sport and Development Soccer" bei Red Bull nennen.

Die Manager

In der neuen Position, die auch etwas nach Frühstücksdirektor klang, durfte er beratend und kontinentübergreifend das Red-Bull-Fußballimperium in Leipzig, Salzburg, New York und Bragantino (Brasilien) betreuen.

In der Tat, in der Bundesliga gibt es einige Top-Manager, die es verdient haben, an dieser Stelle vorgestellt zu werden. Hier eine Auswahl, die durchaus subjektiv ist:

- **Michael Zorc:** Der ehemalige Spieler und spätere Sportdirektor von Borussia Dortmund war einer der erfolgreichsten Manager in der Bundesliga. Er hat den BVB während seiner Ära zu einem der führenden Klubs in Deutschland geführt.

- **Max Eberl:** Eberl war langjähriger Sportchef bei Borussia Mönchengladbach und kurzfristig bei RB Leipzig. Er hat Gladbach während seiner Amtszeit zu einem stabilen Verein mit guten Leistungen geführt.

- **Oliver Mintzlaff:** Der heutige CEO Corporate Projects der Red Bull GmbH RB Leipzig erwarb sich während seiner Zeit als Sportverantwortlicher in Leipzig den Ruf, ein überaus innovativer Manager zu sein. Er hat RB Leipzig in den letzten Jahren zu einem der führenden Klubs in Deutschland geführt. Sein Handwerk erlernte der ehemals erfolgreiche Leichtathlet beim Sportartikelkonzern Puma und als Geschäftsführer bei Ferber Marketing, wo er unter anderem Ralf Rangnick, die Leichtathletin Sabrina Mockenhaupt und die Schlagersängerin Andrea Berg als Manager betreute.

Neben diesen genannten Persönlichkeiten gibt es noch weitere Kandidaten, die zu den besten in der Branche gehören. Dazu gehören unter anderem:

- **Sebastian Kehl:** Der Sportdirektor von Borussia Dortmund ist ein ehemaliger Spieler des Klubs und hat in dieser Funktion die Nachfolge von Michael Zorc angetreten. Die Transferbilanz von Kehl kann positiv beurteilt werden.

- **Markus Krösche:** Nach seiner Spielerkarriere wechselte der heutige Sportvorstand von Eintracht Frankfurt ins Trainerfach. Krösche gilt als einer der erfolgreichsten Fußballmanager in Deutschland. Krösches Erfolg basiert auf einer Reihe von Faktoren. Er ist ein hervorragender Scout und Transferexperte. Er hat Eintracht Frankfurt in den letzten Jahren zu einem der erfolgreichsten Klubs in Deutschland geführt. In dieser Zeit gewann Frankfurt unter anderem den DFB-Pokal, die Europa League und den Supercup.

- **Alexander Rosen:** Ist Geschäftsführer Sport der TSG Hoffenheim und gilt als guter Scout und Transferexperte.

Kriterien eines Sportmanagers

Die Bewertung der Sportdirektoren/Sportmanager in der Bundesliga basiert auf einer Reihe von Kriterien, darunter fallen:

- **Erfolge:** Die sportlichen Erfolge des Vereins sind ein wichtiges Kriterium.
- **Transfers:** Die Qualität der Transfers ist ein weiteres wichtiges Kriterium. Das heißt, am Ende der Saison sollte optimalerweise ein Transferüberschuss erwirtschaftet werden.
- **Wirtschaftlichkeit:** Die wirtschaftliche Nachhaltigkeit des Klubs zu entwickeln und dauerhaft sicherzustellen, gehört ebenfalls zu den Aufgaben des Sportmanagers.

Zurück zum Managementpersonal und dessen Ausbildung. Es gibt in Deutschland fast keine (private) Hochschule, die einen irgendwie gearteten Studiengang „Fußball- und Eventmanagement" nicht im Studienprogramm hat. Gibt man in die Google-Suchfunktion zum Beispiel die Begriffe „Studium, Fußball, Management" ein, so erhält der geneigte User nicht weniger als 4,5 Millionen Ergebnisse. Ohne umfangreiche empirische Studien heranzuziehen, kann davon ausgegangen werden, dass im Modestudiengang „Sportbusiness" über Bedarf ausgebildet wird. Vom viel beschworenen Facharbeitermangel kann in dieser Branche nicht die Rede sein.

Und wer als ambitionierter junger Mensch die Chance bekommt, bei einem Profiverein eine Managementfunktion zu übernehmen, der sollte vielleicht gleich schon mal den Gürtel enger schnallen. Schenkt man einschlägigen Portalen Vertrauen, die sich mit Gehaltsanalysen beschäftigen, so sollen die Einstiegsgehälter in der Fußballbranche in diesen Funktionen zwischen 2000 und 4000 Euro monatlich brutto liegen. Das dürfte für den einen oder anderen dann doch ernüchternd sein, wenn er möglicherweise von Top-Gehältern geträumt hat.

Darüber hinaus dürften es „Externe", wenn es um relativ wichtige Funktionen im Klub geht, wesentlich schwerer haben, sich gegen „Interne" durchzusetzen. Diese haben einfach das bessere Netzwerk in diesem „engen Fußballmarkt" auf ihrer Seite. Diese Feststellungen sollen nun aber keinen jungen Menschen abhalten, in der Branche Fuß zu fassen – denn Fußball wird nie seinen Reiz verlieren.

Uli Hoeneß – Mister Erfolgreich

Wenn es in Deutschland den Preis eines „Ehrenmanagers" im Fußball geben würde, dann müsste dieser dem „ewigen" Bayern-München-Manager Ulrich „Uli" Hoeneß verliehen werden. Was erfolgreiches Klubmanagement angeht, steht der am 05. Januar 1952 in Ulm geborene Hoeneß ganz vorne im Manager-Ranking.

Er begann seine Fußballkarriere in der Jugend des VfB Ulm und debütierte 1970 in der Bundesliga. Mit den Bayern gewann Hoeneß in den 1970er-Jahren zahlreiche nationale und internationale Meisterschaften. Außerdem wurde er mit der deutschen Nationalmannschaft Welt- und Europameister.

Nach dem verletzungsbedingten Ende seiner Karriere als Spieler startet Hoeneß 1979 seine zweite Karriere als Manager beim FC Bayern München. Er wurde 1987 Präsident des Vereins und führte die Bayern zu weiteren großen Erfolgen. Auch in den 2000er-Jahren setzte sich Hoeneß' Erfolgsserie fort. Die Bayern gewannen wieder zahlreiche nationale und internationale Titel.

Im April 2013 wurde Hoeneß wegen Steuerhinterziehung zu dreieinhalb Jahren Haft verurteilt. Er hatte in den Jahren 2002 bis 2007 Steuern in einer beträchtlichen Höhe hinterzogen. Hoeneß trat daraufhin als Präsident des FC Bayern München zurück.

Hoeneß trat seine Haft im Juni 2014 an und wurde im Februar 2016 vorzeitig entlassen. Heute gehört Hoeneß dem Aufsichtsrat des Vereins an und ist Ehrenpräsident des Klubs. Er ist auch seit 2001 als Unternehmer (Wurstwarenfabrik/Nürnberg) tätig.

Der Manager-Liga von Uli Hoeneß gehört auch Hans-Joachim Watzke an. Der Unternehmer ist seit 2005 Geschäftsführer des Fußball-Bundesligisten Borussia Dortmund.

14

Schiedsrichter: Die Autorität im Fußballstadion

„Die Leistung eines Schiedsrichters ist mit irdischen Gütern nicht zu bezahlen."

Walter Eschweiler

Sie sind die Autorität im Fußballstadion: die Schiedsrichter. Sie leiten das Spiel und haben immer das letzte Wort. Ihr Pfiff, ihre Entscheidung gilt. In diesem Kapitel werden einige der bekanntesten Bundesliga-Schiedsrichter Deutschlands vorgestellt. Diese Auswahl ist subjektiv und stützt sich auf die Einschätzung des Verfassers dieses Buches.

Deniz Aytekin

Beginnen wir mit Deniz Aytekin. Er gehört zu den erfahrensten Schiedsrichtern in der Bundesliga. Der Franke ist seit 2004 DFB-Schiedsrichter und hat sich einen Ruf als fairer und konsequenter Schiedsrichter erarbeitet.

Aytekin wurde am 21. Juli 1978 in Nürnberg geboren. Seine Eltern stammen aus der türkischen Provinz Tekirdağ. Er ist Schiedsrichter für den TSV Altenberg. Seine erste Bundesliga-Partie leitete er am 27. September 2008 zwischen Hertha BSC und Energie Cottbus. In seiner Karriere fehlen natürlich auch keine Auftritte auf internationalem Parkett.

Aytekin ist bekannt für seine souveräne Spielleitung und seine Fähigkeit, auch schwierige Situationen zu lösen. Er ist ein sehr kommunikativer Schiedsrichter und spricht oft mit den Spielern, um die Situation zu klären. Aytekin wurde in seiner Karriere mehrfach ausgezeichnet. So erhielt unter anderem vom Fachblatt *Kicker* die Auszeichnung „Schiedsrichter der Saison 2019/2020" und den bayerischen Verdienstorden.

Felix Brych

Felix Brych ist wohl der erfolgreichste deutsche Schiedsrichter, der in der Champions League, bei Welt- und Europameisterschaften zum Einsatz kam. Er ist bekannt für seine souveräne Spielleitung und seine gute Kommunikation mit den Spielern.

Brych wurde am 03. August 1975 in München geboren. Er ist Schiedsrichter für den SV Am Hart München und seit 2004 Bundesliga-Schiedsrichter. Er ist einer der erfahrensten und erfolgreichsten Schiedsrichter in Deutschland und war von 2007 bis 2023 FIFA-Schiedsrichter. Brych hat 344 Bundesliga-Spiele geleitet und damit zu dem bisherigen Rekordhalter Wolfgang Stark aufgeschlossen. Sein Bundesligadebüt gab Brych bei der Partie zwischen Hertha BSC und Mainz 05 am 28. August 2004.

Brych ist bekannt für seine souveräne und faire Spielleitung. Er ist auch ein sehr kommunikativer Schiedsrichter und schafft es, auch in schwierigen Situationen die Ruhe zu bewahren. Der Münchner hat während seiner Karriere zahlreiche hochkarätige Auszeichnungen erhalten. So wurde er nicht weniger als sechsmal deutscher Schiedsrichter des Jahres. Außerdem wurde der Weltschiedsrichter mit dem FIFA-Verdienstorden ausgezeichnet.

Sascha Stegemann

Sascha Stegemann gehört zu ebenfalls zu den Top-Schiedsrichtern in der Bundesliga. Stegemann ist seit 2011 als DFB-Schiedsrichter aktiv. Er ist bekannt für seinen guten Spielüberblick und seine schnelle Entscheidungsfindung.

Stegemann wurde am 06. Dezember 1984 in Niederkassel geboren. Im Januar 2012 wurde er auf die Liste der DFL-Schiedsrichter für die 2. Bundesliga gesetzt, in der er es bislang auf 84 Einsätze brachte. Am 31. August 2014 leitete er mit der Partie zwischen Mainz 05 und Hannover 96 sein erstes Bundesligaspiel.

Stegemann ist Diplom-Verwaltungswirt (FH) und hat das Erste Juristische Staatsexamen. Er lebt in Niederkassel und pfeift für den 1. FC Niederkassel im Fußball-Verband Mittelrhein.

Er leitet seit 2014 Spiele in der Bundesliga und ist seit 2019 FIFA-Schiedsrichter. Stegemann ist bekannt für seine ruhige und souveräne Art und hat sich in der Bundesliga als zuverlässiger und fairer Schiedsrichter etabliert.

In seiner Karriere war Stegemann bereits bei internationalen Spielen mit von der Partie.

Felix Zwayer

Nach einem veritablen Skandal stieg Felix Zwayer wie Phönix aus der Asche empor. Geboren am 19. Mai 1981 in Berlin gab er sein Bundesligadebüt am 15. August 2009 beim Heimspiel von Hannover 96 gegen Mainz 05. Zwayer wird von vielen als erfahrener und souveräner Schiedsrichter geschätzt, der von vielen Experten sogar als einer der besten in Deutschland angesehen wird. Er ist bekannt für seine ruhige und besonnene Art und seine Fähigkeit, auch in schwierigen Situationen nicht die Nerven zu verlieren.

Zwayer hat in seiner Karriere bisher mehr als 200 Bundesliga-Spiele geleitet. Er kam auch als Schiedsrichter bei internationalen Partien zum Einsatz. Er wurde mehrfach für seine Schiedsrichterleistungen ausgezeichnet.

Zwayer musste aber auch einen handfesten Skandal überstehen. Er war einer der damaligen Schiedsrichter, die den Fußball-Wettskandal 2005 um den damaligen Berliner Schiedsrichter Robert Hoyzer ins Rollen brachten. Hoyzer, der später zu einer Haftstrafe von zwei Jahren und fünf Monaten verurteilt wurde, war als Schiedsrichter in der 2. Fußball-Bundesliga im Einsatz und manipulierte mehrere Spiele, um auf deren Ausgang zu wetten.

Zwayer war bei einigen der manipulierten Spiele als Linienrichter beteiligt. Er gehörte auch zu den Referees, die Hoyzers Machenschaften öffentlich machten.

Nach Bekanntwerden des Skandals erhielt Zwayer eine DFB-Sperre von sechs Monaten. Der Grund waren keine Manipulationsvorwürfe gegen ihn, sondern der Umstand, dass Zwayer die Hoyzer-Manipulationen nicht rechtzeitig gemeldet hatte.

Nach seiner Sperre kehrte Zwayer zu den Schiedsrichtern zurück und stieg schnell wieder auf. Seit über zehn Jahren leitet er Spiele in der 1. Bundesliga.

Daniel Siebert

Daniel Siebert gehört zur jungen Garde der Bundesliga-Schiedsrichter, der in den letzten Jahren für seine gute Leistung in der Liga Anerkennung bekam. Siebert wurde am 04. Mai 1984 in Berlin geboren. Der Sportwissenschaftler, Lehrer an einem Berliner Gymnasium, ist bekannt für seine gute Spielübersicht und seine Fähigkeit, schwierige Situationen zu meistern.

Siebert begann seine Schiedsrichterkarriere im Jahr 2006 und wurde 2007 zum DFB-Schiedsrichter ernannt. Sein Debut in der Bundesliga gab er am 01. September 2012 beim Spiel zwischen dem FC Schalke 04 und dem FC Augsburg.

Siebert zeichnet sich laut Experten durch seine souveräne Spielleitung aus. Er ist auch ein sehr kommunikativer Schiedsrichter und spricht oft mit den Spielern, um die Situation zu klären.

Manuel Gräfe: Ein Schiri bleibt hart

Der Fußball-Wettskandal 2005 war ein großer Manipulationsskandal im deutschen Profifußball. Der damalige Zweitliga-Schiedsrichter Robert Hoyzer wurde dabei ertappt, dass er Spiele manipulierte. Dafür soll er von einer Wettmafia rund 67 000 Euro erhalten haben.

Der Skandal flog Anfang 2005 auf, als Hoyzer gestand, von ihm geleitete Spiele manipuliert zu haben. Dazu gehörte auch das DFB-Pokalspiel zwischen dem damaligen Regionalligisten SC Paderborn und dem Hamburger SV im August 2004, das der große Favorit mit 2:4 verlor. Hoyzer traf dabei einige sinnentleerte Entscheidungen, die Paderborn den Sieg ermöglichten. Nach dem Spiel gab es aber Hinweise, dass Hoyzer das Spiel manipuliert haben könnte.

Spätere Ermittlungen des DFB ergaben, dass Hoyzer seit mindestens November 2004 mit einer Wettmafia zusammengearbeitet habe. Hoyzer soll in dieser Zeit mindestens sechs Spiele manipuliert haben, darunter auch das genannte Spiel zwischen dem Paderborn und dem HSV.

Hoyzer wurde im August 2005 zu zwei Jahren und fünf Monaten Haft verurteilt. Er wurde außerdem lebenslang vom DFB gesperrt.

Der Skandal hatte erhebliche Auswirkungen auf den deutschen Fußball. Der DFB führte umfangreiche Reformen des Schiedsrichterwesens durch. Außerdem wurde die Zusammenarbeit mit den Strafverfolgungsbehörden intensiviert.

Der Schiedsrichter Manuel Gräfe war einer der ersten, der Verdacht schöpfte, dass Hoyzer Spiele manipulierte. Gräfes Aussagen waren entscheidend dafür, dass der Skandal aufgedeckt wurde. Er selbst wurde nach Bekanntwerden des Skandals zunächst für sechs Monate gesperrt. Die Sperre wurde später jedoch aufgehoben. Gräfe wurde nie wegen Manipulationen verurteilt.

Gräfe kritisierte den DFB für seine Entscheidung, ihn für sechs Monate zu sperren. Er argumentierte, dass er nicht wegen der Manipulationen verurteilt worden war, sondern weil er die ihm bekannten Spielmanipulationen Hoyzers zunächst nicht gemeldet hatte. Gräfe bedauerte später, dass er nicht früher gehandelt habe, aber er betonte, dass er nicht in Hoyzers Machenschaften verstrickt gewesen war.

Am 22. Mai 2021 war der Berliner Sportwissenschaftler Gräfe bei der Partie zwischen Borussia Dortmund und Bayer 04 Leverkusen zum letzten Mal Referee bei einer Bundesligapartie. Mit 47 Jahren hatte er die Altersgrenze für Schiedsrichter beim DFB erreicht. Gräfe klagte gegen die Entscheidung des DFB wegen Altersdiskriminierung und erhielt vor dem Landgericht Frankfurt am Main Recht. Das Gericht verurteilte den DFB zur Zahlung von 48 500 Euro Schadenersatz an Gräfe.

15

Die Fans im Blick

„Ich sage nur ein Wort: Vielen Dank!"

Horst Hrubesch (Fußballtrainer)

15 Die Fans im Blick

Soziologen und Marketing-Strategen denken gerne in Generationen: Sie wollen dabei herausfinden, wie die jeweilige Generation „tickt". Dabei spielen unter anderem die Gewohnheiten, politische Einstellungen und das Freizeitverhalten eine wichtige Rolle. Solche Erkenntnisse sind auch für den Fußball und seine Protagonisten relevant. Die Branche hat ein starkes Interesse daran, dass die Fußballfans auch weiterhin dem runden Leder die Treue halten. Denn sie sind beim „Event Fußball" enorm wichtig, da sie mit ihren Emotionen den Hype um dieses Spiel immer auf dem Siedepunkt halten. Ändert sich das, könnte das für die Klubs und Verbände spürbare, negative Folgen haben.

Vor diesem Hintergrund dürfte die „SPOAC Sportbusiness-Studie" den Vereinsbossen und Verbandsfunktionären die Sorgenfalten auf die Stirn treiben. Die genannte Studie hat sich unter anderem den sogenannten Post-Millennials gewidmet. Untersuchungsgegenstand sind hier die jungen Menschen, die nach 1999 geboren wurden. Auf den Fußball gemünzt sind das die potenziellen Fans von morgen.

Der Sport ist Nebensache

Ob die es aber einmal werden, scheint eher fraglich zu sein – denn Sport sei für diese jungen Menschen, im Gegensatz zu deren Elterngeneration, im wahrsten Sinne des Wortes eine Nebensache. Die 2000er-Jahrgänge sind die ersten Generationen, die von Kindesbeinen an mit Smartphone & Co. aufgewachsen sind und sich mit Streamingdiensten besser auskennen als im Garten ihrer Eltern. Zu den (Freizeit)Favoriten dieser jungen Generation gehören laut der Studie folglich YouTube und Spotify. Fußball spiele bei ihnen eine eher unwichtige Rolle. Wie die Studie herausgefunden hat, verbringen die Post-Millennials durchschnittlich 17 Stunden wöchentlich in den digitalen Medien. Deren Fußballkonsum beziffern die Forscher mit 4,2 Stunden in der Woche.

Für die Verantwortlichen in den Profiklubs dürfte aber auch dieses Ergebnis von großem Interesse sein: Die 2000er-Generation gehe lieber zu einem Amateur- als zu einem Profispiel. Und um hier genau zu sein: doppelt so häufig. Den Grund für diese Zurückhaltung gegenüber dem Profifußball sehen die Forscher in den hohen Kosten, die ein Stadionbesuch mit sich bringe und der für Jugendliche ohne „Sponsor" vielfach unerschwinglich sei. Da kommt der Amateurfußball schon deutlich günstiger um die Ecke. Solche Spiele sind nicht nur kostengünstig, sondern die Jugendlichen können auch des Öfteren ihren Freunden beim Fußball zusehen, wenn diese in einer Mannschaft spielen. Im Fußball zählt auch die persönliche Verbundenheit der Zuschauer mit den Akteuren. Und diese ist im Amateurfußball viel eher gegeben.

Beim Fußball sind mittlerweile bekanntlich die Stars das Salz in der Suppe. So jedenfalls das gängige Klischee. Doch Messi, Ronaldo & Co. haben bei den Post-Millennials an Strahlkraft verloren, das hat die Studie auch herausgefunden. Nur knapp fünf Prozent der befragten Jugendlich hätten angegeben, dass sich Fußballstars von Entertainment-Größen aus anderen Branchen kaum unterscheiden würden.

> Die Studienautoren ziehen aus ihrer Befragung den Schluss, dass Fußball kein Selbstläufer bei der jungen Generation ist, wie sich das viele Manager in der Branche vielleicht wünschen würden. Infolgedessen müssten die alten Fußball-Weisheiten über Bord geworfen werden, wenn der Anschluss an die Post-Millennials nicht verloren werden soll, so die Forderung der Forscher.

Aber ihn gibt es auch noch: den typischen, deutschen Fußballanhänger. Hier gibt die „Carat Fantypologie" Auskunft. Im Rahmen dieser repräsentativen Studie wurden 6000 Personen vom Forschungsteam Resolutions (Dentsu Aegis Network) befragt. Dabei kam heraus, dass der durchschnittliche deutsche Fußballanhänger 42 Jahre alt ist. Knapp der Zweidrittel der Fußballfans sind Männer und verfügen neben einem hohen Bildungsgrad über ein Haushaltsnettoeinkommen von rund 2800 Euro.

Im Stadion selten zu sehen

Im Stadion bekommt man diese Spezies aber selten zu Gesicht, denn nur fünf Prozent der Befragten, so die Studie, besuchten regelmäßig Bundesligaspiele. Knapp 40 Prozent gaben dafür an, sich „gelegentlich" zum Besuch eines Bundesligaspiels aufzuraffen. Und mehr als die Hälfte geht noch nicht einmal ins Stadion, wenn das persönliche Lieblingsteam aus der Bundesliga aufläuft. Dafür wird umso mehr im heimischen Wohnzimmer Fußball konsumiert. Und das mit Vorliebe im TV, durchschnittlich knapp 16 Stunden in der Woche schaue sich der Fußballfan seinen Lieblingssport an.

Auf Aufholjagd sei hier das Internet – rund zwölf Stunden wöchentlich informierten sich die Fans mit diesem Medium über Fußballspezifisches. Auch das Radio spielt bei der Mediennutzung der Fußballanhänger noch eine wichtige Rolle – durchschnittlich rund zehn Stunden wöchentlich informierten sich die Fans mit diesem „alten" Medium, das offenbar immer noch äußerst populär ist. Unter ferner liefen verorten die Forscher in dieser Hinsicht Zeitungen, Magazine und Social-Media-Channels. Als Informationsquelle seien diese bei Fußballfans sehr selten gefragt. Weitere Erkenntnis: Im besonderen Fokus der Fußballanhänger stehen immer mehr die Streamingangebote zum Beispiel von Sky, DAZN und Amazon Prime. Aber auch die Mediatheken der öffentlich-rechtlichen Sender werden von den Fußballfans gerne genutzt.

Die europäischen Fußballfans im Fokus der Statistik

Rund **66 Prozent** der deutschen Männer interessieren sich für die Fußball-EM.

Die Premier League hat rund **65 Millionen** ausländische Fans. Es folgen die Primera División (47 Millionen), Bundesliga und Serie A (jeweils 26 Millionen) und Ligue 1 (20 Millionen).

Die beliebtesten Klubs der Fußballfans in Europa sind der **FC Barcelona (44 Millionen)** und **Real Madrid (41 Millionen)**

94 Prozent der Deutschen schauen regelmäßig oder gelegentlich Fußballspiele im TV.

Die europäischen Fußballfans geben rund **700 Euro** im Jahr für Fußball aus.

62 Prozent der Deutschen sind Fußballfans. Das sind 43 Millionen Menschen.

Die **populärsten Spieler** bei den Fans sind Cristiano Ronaldo, Neymar und Lionel Messi.

Quellen: kantarmedia.com, de.statista.com

Deutschland bleibt eine Fußballnation

Trotz Veränderungen der Freizeitinteressen und Nutzungsgewohnheiten: Deutschland bleibt eine Fußball-Nation, denn 80 Prozent der Bundesbürger interessieren sich für diese Sportart – eine gigantische Zahl. Dass es im deutschen Profifußball nicht um Elf-Freunde-Romantik geht, darüber sind sich dreiviertel der Deutschen bewusst, und für sie sind deshalb die Mannschaften der Bundesliga längst Wirtschaftsunternehmen und keine klassischen Fußballklubs mehr. Das sind alles Ergebnisse der YouGov-Studie „Fußballfans im Marketingfokus – Wie Vereine und Unternehmen Fußballfans gezielter ansprechen können".

Die YouGov-Analyse kommt mitunter mit Erkenntnissen daher, die für den Fan eher etwas zum Schmunzeln bieten, aber für die Marketing-Strategen Weichenstellungen für ihre Werbemaßnahmen im Fußball geben können. Wer wusste denn schon, dass Fans des FC Bayern München in ihrer großen Mehrzahl gerne neue Marken ausprobieren? Anhänger des Hamburger SV erfreuen sich dagegen mehr über hochwertige Produkte. Von „Bling-Bling" lassen sich die Fans von RB Leipzig dagegen nicht blenden. Vor einem Kauf studieren diese erst einmal intensiv Produktbewertungen.

In der Premier League zur Kasse gebeten

Dagegen widmet sich die „Price of football study" der BBC dem Preisniveau im britischen Fußball und den damit verbundenen Auswirkungen auf die jungen Fans im Alter zwischen 18 und 24 Jahren. Das wichtigste Ergebnis der Studie vorweg: Junge Fußballfans finden immer weniger den Weg ins Stadion, da sie sich die hohen Preise einfach nicht mehr leisten könnten. Und das ist umso interessanter, weil viele Klubs ihre Eintrittspreise nicht mehr angehoben haben, sondern sogar senkten. Die Ticketpreise sind trotzdem gesalzen: So kostet das günstigste Saisonticket von Arsenal London umgerechnet rund 1138 Euro. Wer sich für die teuerste Variante entscheidet, muss sogar fast 2721 Euro für das „Fußballerlebnis Arsenal" bezahlen. Fairerweise sollte man bei diesem Beispiel wissen, dass das Arsenal-Saisonticket auch Spiele für den FA-Cup und internationale Matches beinhaltet.

Lässt man diese zusätzlichen Spiele außer Acht, dann sind die Ticketpreise die Chelsea London auch nicht gerade ein Schnäppchen: Umgerechnet 877 Euro kostet aktuell das preiswerteste Saisonticket. Im Gegensatz hierzu sind die West-Ham-United-Fans echte Schnäppchenjäger, denn sie werden nur mit 362 Euro für das billigste Saisonticket zu Kasse gebeten. Für das teure Ticket sind dagegen schon 1873 Euro fällig. Das ist aber längst nicht mit den Spurs zu vergleichen. Tottenham zieht seinen Anhängern für das preiswerteste Jahresticket schon 944 Euro aus der Tasche. Für Spitzenplätze bei den Dauerkarten muss noch tiefer in die Tasche gegriffen werden. 2368 Euro sind in der Top-Kategorie fällig.

Zurück zu den britischen Fans. Hier geben über die Hälfte an, dass sie wegen der hohen Preise fast kein Fußballspiel mehr besuchen. Auch die hohen Reisekosten seien für die Fans eine Barriere für den Stadionbesuch, so die Studie. Kein Wunder also, dass sich nur lediglich vier Prozent der jungen Fans eine Dauerkarte leisten wollten. Hieraus ist unschwer zu erkennen, dass Top-Fußball für junge Menschen in Großbritannien nicht mehr wirklich attraktiv ist. Im Gegensatz zu Konsole spielen und Sportwetten. Diesen passiven Freizeitaktivitäten können die jungen Fußballfans deutlich mehr abgewinnen als einem Stadionbesuch. So „spielen" 60 Prozent lieber an der Konsole Fußball, und über 40 Prozent platzierten regelmäßig Sportwetten. Aktives Fußballspielen ist bei den jungen Menschen offenbar alles andere als en vogue, denn laut der Studie spielen 63 Prozent nicht mehr Fußball im Verein.

Spitzenfußball, ein teures Vergnügen

Mit Blick auf die junge Fan-Generation sollten sich die Fußballklubs deshalb Sorgen machen. Spitzenfußball ist für die jugendlichen Fans ein zu teures Vergnügen geworden. Und mit der Internationalisierung und weiteren Kommerzialisierung des Fußballs werden sich die Preise für einen Stadionbesuch und die dazugehörigen „Nebengeräusche" vermutlich weiter erhöhen. Damit vergrault man die jungen Fußballfans weiter aus den Stadien, die sich dann anderen, preisgünstigeren digitalen Aktivitäten zuwenden werden. Diese Fans lernen Fußball in ihrer Jugend als ein virtuelles und teures Vergnügen kennen. Und das, obwohl dieser Sport von den großen Emotionen lebt. Da hilft es den Vereinen auch nur bedingt weiter, wenn sie E-Sports-Abteilungen aus dem Boden stampfen und hoffen, damit junge Menschen an ihren Klub zu binden.

Dass teure, britische Verhältnisse auch in Deutschland Fuß fassen können, ist gar nicht so weit hergeholt. Von Fußballfunktionären wird immer wieder gerne der englische Fußball als Vorbild gelobt. Vorbildfunktion hat der britische Fußball aber für diese nur, wenn es um die gewinnbringende, „professionelle Vermarktung" geht. Aber auch wenn professionelle Fußballklubs heute fast ausschließlich als Wirtschaftsunternehmen zu betrachten sind und Erlöse folglich eine wesentliche Rolle für den Erfolg eines Vereins spielen, dürfen diese die künftige Generation der Fußballfans nicht aus den Augen verlieren, sondern sollten sich auf deren andere und neue Bedürfnisse einstellen und diese ernst nehmen. Ansonsten sind die jungen Fans schneller weg, als sich die Klubs das vorstellen können. (Profi)Fußball ist kein Selbstläufer mehr – das müssten mittlerweile alle verstanden haben.

Ultras: Große Bedeutung für die Fankultur

Die Ultra-Bewegung hat im Fußball ohne Zweifel eine wichtige Bedeutung. Ultras sind Anhänger eines Fußballvereins, die sich durch ihre Leidenschaft, ihren Enthusiasmus und ihre Kreativität auszeichnen. Sie tragen maßgeblich zur Atmosphäre in den Stadien bei und sind damit eine wichtige Säule der Fankultur.

Ultras sind in der Regel in Gruppen organisiert. Bei regelmäßigen Treffen planen und koordinieren sie ihre Aktionen. Ultras sind nicht nur in der Bundesliga, sondern auch in vielen anderen europäischen Ländern vertreten.

Die Relevanz der Ultras im Fußball lässt sich an folgenden vier Säulen beschreiben:

- **Unterstützung der Mannschaft:** Ultras sind die lautstärkste und auffälligste Gruppe im Stadion. Sie feuern ihre Mannschaft mit Gesängen, Sprechchören und Pyrotechnik an.
- **Aktivierung der Fanszene:** Ultras tragen maßgeblich zur Aktivierung der Fanszene bei. Sie organisieren gemeinsame Ausflüge und Aktionen, um die Fans zu motivieren und zu begeistern. Ultras sind auch oft Vorreiter bei neuen Fankultur-Trends.
- **Prägung der Fankultur:** Ultras haben einen großen Einfluss auf die Fankultur. Sie tragen dazu bei, dass Fußballspiele zu einem besonderen Erlebnis werden. Ultras sind oft auch politisch aktiv und setzen sich für soziale und gesellschaftliche Themen ein.
- **Gewaltproblematik:** Ultras sind immer wieder mit Gewalt in Verbindung gebracht worden. Es kam immer wieder zu Auseinandersetzungen zwischen den Ultras rivalisierender Vereine.

Die Generation Z und der Fußball

Als Generation Z, auch Zoomer genannt, bezeichnet man die jungen Menschen, die zwischen 1995 und 2010 geboren wurden (Institut für Generationenforschung). Es ist die die Nachfolgegeneration der Millennials (Generation Y) und die erste Generation, die mit dem Internet und den verschiedenen digitalen Medien aufgewachsen ist. Dieser Umstand habe einen großen Einfluss auf ihr Konsumverhalten, auch im Bereich des Fußballs, so Experten.

Generell könne festgestellt werden, dass die Generation Z ein geringeres Interesse am Fußball hat als die Generationen vor ihr. Dafür werden mehrere Faktoren verantwortlich gemacht:

- **Digitalisierung:** Die Generation Z ist in einer Welt aufgewachsen, in der es eine Vielzahl von Unterhaltungsmöglichkeiten gibt. Sie ist es gewohnt, jederzeit und überall auf Inhalte zugreifen zu können. Fußball ist für sie nur eine von vielen Optionen.
- **Individualisierung:** Die Generation Z ist eine individualisierte Generation. Sie ist weniger an Traditionen und Konventionen gebunden als die Generationen vor ihr. Sie entscheidet selbst, was sie interessiert und was sie konsumiert.
- **Nachhaltigkeit:** Die Generation Z ist sich der Bedeutung von Nachhaltigkeit bewusst. Sie ist kritisch gegenüber Großveranstaltungen wie zum Beispiel der Fußball-Weltmeisterschaft, die mit großen Umweltbelastungen verbunden ist.

Trotz dieser Trends gibt es auch noch eine große Anzahl von Fußballfans in der Generation Z. Sie sind, wie beschrieben, besonders digitalaffin und interessieren sich für neue Technologien. Sie sind auch bereit, für Inhalte zu bezahlen, die ihnen gefallen.

Die Generation Z stellt die Fußballbranche deshalb vor neue Herausforderungen. Sie muss sich deshalb an die veränderten Bedürfnisse und Interessen dieser Generation anpassen. Dies kann durch neue Angebote und Formate geschehen, die die Generation Z ansprechen.

Hier sind einige Beispiele, wie die Fußballbranche die Generation Z erreichen kann:

- **Digitale Angebote:** Die Generation Z nutzt digitale Medien intensiv. Die Fußballbranche sollte daher verstärkt auf digitale Angebote setzen wie zum Beispiel Streaming-Dienste, Social-Media-Kanäle oder Virtual-Reality-Angebote.
- **Personalisierung:** Die Generation Z ist individualisiert und möchte sich mit Inhalten identifizieren können. Die Fußballbranche sollte daher Angebote schaffen, die personalisiert sind und auf die Bedürfnisse der einzelnen Fans eingehen.
- **Nachhaltigkeit:** Die Generation Z ist sich der Bedeutung von Nachhaltigkeit bewusst. Die Fußballbranche sollte daher nachhaltige Angebote schaffen, die die Umwelt schonen.

16

Das Finale

„Ich verliebte mich in den Fußball, wie ich mich später in Frauen verlieben sollte: plötzlich, unerklärlich, unkritisch und ohne einen Gedanken an den Schmerz und die Zerrissenheit zu verschwenden, die damit verbunden sein würden."

Nick Hornby, Fever Pitch

Die EM im Spannungsfeld der politischen Krisen

Die Welt steht Kopf. In der Ukraine wütet wieder ein Krieg auf europäischem Boden. Russland ist im Februar 2022 in sein Nachbarland einmarschiert. Mittlerweile ist dieser Krieg quasi zu einem „Stellvertreter"-Krieg zwischen dem Westen und Russland mutiert, denn ohne westliche Unterstützung, hier spielt Deutschland eine führende Rolle, würde es die Ukraine wohl nicht mehr geben. Die Welt befindet sich, je nach Sichtweise, vor oder mitten in einem neuen Kalten Krieg. Manche westlichen Politiker malen sogar das Gruselbild an die Wand, dass aus diesem Kalten Krieg bald ein „heißer Krieg" werden könnte.

Auch im Nahen Osten eskaliert die Lage, seit die Hamas am 07. Oktober 2023 bei einem terroristischen Anschlag über 1200 israelische Zivilisten massakrierte. Die Israelis machten daraufhin den palästinensischen Gazastreifen dem Erdboden gleich. Zehntausende Palästinenser fanden den Tod. Spannungen herrschen auch zwischen den Großmächten China und den USA.

Und in Deutschland müssen die Menschen unter anderem mit einer hohen Inflation, den höchsten Energiepreisen weltweit und einem nicht mehr zu verleugnenden Migrationsproblem kämpfen. Die amtierende Ampelregierung, bestehend aus SPD, Grünen und FDP, reißt unter diesen Umständen bei Wählerumfragen eine Negativmarke nach der nächsten und sieht sich durch Proteste wie die der Bauern herausgefordert. Aus der Unzufriedenheit vieler Menschen schöpfen rechtspopulistische Parteien wie die AfD Oberwasser. Nimmt man die Meinungsäußerungen in den sozialen Medien als Maßstab, könnte man den Eindruck gewinnen, Deutschland ist ein gespaltenes Land.

Vor diesem gesellschaftspolitischen Hintergrund findet die Fußball-Europameisterschaft 2024 in Deutschland statt. Das stellt die Verantwortlichen vor große Herausforderungen. Eine bundesweite Fußballeuphorie wie bei der Fußball-Weltmeisterschaft im Jahr 2006, dem sogenannten „Sommermärchen", sei laut Fanforscher Harald Lange alles andere als garantiert. Wer davon ausgehe, sei hochgradig naiv, sagte der Wissenschaftler der *Schwäbischen Zeitung*. Lange wirft dem DFB vor, dieser habe die Zeichen der Zeit nicht erkannt. Für den Experten wird der Verband durch ein Fan-Voting, bei dem der Dortmunder Profi Emre Can zum Nationalspieler des Jahres gewählt wurde, im „höchsten Maße ironisiert". Für Lange ein Indiz, dass die Fans die Nationalmannschaft nicht mehr ernst nehmen würden. Das sei im Prinzip schlimmer als das Ausscheiden in der Vorrunde bei der Fußball-WM in Katar.

Trotz seiner harschen Kritik erwartet der Fanforscher während der Europameisterschaft volle Stadien. Der Grund sei für ihn nicht die Begeisterung für die Nationalmannschaft, sondern schlicht und ergreifend der Umstand, dass es sich bei der EM um einen „Event" handele. Für Lange gibt es in Sachen Nationalmannschaft keine klassische Fankultur. Und wenn es sie einmal gebe, dann nur, wenn das Team erfolgreich sei. Prinzipiell gelte aber, dass die Fans kein Rückhalt für die Nationalmannschaft seien.

„Fehlender Wettbewerb, Monopolisierungstrends, Geldgier, Globalisierungswahn, Korruption, Manipulation, aber auch Rassismus und Gewalt beherrschen europaweit den Profifußball. Doch nirgendwo werden Probleme so hartnäckig verdrängt und/oder totgeschwiegen wie dort. Die einen wollen ihre persönlichen Interessen gewahrt wissen, andere möchten sich ihre illusionären Sichtweisen erhalten." So beschreibt Dirk Rasch, Ehrenvorsitzender des VfL Osnabrück, in seiner Kolumne im *Tagesspiegel* die Situation im europäischen Profifußball. Das Zitat stammt aus dem Jahre 2016, hat aber durchaus heute noch seine Berechtigung.

Kaum ein Fußballwochenende in Europa vergeht aktuell, an dem Rasch sich nicht mit einem seiner „Vorwürfe" bestätigt fühlen könnte.

In der Tat haben sich die Profiklubs in Europa immer weiter von ihrer Basis, dem Amateurfußball, abgekoppelt. Spötter könnten sagen, die Profis betreiben mittlerweile eine andere Sportart.

Klubs als Wirtschaftsunternehmen

Richtig ist, dass sich die Klubs immer mehr zu prosperierenden Wirtschaftsunternehmen verwandelt haben. Und solche Firmen müssen dann auch konsequenterweise nach betriebswirtschaftlichen Kriterien geführt werden. Sie stehen unter dem Erfolgsdruck, ihr Kerngeschäft „Fußball" immer weiter zu kommerzialisieren. Dass es in diesem Wettbewerb um unternehmerischen Erfolg, wenige „Gewinner" und viele „Verlierer" gibt, liegt in der Natur der Sache.

Aufgrund dieser fortschreitenden wirtschaftlich-sportlichen Monopolisierung im europäischen Fußball ist es nur eine Frage der Zeit, bis es zu einer Gründung einer „privaten" Super League in Europa kommt, in der dann Real Madrid, Barca, Bayern München, der FC Liverpool & Co. ihren Champion unter sich „ausspielen". Eine League ohne Auf- und Abstiege, da ansonsten die Planungssicherheit gefährdet wird. Und das auch ohne lästiges „Reingerede" von nationalen und internationalen Fußballfunktionären und Verbänden.

Ein solches Modell erlaubt diesen Vereinen dann die unternehmerischen Freiheiten, die sie sich schon lange gewünscht haben. So werden diese Klubs dann zum Beispiel in die Lage versetzt, dass sie ihre Medien-Deals in eigener Regie verhandeln können. Davon werden sich die Manager dieser Vereine eine deutliche Verbesserung ihrer Erlöse versprechen. Ob sich aber Medienmonopolisten wie Sky, Amazon, Google & Co. von Fußballunternehmen die Preise diktieren lassen, steht auf einem ganz anderen Blatt. Um einen optimalen Preis für ihr Produkt zu erzielen, sind die Topklubs vielleicht doch gezwungen, als „Einheit" aufzutreten. Der Trend beim Verkauf der Vermarktungsrechte wird nicht nur in einer möglichen Super League dahin gehen, dass die Mannschaften „zielgruppengenau" den TV-Fans „angeboten" werden. Was aber interessiert, mit Verlaub, einen Fan von Borussia Dortmund das Spiel FC Porto gegen Inter Mailand in der Super League? Vermutlich relativ wenig … Spinnt man dieses Geschäftsmodell weiter, so wird es in einer Super League über kurz oder lang möglicherweise „reiche" und „arme" Klubs geben.

Was bedeutet es nun für die einzelnen europäischen Ligen, wenn der/die sportliche/n „Monopolist/en" das Feld räumen? Es könnte eine positive Entwicklung nach sich ziehen. Der Wettbewerb, der die Grundlage einer jeden Sportart ist, würde für die Zuschauer deutlich interessanter werden. Denn niemand kann dann mehr vor der Saison genau aufsagen, wer Meister wird und welche Mannschaften die Champions-League-Plätze belegen. Die internationalen Verbände sind unter diesen Voraussetzungen aber auch im finanziellen Eigeninteresse gezwungen, attraktive Wettbewerbe für die „Übriggebliebenen" zu entwickeln. Mit Verboten und Sanktionen, wie es die UEFA im Vorfeld der Vorstellung der Super League gemacht hat, wird man einer Konkurrenzliga nicht Herr werden.

Ein nicht unerhebliches Risiko besteht aber dennoch, wenn sich die Super-League-Teams von ihren nationalen Ligen verabschieden. Das Geld, das zum Beispiel die Medien bereit sind, für Vermarktungsrechte auszugeben, ist endlich. Hier wird einmal mehr die Devise gelten „The winner takes it all". Medien wollen für ihr Geld möglichst viele Menschen für ihre Werbekunden vor die Bildschirme locken. Möglicherweise ist für diese dann das Geld besser eingesetzt, wenn sie das in Real Madrid statt – noch einmal mit Verlaub – in einen No-Name-Klub investieren. Die Konsequenz hieraus ist, dass sich die Klubs mit dem meisten Medienpotenzial vom „Rest ihrer Branche" noch mehr entfernen.

Innerhalb der deutschen Bundesliga gibt es schon seit langer Zeit die Diskussion, ob sich Unternehmen oder Investoren an Fußball-Unternehmen mehrheitlich beteiligen können. Zusammengefasst wird dies in der „50-plus-1-Regel"-Diskussion. Andere europäische Ligen haben schon seit Langem kein Problem damit, dass sich Investoren/Unternehmen einen Fußballklub einverleiben. Es ist auch nicht bekannt, dass die Ligen in England, Italien und Frankreich dem moralischen Abgrund nahe seien, weil sich Unternehmen und Investoren dort mehrheitlich an Vereinen beteiligt haben. In Deutschland wird aus der „50-plus-1-Regel" gleich wieder ein Dogma, bei dem rationale Diskussionen kaum noch möglich sind. Dass dieses Dogma irgendwann fällt, daran dürfte kein Zweifel sein. Es ist auf die Dauer heuchlerisch, wenn Verbände und Funktionäre der Gewinnmaximierung im Fußball immer das Wort reden, aber ausgerechnet kommerziellen Investoren den Eintritt in die Branche schwer machen wollen. Ein erster Schritt in diese Richtung dürfte wohl der 1-Milliarden-Deal der Deutschen Fußball-Liga (DFL) sein, der 2023 die Tore für einen Investor für die Liga öffnet.

Attraktivitätsverlust bei Jüngeren

Im Überschwang des Geldes wird bei den Profiklubs gerne einmal der Fan aus den Augen verloren, der im Stadion für Emotionen sorgt und vor dem Bildschirm so manchen Fußballabend verbringt. Aktuelle Studie legen nahe, dass der Fußball bei der jungen Generation an Attraktivität verloren hat. Das fängt damit an, dass immer weniger Jugendliche aktiv Fußball spielen. Hinzu kommt, dass für viele Jugendliche der Event „Profifußball" einfach zu teuer geworden ist, der Stadionbesuch wird für sie unerschwinglich.

Sie wenden sich deshalb anderen Freizeitaktivitäten zu. Dabei dürften die elektronischen Aktivitäten keine unerhebliche Rolle spielen. Um diesen jungen Fan-Nachwuchs aufzufangen, hilft es nicht, wenn die Vereine eine eSport-Abteilung nach der anderen aufbauen. Es sollte klar sein: Diese Jugendlichen erleben Fußball dann nicht mehr als ein einzigartiges, emotions- und spannungsgeladenes Sporterlebnis, sondern als virtuelles, kaltes Spiel, bei denen „Gefühle" fehl am Platz sind.

Kümmern sich die Vereine nicht um diese Nachwuchsgeneration der Fans und ihre Bedürfnisse, werden die Stadien irgendwann (halb-)leer sein und die Einschaltquoten bei Fußballspielen dramatisch zurückgehen. Das alles wird sich für die Klubs dann sehr negativ auf ihr Kerngeschäft und ihre Erlöse auswirken. Und das trifft sie dann in ihrer empfindlichsten Stelle.

Dieses Buch hat mit Diego Maradona begonnen, mit ihm soll es auch enden: „Als Fußballer habe ich versucht, mich selbst und die Fans glücklich zu machen. Der Fußball ist der schönste Sport der Welt. Ich habe Fehler gemacht und dafür bezahlt. Doch der Fußball hat darunter nicht gelitten, den beschmutzt man nicht ..."

Ins Zwielicht gerückt

Football Leaks ist eine Enthüllungsplattform, die 2015 für Furore sorgte, als sie vertrauliche und brisante Dokumente aus dem Profifußball veröffentlichte. Die Plattform wurde von einem Whistleblower in Portugal ins Leben gerufen.

Football Leaks hat zahlreiche Enthüllungen über illegale und unlautere Praktiken im Profifußball gemacht, darunter Steuerhinterziehung, Bestechung, Geldwäsche und Manipulation von Spielertransfers. Die Plattform hat auch zu Ermittlungen und Strafverfahren gegen mehrere Fußballvereine, Spieler und Funktionäre geführt.

Einige der wichtigsten Enthüllungen von Football Leaks

Die Enthüllungen von Football Leaks haben den Profifußball ins Zwielicht gerückt und zu einer Debatte über die Transparenz und Integrität des Sports geführt. Die Plattform hat auch die Rolle der Medien in der Berichterstattung über den Fußball infrage gestellt.

- Cristiano Ronaldo habe Steuern in Höhe von 14,7 Millionen Euro hinterzogen. Auch Starcoach José Mourinho taucht in den Enthüllungen unrühmlich auf.
- Manchester City habe gegen die „Financial Fairplay"-Regeln der UEFA verstoßen.
- Die FIFA hat Spieleragenten begünstigt und sich an Bestechungsskandalen beteiligt.

Außerdem haben Enthüllungen von Football Leaks zu einer Reihe von Veränderungen im Profifußball geführt. So haben viele Vereine ihre Compliance-Abteilungen verstärkt und ihre internen Kontrollen verbessert. Auch die UEFA hat die „Financial Fairplay"-Regeln verschärft.

Das deutsche Magazin *Spiegel* avancierte zum wichtigsten Partner der Whistleblower. Resultat dieser Zusammenarbeit waren die beiden sehr lesenswerten Football-Leaks-Enthüllungsbücher der *Spiegel*-Reporter Rafael Buschmann und Michael Wulzinger.

17 Anhang

Ethik-Kodex des Deutschen Fußball-Bundes

Präambel

Der Deutsche Fußball-Bund (DFB) setzt sich seit seiner Gründung im Jahr 1900 für die Förderung des Fußballsports ein. Er zählt zu den führenden nationalen und internationalen Sportfachverbänden der Welt.

Der DFB und seine Mitgliedsverbände organisieren den Fußball als Wettkampf und Freizeitbetätigung.

Der DFB trägt die Gesamtverantwortung für die Einheit des deutschen Fußballs. Er vertritt die Interessen seiner Mitgliedsverbände im In- und Ausland.

Aufgrund seiner gesellschaftlichen Stellung sieht sich der DFB in einer besonderen Verantwortung, die Integrität und das Ansehen des Fußballs auf nationaler Ebene zu wahren und damit die exponierte Stellung und Bedeutung des Fußballs in Deutschland auch in Zukunft zu sichern.

Als ein dem Gemeinwohl verpflichteter, gemeinnütziger Verein fördert der DFB in hohem Maße den Spitzen-, Breiten- und Freizeitsport durch ein flächendeckendes und preiswertes Angebot für alle Sport- und Fußballbegeisterten.

Ein besonderer Stellenwert kommt der Förderung des Nachwuchses und der sportlichen Elite zu.

Der DFB will den Fußball dauerhaft tragfähig und erfolgreich organisieren sowie seine vielfältigen Potenziale auch zur Erhaltung und Stärkung der demokratischen und ethischen Grundlagen einer freiheitlichen Gesellschaft verantwortlich nutzen.

Der DFB bekennt sich zu Qualität, Objektivität, Ehrlichkeit, Fairness und Integrität als zentrale Voraussetzungen für den gemeinsamen Erfolg.

Die im vorliegenden Ethik-Kodex definierten Werte und Grundsätze bestimmen das Verhalten und den Umgang innerhalb des DFB und gegenüber Dritten.

Der Kodex ist für alle Organe, Arbeitnehmerinnen und Arbeitnehmer und sonstigen Mitarbeiterinnen und Mitarbeiter, die ehrenamtlichen Funktionsträger sowie für sämtliche Unternehmen, an denen der DFB die Mehrheit der Anteile oder Stimmrechte hält, verbindlich. Er soll den Mitgliedsverbänden des DFB als Grundlage für die Entwicklung eigener Ethik-Kodizes dienen.

I. Unsere Verantwortung

Der DFB hat aufgrund des besonderen öffentlichen Interesses, seiner Größe und seines Selbstverständnisses eine herausragende gesellschaftliche, soziale und sportpolitische Verantwortung.

Wir nehmen diese Verantwortung mit der Unterstützung der vielen ehrenamtlich Tätigen und im Austausch mit unseren Kooperationspartnern in Wirtschaft, Medien,

Politik, Zivilgesellschaft, Wissenschaft und Sport in vielfältiger Art und Weise aktiv wahr, durch

- nachhaltige Führung und Organisation des Fußballs in der Breite wie an der Spitze
- Wertevermittlung im und durch den Fußballsport
- Unterstützung gesellschaftlicher Themen und Herausforderungen mit den Möglichkeiten des Fußballsports
- Beteiligung an karitativen und humanitären Maßnahmen.

Dabei fühlen wir uns in hohem Maße dem Gedanken des Fair Play verbunden und verpflichtet. Mit der gezielten Förderung von Fair Play, Integrität, Respekt, Vielfalt und Solidarität werden die Grundlagen des Fußballs gestärkt. Der aktive Fußballsport und das ehrenamtliche Engagement in den Vereinen leisten gleichzeitig einen wichtigen Beitrag zum gesellschaftlichen Leben.

Aufgrund seiner starken Präsenz im Alltag und seiner Anziehungskraft will der Fußball eine Vorbildfunktion übernehmen und dadurch als wichtiger Multiplikator über das Spiel hinaus positive gesellschaftliche Veränderungsprozesse unterstützen.

Wir sind uns dieser umfassenden Verantwortung, die dem DFB gegenüber der Gesellschaft, seinen Mitgliedern, den Mitarbeiterinnen und Mitarbeitern und ehrenamtlich Tätigen zukommt, bewusst. Wir verstehen diese Verantwortung als unverzichtbaren Bestandteil einer werteorientierten Verbandsführung und bekennen uns ausdrücklich dazu. Wir verpflichten uns im Interesse der Zukunftssicherung des Fußballsports zu einer nachhaltigen Verbandspolitik.

II. Unsere Werte

1. Respekt und Vielfalt – Fußball setzt Zeichen

Im Fußball spiegeln sich die Vielfalt der Gesellschaft, der Sprachen, Kulturen und Lebensweisen wider. Wir achten und fördern diese Vielfalt auf und abseits des Platzes und dulden keine Diskriminierungen, Belästigungen oder Beleidigungen, sei es aufgrund von Geschlecht, ethnischer Herkunft, Hautfarbe, Religion, Alter, Behinderung oder sexueller Orientierung.

Rassistischen, verfassungs- und fremdenfeindlichen Bestrebungen sowie gewalttätigen, diskriminierenden oder menschenverachtenden Verhaltensweisen treten wir entschieden entgegen.

Im Sport existieren keine Grenzen, der Fußball ist offen für alle. Er bietet den Menschen unterschiedlicher sozialer und kultureller Herkunft Chancengleichheit, gesellschaftliche Teilhabe und Anerkennung.

Unser Anspruch ist es, Integration und Gleichberechtigung zu gewährleisten und damit gegenseitige Akzeptanz, Dialogbereitschaft, Gemeinschaft, Verständnis, Teamgeist und Offenheit zu fördern.

2. Fair Play – auf dem und außerhalb des Spielfelds

Fairness bildet die Grundlage für einen werteorientierten Fußball. Die Regeln des Fair Play und des korrekten Umgangs miteinander gelten nicht nur auf, sondern auch außerhalb des Platzes.

Wir fördern eine friedliche Fußballkultur auf und neben dem Platz und treten jeder Form von Gewalt entschieden entgegen.

Der Umgang miteinander innerhalb des Verbandes wie auch gegenüber Geschäftspartnern und sonstigen Dritten ist jederzeit sachorientiert und fair. Das Ansehen des DFB wird wesentlich geprägt durch das Auftreten, Handeln und Verhalten jedes Einzelnen.

Fair Play ist für uns eine immerwährende Herausforderung und Verpflichtung.

3. Integrität – im sportlichen und wirtschaftlichen Wettbewerb

Wir beachten die geltenden Gesetze und Vorschriften und halten die DFB-Satzung und -Ordnungen sowie alle weiteren internen Bestimmungen und Reglements ein.

Wir lehnen entschieden jede Form der Korruption und unlautere Geschäftspraktiken ab.

Wir wenden uns ausdrücklich gegen Doping und betreiben aktiv Dopingprävention, um Spieler und Spielerinnen vor Gesundheitsschäden zu bewahren sowie Fairness im sportlichen Wettbewerb und Glaubwürdigkeit im Fußballsport zu erhalten.

Bei der Bekämpfung von Spielmanipulation nehmen wir eine führende Rolle ein. Wir stellen uns gegen jede Form rechtswidriger Beeinflussung oder Manipulation von Spielergebnissen.

Wir handeln immer im Interesse des DFB und seiner Ziele. Mögliche Interessenkonflikte müssen sofort offengelegt werden.

Bei der Auswahl unserer Partner aus der Wirtschaft stehen Zuverlässigkeit und verantwortungsbewusstes Handeln im Vordergrund.

Wir bekennen uns – auch bei unseren wirtschaftlichen Aktivitäten – zu unserer sozialen und gesellschaftlichen Verantwortung. Wir erwarten von unseren Partnern, dass sie ihr Handeln danach ausrichten und dies auch von ihren Lieferanten und Nachunternehmen verlangen.

4. Ehrenamt – eine Schlüsselrolle in der Vereinsarbeit

Das Ehrenamt ist für den Fußball auf allen Ebenen von unverzichtbarer Bedeutung, insbesondere im Amateurfußball und in der Nachwuchsarbeit. Die Organisation des Fußballs lebt vom Ehrenamt.

Wir fördern und unterstützen ehrenamtliches Engagement als maßgeblichen vereinskulturellen und ökonomischen Wertbeitrag für den Sport.

5. Transparenz – Grundlage für Vertrauen

Transparenz und Ehrlichkeit in der Amtsausübung sind die Grundlage des Vertrauens in den DFB und seine Gremien. Bei allen Entscheidungen beachten wir die Folgen unseres Handelns für den DFB und seine Stellung in der Gesellschaft. Wir treffen alle Entscheidungen so, dass wir jederzeit Auskunft darüber geben können, welchen Zielen die Entscheidung dient, woher die Mittel zu ihrer Umsetzung stammen, wie diese Mittel verwendet werden und wer darüber entschieden hat.

6. Solidarität – Fußball ist mehr als ein 1:0

Das Engagement für sozial- und gesellschaftspolitische Belange ist im DFB gelebte Tradition. Die Übernahme von Verantwortung über den Fußballsport hinaus ist uns eine besondere Verpflichtung.

Mit unseren Stiftungen unterstützen wir wichtige soziale Aufgaben. Zusätzlich kooperieren wir in Projekten mit anderen Organisationen aus Politik und Gesellschaft zur Förderung von Sport, Wissenschaft, Kultur, Bildung und Kunst.

7. Gesundheit und Umwelt – Verpflichtung und Chance

Mit der Organisation des Fußballs in seiner ganzen Vielfalt leisten wir einen aktiven Beitrag zur Gesundheitsförderung.

Wir setzen uns für einen gesunden Fußballsport ein und engagieren uns in der Suchtmittelprävention.

Der Schutz der Umwelt und die Sicherung der natürlichen Ressourcen ist uns ein besonderes Anliegen.

Abdruck mit freundlicher Genehmigung des Deutschen Fußball-Bundes

18 Literatur- und Quellenverzeichnis

Filme, Serien und Dokus

Beckham: Mit bisher unveröffentlichten Aufnahmen zeigt diese Dokuserie David Beckhams kometenhaften Aufstieg von seinen bescheidenen Anfängen hin zum globalen Fußballstar, Netflix, 2023

Diego Maradona: Ein von Asif Kapadia gedrehter britischer Dokumentarfilm aus dem Jahr 2019 über die Karriere des Fußballspielers Diego Maradona. Filmpremiere: 19. Mai 2019 bei den Filmfestspielen in Cannes. Deutscher Kinostart: 5. September 2019

Kroos: Ein Kino-Dokumentarfilm des deutschen Regisseurs Manfred Oldenburg und des Produzenten Leopold Hoesch aus dem Jahr 2019. Der Film erzählt die Geschichte des Fußballspielers Toni Kroos

Maradona, der Goldjunge: Dokumentarfilm aus dem Jahr 2006 von Jean-Christophe Rosé

Schweinsteiger Memories – Von Anfang bis Legende: Doku über Bastian Schweinsteiger, Amazon Prime, 2020

Sunderland 'Til I Die (2018–2020): Zwei Staffeln über Sunderland AFC und die unerschütterliche Vereinstreue von Fans, Spielern und Management, Netflix, 2020

This Is Football: Sechsteilige Dokuserie über die weltweite Popularität des Fußballs, Amazon Prime, 2019

Bücher

Aytekin, Deniz, mit Andreas Hock: *Respekt ist alles – Was auf und neben dem Platz zählt*, Riva, München 2021

Beckham, David: *David Beckham*, Deutsche Ausgabe, Riva Verlag, München 2013

Blecking, Diethelm: *Sport, Fußball, Migration: Deutschland und das Ruhrgebiet*, LIT Verlag, Münster 2022

Brüggemann, Klaus: *Die Fußballblase – Hinter den Kulissen eines Milliardengeschäfts*, Springer, Berlin 2022

Buschmann, Rafael; Wulzinger, Michael: *Football Leaks 2 – Neue Enthüllungen aus der Welt des Profifußballs*, Deutsche Verlagsanstalt – Spiegel Buchverlag, München 2019

Buschmann, Rafael; Wulzinger, Michael: *Football Leaks – Die schmutzigen Geschäfte im Profifußball*, Deutsche Verlagsanstalt – Spiegel Buchverlag, München 2017

Caioli, Luca; Montz, Markus (Übersetzung): *Messi: Der Weg zur Legende*, Verlag Die Werkstatt, Hamburg 2019

Caioli, Luca; Montz, Markus (Übersetzung): *Ronaldo: Die Geschichte eines Besessenen*, Verlag Die Werkstatt, Hamburg 2018

Escher, Tobias: *Der Schlüssel zum Spiel – Wie moderner Fußball funktioniert*, Rowohlt Taschenbuch, Reinbek 2020

FA Kuper: *Erfolgreiches Fußballclub-Management. Analysen – Beispiele – Lösungen*, Verlag Die Werkstatt, Hamburg 2006

Gebauer, Gunter: *Das Leben in 90 Minuten: Eine Philosophie des Fußballs*, Pantheon Verlag, München 2016

Gmünder, Stefan; Zeyringer, Klaus: *Das wunde Leder: Wie Kommerz und Korruption den Fußball kaputt machen*, Edition Suhrkamp, Berlin 2018

Hintermeier, Dieter: *Wirtschaftsmacht Fußball – Hintergründe, Fakten und Visionen eines globalen Milliardengeschäfts*, Carl Hanser Verlag, München 2020

Hintermeier, Dieter; Rettberg, Udo: *Geld schießt Tore*, Carl Hanser Verlag, München 2006

Hintermeier, Dieter; Rettberg, Udo: *Geld schießt Tore: Fußball als globales Business – und wie wir im Spiel bleiben*, Hörbuch, Saga Egmont, Kopenhagen 2019

Honigstein, Raphael: *„Ich mag, wenn's kracht.": Jürgen Klopp. Die Biographie*, Ullstein Taschenbuch, Berlin 2019

Keller, Berndt: *Frauenfußball: Auf dem langen Weg zum Profisport*, Verlag Barbara Budrich, Leverkusen 2023

Kistner, Thomas: *Fifa-Mafia: Die schmutzigen Geschäfte mit dem Weltfußball*, Knaur Taschenbuch, München 2014

Köllner, Michael; Pennekamp, Steffi: *Dein Weg zum Fußballprofi: Ein Ratgeber für junge Talente, Eltern und Trainer*, Meyer & Meyer Sport, Aachen 2016

Neveling, Elmar: *Jürgen Klopp: Die Biografie*, akt. Neuauflage, Copress, München 2022

Nufer, Gerd; Bühler, André (Hrsg.): *Marketing im Sport: Grundlagen und Trends des modernen Sportmarketing*, Erich Schmidt Verlag, Berlin 2013

Reng, Ronald: *Miro: Die offizielle Biografie von Miroslav Klose*, Piper Verlag, München 2019

Runde, Jörg; Tamberg, Thomas: *Traumberuf Fußballprofi: Der harte Weg vom Bolzplatz in die Bundesliga*, Wiley-VCH Verlag, Weinheim 2014

Schönau, Birgit: *Calcio: Die Italiener und ihr Fußball*, KIWI-Taschenbuch, Köln 2005

Schulze-Marmeling, Dietrich: *George Best: Der ungezähmte Fußballer*, Verlag Die Werkstatt, Hamburg 2016

Watzke, Hans-Joachim; Horeni, Michael: *Echte Liebe: Ein Leben mit dem BVB*, C. Bertelsmann Verlag, München 2019

Wollner, Hans: *Gerd Müller oder Wie das große Geld in den Fußball kam*, Piper Verlag, München 2021

Zeyringer, Klaus: *Fußball – Eine Kulturgeschichte*, Fischer Taschenbuch, Frankfurt 2014

Studien und Berichte

Deloitte-Studie: Annual Review of Football Finance 2023 – Die fünf großen europäischen Ligen mit Rekordumsatz

Deloitte-Studie: Tore, Stars und Umsatz: Deloitte Football Money League 2023

Deutsche Fußball Liga (DFL): Finanzkennzahlen der Proficlubs, 2023

Deutsche Fußball Liga (DFL): Wirtschaftsreport 2023 – Die ökonomische Situation im Lizenzfußball

FIFA Jahresberichte 2019 bis 2021

Geschätzte Anzahl der Sportfans weltweit nach Sportarten: *de.statista.com/statistik/daten/studie/387554/umfrage/anzahl-der-sportfans-weltweit/* (zuletzt abgerufen am 22. Januar 2024)

Global Sports Salaries Survey, Studie 2018, Helensburgh, United Kingdom

Impact & Emotions: Fußballstudie Saison 2020/2021

KPMG Studie: Football Clubs Valuation: The European Elite, 2023

PwC-Studie: Sponsoring im eSport-Markt 2018

Statistiken zum Fußball: *de.statista.com/themen/24/fussball/* (zuletzt abgerufen am 22. Januar 2024)

Technische Universität Braunschweig Studie: Fußballstudie 2018 – Die Markenlandschaft der Fußball-Bundesliga

UEFA Finanzbericht 2021/2022

UEFA Jahresbericht 2021/2022

www.pr-marketing.de – verschiedene Analysen/Studien zum Thema Fußball und Wirtschaft

Internetadressen

Diego Maradona: *www.transfermarkt.de/diego-maradona/profil/trainer/8111* (zuletzt abgerufen am 22. Januar 2024)

Fussball-Geld.de: *www.fussball-geld.de* (zuletzt abgerufen am 22. Januar 2024)

Fußballmanagement Studium: *www.sport-studieren.de/studiengaenge/fussballmanagement/* (zuletzt abgerufen am 22. Januar 2024)

www.footballbenchmark.com – Daten- und Analyseplattform (zuletzt abgerufen am 22. Januar 2024)

Online-Artikel

Ashelm, Michael: „Ärger um Pläne von Real Madrid für weltweite Spiele", 07. Dezember 2019, *www.faz.net/aktuell/sport/fussball/real-madrid-und-florentino-perez-planen-weltweite-fussballliga-16522985.html* (zuletzt abgerufen am 22. Januar 2024)

Frei, Yannick: „Spaniens Fußball und das Geld: LaLigas Ruf als ‚Schuldenliga'", 11. Oktober 2018, *www.realtotal.de/spaniens-fussball-und-das-geld-laligas-ruf-als-schuldenliga/* (zuletzt abgerufen am 26. Januar 2024)

Ivanov, Angelika: „Sportliche Performance im Depot", 10. Dezember 2019, *www.handelsblatt.com/finanzen/anlagestrategie/trends/fussballaktien-2019-sportliche-performance-im-depot/25254658.html* (zuletzt abgerufen am 22. Januar 2024)

Jakobsen, Günther: „Fußball und Digitalisierung", 01. September 2019, *www.fussballdaten.de/news/mixed-zone/fussball-und-digitalisierung-2019-09-01/* (zuletzt abgerufen am 22. Januar 2024)

Küpper, Moritz: „Wie der Fußball die Medien beeinflusst", 10. Januar 2016, Serie: Blinde Liebe, *www.deutschlandfunk.de/serie-blinde-liebe-wie-der-fussball-die-medien-beeinflusst* (zuletzt abgerufen am 22. Januar 2024)

o.V.: „Maradona fühlt sich verraten", 29. Juli 2010, *www.faz.net/aktuell/sport/argentinischer-fussball-maradona-fuehlt-sich-verraten-11021734.html* (zuletzt abgerufen am 22. Januar 2024)

Ozanian, Mike; Teitelbaum, Justin (Eds.): „World's Most Valuable Soccer Teams", *www.forbes.com/soccer-valuations/list/#tab:overall* (zuletzt abgerufen am 22. Januar 2024)

Rasch, Dirk: „Geld nimmt jeglichen Wettkampf aus dem Spiel", 14. Juni 2016, *https://www.xing.com/news/klartext/geld-nimmt-jeglichen-wettkampf-aus-dem-spiel-809* (zuletzt abgerufen am 26. Januar 2024)

Reith, Victoria: „Wie Streaming den Sport verändert", 11. Mai 2019, *www.deutschlandfunk.de/sport-und-medien-wie-streaming-den-sport-veraendert.1346.de.html?dram:article_id=448207* (zuletzt abgerufen am 22. Januar 2024)

Sportredaktion RND: „Rücktritt revidiert: Fußball-Legende Diego Maradona bleibt doch Trainer in La Plata", 22. November 2019, *www.sportbuzzer.de/artikel/diego-maradona-trainer-argentinien-la-plata-rucktritt-instagram-reaktionen/* (zuletzt abgerufen am 22. Januar 2024)

Stellmach, Vivien: „Digitalisierung im Fußball: So fortschrittlich sind die Bundesligisten", 26. Juni 2019, *www.basicthinking.de/blog/2019/06/26/digitalisierung-im-fussball/* (zuletzt abgerufen am 22. Januar 2024)

Wöckener, Lutz: „Der erste Popstar des Fußballs ertrank im Alkohol", 25. November 2015, *https://www.welt.de/sport/article135912683/Der-erste-Popstar-des-Fussballs-ertrank-im-Alkohol.html* (zuletzt abgerufen am 22. Januar 2024)

www.de.europalace.com/blog/fussball-vs-medienmacht-gedanken-zur-unantastbarkeit/

www.handelsblatt.com/sport/fussball/digitalisierung-im-fussball-der-trend-geht-zur-weltmarke/20019142-2.html

19
Der Autor

19 Der Autor

(Fotograf: Joachim Voll)

Dieter Hintermeier ist Wirtschafts- und Sozialwissenschaftler, lizenzierter Fußballtrainer und ehemaliger Landesauswahlspieler. Er trainierte zahlreiche Fußball-Jugendmannschaften. Als Politik- und Wirtschaftsjournalist war er unter anderem lange Jahre Redakteur und Korrespondent bei der Verlagsgruppe Handelsblatt und beim *Handelsblatt*. Er beschäftigt sich seit Jahren intensiv mit den Verflechtungen zwischen Sport und Wirtschaft. Beim Carl Hanser Verlag erschienen bereits seine Bücher *Geld schießt Tore* (Co-Autor) und *Wirtschaftsmacht Fußball*.

Dieter Hintermeier hat eine Profilseite auf X (ehemals Twitter) unter *www.twitter.com/DHintermeier*

Unter *www.interview-welt.de* finden Sie sein Online-Magazin/Blog

Index

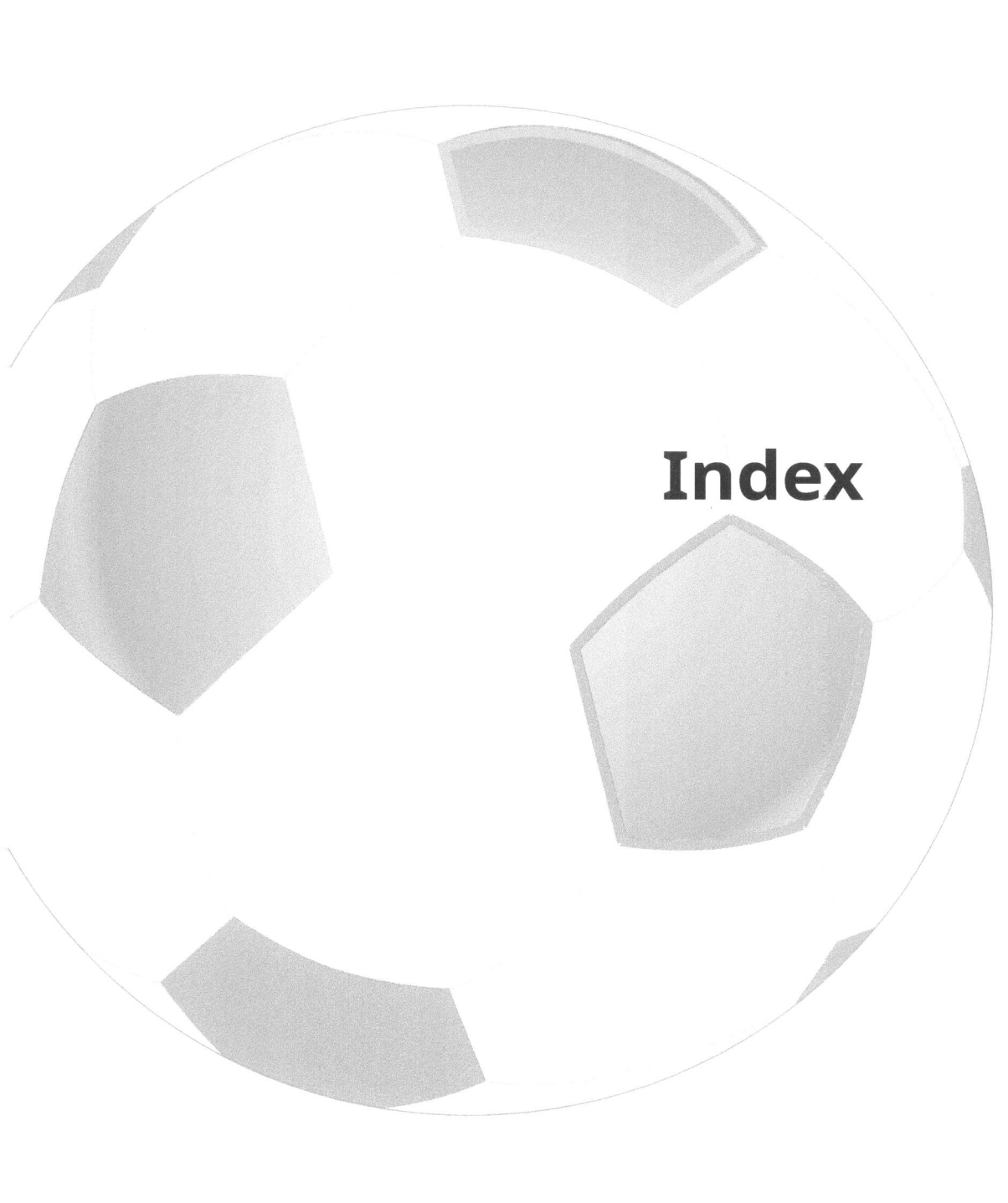

Index

Symbole

1. Bundesliga 8 f.
1. FC Köln 39
1. FC Nürnberg 39
1. FFC Frankfurt 61
1. FFC Turbine Potsdam 61
50+1-Regel 96, 224
– Gestaltungsmöglichkeiten der Klubs 96

A

Abramovič, Roman 127
Abu Dhabi 130
Abu Dhabi United Group (ADUG) 51
AC Mailand 5
AC Reggiana 192
Adidas 159
Adkins, Nigel 195
AFC Champions League 157
Agentur A22 94
Ajax Amsterdam 194
Akzo Nobel 185
Alaba, David 110
Alternativen
– für Jugendliche 224
Altersdiskriminierung 208
Amateurfußball
– als Verlierer bei KI und Big Data 183
Amazon Prime (Streaming-Dienst) 69, 167
Ancelotti, Carlo 192
– Erfolgsrezept 192
Anpfiff ins Leben (Verein) 148
Anpfiff (Sendung) 165
Anti-Doping-Bestimmungen 120
Anti-Match-Fixing-Schulungspflicht 120
Apple TV+ (Streaming-Dienst) 168
Arminia Bielefeld 45
AS Monaco 144
AS Rom 51
AS Saint-Étienne 142
Assauer, Rudi 171
Aston Villa 60
Athletic Bilbao 134
Atlético Madrid 195
Aubameyang, Pierre-Emerick 110
Auslandsvermarktung 94
Aytekin, Deniz 205

B

Baggio, Roberto 137
Bale, Gareth 4
Ballack, Michael 42
Baranowsky, Ulf 10
– Interview 116
Baresi, Franco 137
Baumann, Jeanette 181
Baumgärtner, Kristian 151
Bayer 04 Leverkusen 11
BBC (Sender)
– Price of football study 215
Beane, Billy 182
Be Bèla 183
Beckenbauer, Franz 42, 140
Beckham, David 60, 114, 170
– Vermögen 115
Beckham, Victoria 114
Beckmann, Reinhold 166
Benham, Matthew 182
Berliner Olympiastadion 26
Berlusconi, Familie 136
Berufsfußballer
– aktive Zeit von Profis 119
– Verdienstmöglichkeiten 119
Best, George 104
Big Data
– beim Fußball 179
Blackburn Rovers 131
Bloomberg 51
BlueCo 127
Boca Juniors 3
Boehly, Todd 130
Borussia Dortmund 20, 39
Breitner, Paul 16
British American Tobacco 185

Brych, Felix   206
BSG Empor Mitte-Dresden   57
BSkyB (Sender)   172
Buchwald, Guido   118
Bühl, Klara   58
Bühler, André   168
Bund Deutscher Fußball-Lehrer   198
Bundeskartellamt   151
Bundesliga   67, 137
– Geschichte   137
– Gründung   39
– Gründungsmitglieder   39
– Manipulationsskandal 2005   208
– Medienverhalten der Vereine   174
– Schiedsrichter   205
– Schuldenberg   139
– Skandal   45
– Social Media der Vereine   174
– Transferausgaben   144
– Umsätze   139
– Verteilerschlüssel TV-Gelder   168
– wichtigste Spieler   139
Buschmann, Rafael   226

C

CAF Champions League   157
Canal plus (Sender)   166
Canellas, Horst   45
Can, Emre   221
Cantona, Eric   131
Casillas, Iker   135
Champions League   72
– Finanzierungsquellen   74
Chelsea FC   86
Chelsea London   109
City Football Group   130
Club Deportivo Básico (CDB)   133
Community Shield   193
CONCACAF Champions League   157
CONCACAF Gold Cup   157
Copa Libertadores   157
Coppa Italia   192
Cordoba   16

Corona-Pandemie   20
– Vermarktungspotenzial beim Fußball   159
Cruyff, Johan   191

D

DAZN (Streaming-Dienst)   69, 167
de Bruyne, Kevin   109
Deloitte   9, 127
Deloitte Football Money League   58, 127
Del Piero, Alessandro   137
Deutsche Fußball Liga (DFL)   20, 69
Deutscher Fußball-Bund (DFB)   8, 16
– Campus   18
– Stützpunkte   108
Deutschland
– als Fußballnation   215
DHL Group   185
Dietmar-Hopp-Stadion   147
Digitalisierung
– im Fußball   180
– und Medienberichterstattung   173
Diskriminierung homosexueller Menschen   17
Disney+ (Streaming-Dienst)   168
Di Stéfano, Alfredo   134
Draft   90

E

Eberl, Max   199
Eintracht Frankfurt   39
Eintrittskarten   34
Elliott Management Corporation   136
Energie Cottbus   205
Eredivisie   194
Erwartungsmanagement   85
Espanyol Barcelona   194
Europäischer Fußball
– Transfers   144
Europäischer Fußballverband UEFA   15
Europäischer Gerichtshof (EuGH)   82

Europäische Super League (ESL)   81
Europameisterschaft
– im Spannungsfeld der Krisen   221
Everton   131

F

Facchetti, Giacinto   137
Facebook   92, 174
Faeser, Nancy   17, 27
Falklandkrieg   16
Fans   209
– in Sportberichterstattung   175
– Streamingangebote   213
FC Astoria Walldorf   146
FC Barcelona (Barca)   3 f.
FC Barcelona Femení   58
FC Bayern München   9, 39
FC Belenenses   193
FC Liverpool   51
FC Midtjylland   182
FC Progrès Niederkorn   197
FC Schalke 04   5, 8
FC Sochaux-Montbéliard   142
Featured (Magazin für digitale Kultur)   181
Ferber Marketing   199
Fernsehmarktwert
– der UEFA   80
FIFA   17
FIFA-Klub-Weltmeisterschaft   157
FIFA-Konföderationen-Pokal   157
Figo, Luis   135
Figura, Lars   11
– Interview   83
Financial Fairplay   50, 132
– Regeln   226
Fitness-Tracker   181
Fjørtoft, Jan-Åge   65
Fontaine, Just   144
Football Leaks (Enthüllungsplattform)   225
Fosun International Ltd.   52
Frauen-Bundesliga   55

Frauenfußball   55
– angemessene Vergütung   63
– Fußballweltmeisterschaft   55
– Gehälter   58
– Marketing   62
– Ursprünge   56
– Verdienstvergleich mit Männern   59
– zukünftiges Vermarktungspotenzial   161
Free-TV   69
Frei, Yannick   133
Friedkin Group   136
FSV Mainz   191
Fußball
– als Werbeträger   160
– Alternativen für Jugendliche   224
– Arbeitsmöglichkeiten von Trainern   197
– Big Data   179
– Corona-Pandemie   186
– Digitalisierung   180
– Einfluss der Medien   172
– Faktoren für Unternehmen   160
– Fans   209
– Formen der Partnerschaft mit Unternehmen   160
– Fußballsponsorings   186
– Gleichverteilung   168
– große Wettbewerbe   155
– internationale TV-Vermarktungsrechte   168
– Kommunikationswert für internationale Konzerne   185
– Kriterien für Unternehmen   160
– Live-Kommentare von Zuschauern   183
– Manager   191, 198
– Marketinganstrengungen   167
– Referee   207
– Rolle der Medien   165
– Schiedsrichter   203
– Sportartikler ohne Klubs?   160
– Sportmarketing   168
– Stars mit Heldenstatus   171

– Symbiose mit Medien 166
– Trainer 191, 197
– Ultra-Bewegung 217
– und Krisen 159
– Vermarktung und Fans 161
– Vorlieben der Fans 212
– während der Pandemie 116
– Wettskandal 2005 207
– zukünftiges Vermarktungspotenzial 161
Fußballanhänger
– demografische Daten 212
fussballdaten.de (Portal) 182
Fußball-Europameisterschaft 26
Fußballfans im Marketingfokus
– YouGov-Analyse 215
Fußballklubs
– nachwachsende Fans 216
Fußballprofiliga
– europäischer Gesamtumsatz 67
Fußball-Verband Mittelrhein 206
Fußballwettbewerbe
– Preisgelder 158

G

Generation Z
– Ansprechmöglichkeiten der Branche 218
– Fußball 217
– Gründe für geringes Interesse an Fußball 218
Gento, Paco 134
Gerrard, Steven 131
Gesamtumsatz
– europäische Fußballprofiligen 67
Glazer, Familie 130
– Investoren 52
Gleichverteilung 168
Goalimpact 182
González, Raúl 135
Google Pixel Frauen-Bundesliga 57
Google TV (Streaming-Dienst) 168
Gothe, Florian 118

Gräfe, Manuel 208
Guardiola, Pep 191
Guimarães, Bruno 51

H

Haaland, Erling 109
Hamburger SV 5, 39
Hangartner, Lutz 198
Hannover 96 206
Heil, Hubertus 27
Hellmann, Sebastian 61
Henderson, Jordan 191
Henry, Thierry 131
Herberger, Sepp 37, 167
Hernández, Xavi 135
Hertha BSC 20, 39, 205
Hills, Arnold F. 6
Hisense 58
Hitzlsperger, Thomas 99
Hoeneß, Uli 47, 168, 201
Hoffe gegen Rechts (Projekt) 153
Hofmann, Peter 151
Hopp, Dietmar 10
– Interview 146
Hornby, Nick 219
Hoyzer, Robert 207
Huntelaar, Klaas-Jan 5

I

Ibrahimović, Zlatan 137
Ideal Standard 185
Imperial Tobacco 185
Infantino, Gianni 91
Instagram 92, 174
Inter Mailand 110
Inter Miami 114
Internationale Anerkennung 49
Interview
– Andreas Kötter 173
– Arjan Sissing 185
– Dietmar Hopp 146
– Julia Simic 61

- Katja Kraus 159
- Lars Figura 83
- Ulf Baranowsky 116

Investitionen im Fußball
- um eigene Anliegen zu transportieren 50

Investoren
- im Fußball 49
- internationale Anerkennung 49
- Qatar Airways 51
- Sportswashing 49

Investorengruppen 88
- Finanzinvestor 88
- Klubs auf Investorensuche 89
- strategischer Investor 88
- wachsende Attraktivität der Klubs 88

ISPR (Rechteagentur) 166

J

Jahn, Friedrich Ludwig 7
Jakobsen, Günter 182
Joelinton 51
Juanito 135
Jung von Matt/sports
- Sportmarketingagentur 159

Juventus Turin 110

K

Kaepernick, Colin 18
Kahn, Oliver 140
Kane, Harry 110
Karlsruher SC 39
KAS Eupen 51
Katar 17
- Investor im Fußball 49
- Vorreiter Investoren 49

Kategorien des europäischen Fußballmarktes 67
- kommerzielle Erlöse 67
- Medienrechte 67
- Spieltage 67

Kehl, Sebastian 199

Keller, Fritz 20
Key-Performance-Indikatoren (KPI) 182
Khashoggi, Jamal 49
Kicker (Fachmagazin) 30, 168, 206
Kickers Offenbach 45
Kickers-Offenbach-Affäre 45
Kirch, Leo 166
Klopp, Jürgen 171, 191
Klose, Miroslav 105

Klubs
- als Wirtschaftsunternehmen 85, 222
- und Social Media 92

Klubwettbewerbe 157
Koch, Konrad 6

Koeffizientensystem
- der UEFA 79

Kofler, Georg 166
Kopa, Raymond 144
Körbel, Karl-Heinz 118
Korruption 17
K.-o.-System 31

Kötter, Andreas
- Interview 173

Kraus, Katja
- Interview 159

Kreisauswahlsichtung 108
Kroenke, Stan 130
Kromp, Fritzy 63
Kroos, Toni 110
Krösche, Markus 199
KULT! (Magazin) 173

Künstliche Intelligenz (KI) 179
- Datenschutz 184
- Einsatzbereiche im Fußball 184
- Ethik 184
- Herausforderungen 184
- Kosten 184
- neuronale Netze 180
- Scouting 184
- Spielanalyse 184
- Spielerdaten auswerten 179
- Spielermarktwert bestimmen 180
- Spielleitung 184
- Training 184

– Transfer *179*
– Vorteile im Fußball *184*
– Watson von IBM *179*

L

Labbadia, Bruno *118*
Lahm, Philipp *29*
La Liga *67, 131*
– Geschichte *133*
– Schuldenberg *134*
– Transferausgaben *144*
– Umsatzentwicklung *133*
– wichtigste Spieler *134*
Lampard, Frank *131*
Lange, Harald *221*
Lazio Rom *105*
Lehmann, Alisha *60*
Leistungsprämien *74*
Lewandowski, Robert *9, 110, 140*
Lienen, Ewald *118*
Liga
– mit Kapitalgesellschaften *85*
– Zulassung von Investoren *85*
Ligue 1 *67, 142*
– Schuldenberg *142*
– Transferausgaben *144*
– Umsätze *142*
– wichtigste Spieler *143*
Lohmann, Lukas *180*
Lottermann, Stefan *118*
Löw, Joachim „Jogi" *192*
Ludwig, Stefan *127*

M

Magath, Felix *5, 65*
Mainz 05 *196, 206*
Major League Baseball (MLB) *94, 180*
Maldini, Paolo *137*
Manager *198*
Manchester City *58*
Manchester United *51*
Manipulationsaffäre *45*

Manipulationsskandal 2005 *208*
Maradona, Diego Armando *3 f., 10, 135*
Marketing-Strategen *211*
Marktpool *74*
– der UEFA *80*
Martínez, Lautaro *110*
Match-Fixing *120*
Mateschitz, Dietrich *198*
Matthäus, Lothar *42, 108, 140*
Mbappé, Kylian *51, 110*
Meazza, Giuseppe *136*
medicos.AufSchalke *122*
Medien
– journalistische Darstellungs-
 formen *175*
Medienberichterstattung
– Digitalisierung *173*
– Rolle der Fans *175*
Medienrechte
– Zukunft *69*
Medienvertrag *69*
Mendoza, Ramón *131*
Messi, Lionel *3, 51, 134*
Militärakademie ESMA *16*
Mintzlaff, Oliver *199*
Mockenhaupt, Sabrina *199*
Modrić, Luka *110*
Möhlmann, Benno *118*
Moneyball *181*
Mourinho, José *191 ff., 226*
Müller, Gerd *139*

N

National Basketball Association
 (NBA) *180*
National Football League (NFL) *19, 180*
Netflix (Streaming-Dienst) *168*
Netzwerkinitiative MENTAL GESTÄRKT *122*
Neuberger, Hermann *16*
Neuer, Manuel *17, 140*
neuronale Netze *180*
Newcastle United *51, 131*
Neymar *51*

Index

Nike   19, 132
Nufer, Gerd   168

O

Oakland Athletics   182
OFC Champions League   157
OFC Nations Cup   157
Ohtani, Shohei   94
Olympique Marseille   110
Olympische Fußballturniere   157

P

Panathinaikos Athen   15
Pandemie
– Fußball   127
– Krisen der Klubs?   84
– Spielbetrieb   84
Paris Saint-Germain   49
Pérez, Florentino   131
Platini, Michel   143
Play-Offs   26
Pochettino, Mauricio   194
Podolski, Lukas   125
Post-Millennials   211
– Vorlieben im Sport   212
Potofski, Uli   165
Premiere (Sender)   166
Premier League   9, 67
– Eigentümer der Klubs   130
– Geschichte   129
– Gründung und erste Jahre   129
– moderne Ära   129
– Schuldenberg   130
– Transferausgaben   144
Pressing   196
Preußen Münster   39
PreZero   153
Price of football study
– der BBC   215
Primera División   9, 133
Profigehälter
– Bundesliga   110

– La Liga   110
– Ligue 1   110
– Premier League   109
– Serie A   110
Public Investment Fund (PIF)   51, 130

Q

Qatar Airways   51, 132
Qatar Sports Investments (QSI)   51, 132

R

Rangnick, Ralf   198
ran (Sendung)   166
Rasch, Dirk   222
Ratcliffe, Jim   52
Raúl   5
RB Leipzig   52
RB Salzburg   52
Real Federación Española de Fútbol
   (RFEF)   133
Real Madrid   4 f.
Real Total (Online-Portal)   133
Rechteagentur ISPR   166
RedBird Capital Partners   136
Red Bull Bragantino   52
Red Bull GmbH   52
Red Bull (Sponsor)   198
Referee   207
Regenbogenbinde   19
Rehhagel, Otto   105
Resolutions (Dentsu Aegis Network),
   Forschungsteam   212
Ribbeck, Erich   108
River Plate Stadion   16
Rolfes, Simon   10
Rolle der Medien   165
Ronaldo, Cristiano   131
Rooney, Wayne   131
Rosen, Alexander   199
Rot-Weiss Essen   45
Rot-Weiß Oberhausen   45

S

Sabermetrics 182
Salary Cap 91
Salary Sport (Portal) 109
Sammer, Matthias 194
Sánchez, Hugo 135
San Francisco 49ers 18
Sanz, Lorenzo 131
SAP 10
SAP (Software-Konzern) 146
Saudi-Arabien
– Investor im Fußball 49
SC Freiburg 61
Schalke 04 39
Schande von Cordoba 16
Schauerte, Thorsten 167
Schenk, Sylvia 29
Schiedsrichter 203
Schuler, Ralf 17
SC Paderborn 208
Seeler, Uwe 42, 140
Serie A 67, 135
– Eigentümer der Klubs 136
– Schuldenberg 136
– Transferausgaben 144
– Umsätze 136
SG Blaubach-Diedelkopf 105
SGE 108
Shearer, Alan 131
Siebert, Daniel 207
Siegprämien 74
Simeone, Diego 195
Simic, Julia
– Interview 61
Sissing, Arjan
– Interview 185
Sky 69
Sky (Sender) 168
Sky Sports 69
Smart Odds 182
Social-Media-Aktivitäten
– der Klubs 92
Social-Media-Auftritte 180

Sommermärchen 221
Specht, Lotte 56
Special Olympics 27
Spielerberater
– Einflussbegrenzung 113
– Karriereplanung 112
– Kritik 112
– Rolle 112
– Transfervermittlung 112
– Vermarktung 112
Spielergehalt 9
Spielergewerkschaft 116
SPOAC Sportbusiness-Studie 211
Sponsoring
– messbare Erfolge? 187
Sport
– Nebensache 212
Sportaktiengesellschaften (SAD) 133
Sport Business Gruppe 127
Sporting Braga 51
Sportmanager
– Kriterien für 200
Sportmarketing 168
Sportrechte
– Erlöse aus 94
– globaler Handel 93
Sportschau (Sendung) 165
Sportsponsoring
– als Marketingstrategie 187
Sportswashing 49
Spotify 132
SSC Neapel 3 f., 192
Stade de Reims 144
Stark, Wolfgang 206
Startprämien 74
Stegemann, Sascha 206
Stevens, Huub 194
Stützpunkttrainer 105
Stützpunkttraining 108
Süle, Niklas 110
Suning Holdings Group 136
Superbowl
– als Marketing-Spektakel 170
SV Am Hart München 206

Index

Swift Hesperingen   197
SwissRamble   127

T

Talentförderung   108
ten Hag, Erik   194
Teure Transfers
– und sportlicher Erfolg?   87
Ticketpreise
– Vergleich   215
Tiki-Taka   192
TikTok   92
TNT Sports   69
Top-5-Klub
– Einnahmen   127
Top-5-Ligen in Europa   125
Torlinientechnik   182
Torlinientechnologie   181
Totaler Fußball   194
Tottenham Hotspur   4, 127
Trainer   191
Transferausgaben
– Folgen   145
– Gründe für Anstieg   144
Transferausgaben/-erlöse   3 f.
Transfers
– im europäischen Fußball   144
Transfersystem   90
– Risiken   91
Trippier, Kieran   51
TSG 1899 Hoffenheim   10, 146
TSG Hoffenheim   146
TSG Hoffenheim Fußball-Spielbetriebs GmbH   150
TSV Altenberg   205
Tuchel, Thomas   196
TV-Vermarktungsrechte
– international   168
TV-Zuschauer
– Beteiligung   183

U

U-17-Weltmeisterschaft   157
U-20-Weltmeisterschaft   157
UEFA   15
– Fernsehmarktwert   80
– Financial Fairplay   132
– Koeffizientensystem   79
– Marktpool   80
UEFA Champions League   72, 157
UEFA EURO 2024   26
UEFA Europa Conference League   72, 157
– Finanzierungsquellen   78
UEFA Europa League   72, 157
– Finanzierungsquellen   75
UEFA-Europameisterschaft   26
UEFA-Koeffizientensystem   79
UEFA Women's Champions League   58
Ultras
– als relevante Säulen im Fußball   217
– Bedeutung für Fankultur   217
Unicef   132

V

Verdienstvergleich   59
Vereine
– Rangfolge nach Schulden   127
Vereinigte Arabische Emirate
– Investor im Fußball   49
Vereinigung der Vertragsfußballspieler (VDV)   10, 101
– Angebote für die Mitglieder   122
– Anti-Match-Fixing-Schulungspflicht   120
– Aufgabenbereiche   116
– Beratungen für öffentliche Bewertung   117
– Berufsplanung und Laufbahncoaching   122
– Bundesliga-Auswahl VDV 11   120
– Demokratisierung des Fußballs   118
– Erfolge   120
– FIT FOR JOB   123

- Forderungen für die Profis   *118*
- Gesundheit und Sportpsychologie   *122*
- Grundregeln für Profis   *121*
- Gründung   *118*
- Initiative MENTAL GESTÄRKT   *120*
- Interessensausgleich zwischen Partnern   *118*
- Interessensvertretung für Millionäre?   *118*
- Öffentlichkeitsarbeit   *122*
- Problemlagen der Profis   *120*
- Rechtsberatung   *122*
- Regenbogenbinde   *117*
- Spielerrat   *117*
- VDV-Proficamp   *122*
- VDV-Versorgungswerk   *120*
- VDV-Vorteilsklub   *123*
- Vorsorge und Absicherung   *122*
- Wettbewerbsintegrität   *122*

Verhaltenskodex   *109, 117*
Vermarktungsstrategien   *101*
VfB Stuttgart   *39*
VfL Bochum   *39*
VfL Wolfsburg   *5, 61*
Videoassistenten   *182*
Videobeweis   *181*
- Einführung in Bundesliga   *44*

Vitória Setúbal   *193*
Vlahović, Dušan   *110*
Vogts, Berti   *171*
Voss-Tecklenburg, Martina   *55*
Vrabec, Roland   *197*

W

Walter, Fritz   *146*
Watson (System von IBM)   *179*
Watzke, Joachim   *197*
Weah, George   *144*
Wehrle, Alexander   *21*
Weibo   *92*
Werder Bremen   *39*
West Ham United   *6, 60*
Wettmafia   *208*
Whereabouts-Regeln   *119*
Wolverhampton Wanderers   *52*
World Trade Center   *15*
Wulzinger, Michael   *226*

X

X (ehemals Twitter)   *92, 174*

Y

Yamamoto, Yoshinobu   *94*
YouGov-Analyse
- Fußballfans im Marketingfokus   *215*

YouTube   *92*

Z

Zarra, Telmo   *134*
Zeyringer, Klaus   *4 ff.*
Zidane, Zinédine   *135, 143*
Zorc, Michael   *199*
Zukunft der Medienrechte   *69*
Zwayer, Felix   *207*